13 cosas que las parejas mentalmente fuertes no hacen

13

cosas

que las

parejas

mentalmente

fuertes

no hacen

13 cosas que las parejas mentalmente fuertes no hacen

ARREGLEN LO QUE ESTÁ ROTO, DESARROLLEN UNA RELACIÓN MÁS SANA Y CREZCAN FUERTES JUNTOS

AMY MORIN

AGUILAR

El papel utilizado para la impresión de este libro ha sido fabricado a partir de madera procedente de bosques y plantaciones gestionadas con los más altos estándares ambientales, garantizando una explotación de los recursos sostenible con el medio ambiente y beneficiosa para las personas.

13 cosas que las parejas mentalmente fuertes no hacen
Arreglen lo que está roto, desarrollen una relación más sana y crezcan fuertes juntos

Título original: *13 Things Mentally Strong Couples Don't Do. Fix What's Broken, Develop Healthier Patterns, and Grow Stronger Together*

Primera edición: junio, 2025

D. R. © 2023, Amy Morin

This edition is published by arrangement with Dystel, Goderich & Bourret LLC
through International Editors and Yañez' Co.
Esta traducción se publica por acuerdo con Dystel, Goderich & Bourret LLC
a través de International Editors y Yañez' Co.

D. R. © 2025, derechos de edición mundiales en lengua castellana:
Penguin Random House Grupo Editorial, S. A. de C. V.
Blvd. Miguel de Cervantes Saavedra núm. 301, 1er piso,
colonia Granada, alcaldía Miguel Hidalgo, C. P. 11520,
Ciudad de México

penguinlibros.com

D. R. © 2025, Susana Olivares, por la traducción

Penguin Random House Grupo Editorial apoya la protección del *copyright*.
El *copyright* estimula la creatividad, defiende la diversidad en el ámbito de las ideas y el conocimiento, promueve la libre expresión y favorece una cultura viva. Gracias por comprar una edición autorizada de este libro y por respetar las leyes del Derecho de Autor y *copyright*. Al hacerlo está respaldando a los autores y permitiendo que PRHGE continúe publicando libros para todos los lectores.

Se reafirma y advierte que se encuentran reservados todos los derechos de autor y conexos sobre este libro y cualquiera de sus contenidos pertenecientes a PRHGE. Por lo que queda prohibido cualquier uso, reproducción, extracción, recopilación, procesamiento, transformación y/o explotación, sea total o parcial, ya en el pasado, ya en el presente o en el futuro, con fines de entrenamiento de cualquier clase de inteligencia artificial, minería de datos y textos, y en general, cualquier fin de desarrollo o comercialización de sistemas, herramientas o tecnologías de inteligencia artificial, incluyendo pero no limitado a la generación de obras derivadas o contenidos basados total o parcialmente en este libro y cualquiera de sus partes pertenecientes a PRHGE. Cualquier acto de los aquí descritos o cualquier otro similar, así como la distribución de ejemplares mediante alquiler o préstamo público, está sujeto a la celebración de una licencia. Realizar cualquiera de esas conductas sin licencia puede resultar en el ejercicio de acciones jurídicas.
Si necesita fotocopiar o escanear algún fragmento de esta obra diríjase a CeMPro
(Centro Mexicano de Protección y Fomento de los Derechos de Autor, https://cempro.org.mx).

ISBN: 978-607-385-907-3

Impreso en México – *Printed in Mexico*

*Para todos aquellos que creen que tenemos el poder
de ser más fuertes cuando trabajamos juntos*

Índice

Introducción 9

1 No ignoran sus problemas 25

2 No guardan secretos 57

3 No dudan en establecer límites 85

4 No se convierten en mártires 113

5 No utilizan sus emociones como armas 141

6 No se tratan de arreglar el uno al otro 169

7 No se comunican de manera irrespetuosa .. 199

8 No se culpan el uno al otro por sus problemas .. 229

9 No olvidan por qué se enamoraron 255

10 No esperan que la relación satisfaga
todas sus necesidades   281

11 No descuidan su relación   307

12 No dan al otro por sentado   331

13 No dejan de crecer y de cambiar   357

Conclusión   385

Agradecimientos   391

Notas   393

Introducción

Cuando tenía 13 años de edad, mi mejor amiga, Emily, le pagó a un lector de manos para que le leyera la fortuna en la feria del condado. El quiromántico predijo que Emily se casaría dos veces: la primera sería solo para molestar a sus padres y la segunda sería por verdadero amor.

Después de la lectura, Emily y yo nos carcajeamos como locas. No creímos una sola palabra de lo que nos dijo pero, por supuesto, yo también quise que me leyera la palma de la mano. Después de analizar las líneas de mi palma durante algunos minutos, el quiromántico afirmó que encontraría el amor verdadero y que tendría una vida muy feliz con la primera persona con la que me casara. Aunque no creía en este tipo de predicciones, en secreto deseé que tuviera la razón. Mis padres habían estado felizmente casados desde que tenían 18 y 19 años de edad, y yo deseaba tener un amor tan duradero como el de ellos.

Cuando nos alejamos del local del quiromántico, a manera de broma le comenté a Emily: "Déjame que te lea la mano". La tomé y dije: "Tu primer esposo se va a llamar Linc... Linc Framingham", y empezamos a reírnos de nuevo ante la idea de que Emily se casara con alguien solo para hacer enojar a sus padres.

No volví a pensar en el quiromántico sino hasta que estuve en la universidad y la chica que vivía al otro lado del pasillo de mi dormitorio me invitó a pasar un rato con ella y un amigo con el que se vería más tarde ese día. El amigo se llamaba Lincoln.

De inmediato, le hablé a Emily y le dije: "¡Creo que voy a conocer a tu marido esta noche!". Rememoramos el día en que nos habían leído la mano y volvimos a reírnos. Le expliqué: "No creo que se apellide Framingham, pero es el único Linc que he conocido en mi vida, así que quizá *sí pueda* leer manos".

Pero resultó que no, no puedo leer manos. No fue ella quien terminó casándose con Lincoln... fui yo.

Desde el momento en que lo conocí, me impactó lo diferente que era; no solo de mí, sino también de cualquier otra persona a la que jamás había conocido.

Yo era muy tímida y evitaba situaciones vergonzosas a toda costa. Él era una fiesta andando y vivía para las buenas historias; en especial, las más embarazosas.

Yo era el tipo de persona que terminaba sus vacaciones dos días antes para poder regresar a casa, desempacar, relajarme y prepararme para regresar al trabajo el lunes. Él era el tipo de persona que aprovechaba sus vacaciones hasta el último segundo, lo que con frecuencia significaba que bajara del vuelo nocturno a casa el lunes por la mañana para dirigirse a la oficina de inmediato.

Aunque me era posible iniciar una conversación educada con desconocidos, Linc podía convertir a cualquier persona en su amigo en un santiamén. Siempre que íbamos a alguna boda o fiesta de jubilación, hacía amigos en cualquier sitio al que fuéramos.

Introducción

Solo teníamos 21 años cuando nos casamos, pero eso significó que pudo estar a mi lado en varios momentos significativos: terminé mi posgrado, compramos una casa y conseguí mi primer trabajo importante como terapeuta. También nos convertimos en padres sustitutos; algo que siempre deseé hacer.

No obstante, no todos los momentos fueron buenos. Mi mamá falleció de manera inesperada a mis 23 años de edad. Éramos muy apegadas y perderla fue difícil, pero me sentí agradecida de que Lincoln estuviera allí para ayudarme a enfrentar mi duelo.

La vida con Lincoln era fantástica y yo me sentía optimista acerca del futuro que pensé que compartiríamos.

Pero la vida nos tenía otros planes.

Apenas cinco años después de casarnos y justo a los tres años exactos del día en que murió mi mamá, Lincoln falleció. Tuvo un infarto a los 26 años de edad. En un instante, terminó la maravillosa vida que conocía.

Me hundí en un insondable pozo de tristeza durante varios años. En un momento en el que todas mis amistades se estaban casando y hablando de sus hijos, yo ya era viuda, y extrañaba a Lincoln más de lo que podía expresar.

Muy de vez en cuando, la gente me preguntaba si tendría citas de nuevo. A veces, decían cosas como: "Pero si eres muy joven. Sin duda volverás a casarte". Pero yo no tenía intención alguna de salir con nadie y, mucho menos, de casarme.

Les exprimí muchísima vida a mis cinco años con Lincoln y me sentía agradecida por ello. No pensé que jamás volvería a enamorarme. Simplemente no me parecía correcto.

Eso fue hasta que conocí a Steve. Llevábamos algún tiempo como amigos, pero nuestra amistad terminó convirtiéndose en un romance.

No estaba segura de cómo podría funcionar otra relación. A menudo, le daba advertencias a Steve, como: "Paso las fiestas con la familia de Lincoln". Pero él era excelente para manejarlas y ni siquiera parpadeó cuando le dije: "Ah, por cierto, la familia de Lincoln y yo siempre nos vamos a pasar aventuras inesperadas todos los años para celebrar su cumpleaños".

Tampoco se vio disuadido por el hecho de que fuera madre sustituta. De hecho, terminó decidiendo que quería pasar por todo el proceso para convertirse en padre sustituto también y poder hacerlo juntos.

Steve además era muy diferente a mí. Había hecho muchísimas cosas geniales: como navegar, pilotar aviones y construir prácticamente lo que fuera. Sin embargo, jamás presumía de ello. Despedía un aire de silenciosa confianza que inspiraba a otras personas a hablar con él y a todos les daba su atención absoluta.

Por primera vez, fui capaz de pensar en la posibilidad de volver a casarme y de tener una vida por completo diferente; distinta de la que imaginé, pero increíble a pesar de ello.

Decidimos casarnos, pero yo no quería una boda tradicional. Aunque sabía que mis amigos y familiares estarían encantados de que volviera a casarme, además de que todos adoraban a Steve, no podía negar el hecho de que la única razón por la que me casaría de nuevo era porque Lincoln ya no estaba, y no quise que nadie se sintiera triste el día de mi boda.

Una ceremonia de autoservicio en Las Vegas en el Chevy Bel Air '57 que rentamos me pareció la manera ideal de iniciar nuestra nueva vida juntos. Nos mudamos a una casa en la parte central de Maine y empecé a trabajar como tera-

Introducción

peuta en la nueva ciudad en la que estábamos viviendo. Sin embargo, cuando apenas nos estábamos asentando, recibimos la noticia de que habían diagnosticado al padre de Steve con cáncer terminal. No podía creerlo... justo cuando de nuevo empezaba a sentirme bien, estaba a punto de perder a otro ser querido.

Pasé el siguiente par de días pensando en lo injusto de la vida. Llevaba una década de duelo y estaba a punto de enfrentarme a otra pérdida importante. El padre de Steve y yo nos habíamos encariñado muchísimo, pero sabía que no había nada que pudiera hacer para cambiar la situación. En lugar de ello, tenía que encontrar alguna manera de lidiar con el dolor. Me escribí una carta acerca de lo que la gente mentalmente fuerte no hacía. Era una lista de 13 hábitos que quería evitar para poder afrontar mi dolor; no solo distraerme del mismo. Encontré que la carta fue de mucha utilidad para mí, así que decidí publicarla en línea con la esperanza de que pudiera servirle a alguien más.

Para mi enorme sorpresa, la carta se hizo viral. Más de 50 millones de personas leyeron el artículo en el que apareció. Fue un momento casi surrealista en mi vida: celebrábamos el éxito de mi artículo mientras que, en privado, teníamos que enfrentar la pérdida del padre de Steve (a quien perdimos poco después de que se publicara la lista).

Al cabo de un mes, tenía un contrato con una editorial y mi primer libro, *13 cosas que las personas mentalmente fuertes no hacen*, se convirtió en un éxito de ventas a nivel internacional después de traducirse a más de 40 idiomas. Eso condujo a una serie de libros (este es el sexto) que ya vendieron más de un millón de ejemplares a lo largo y ancho del planeta.

Steve apoyó el cambio de mi trayectoria profesional en cada paso del camino y una vez que empecé a escribir más libros, nos mudamos a un barco en los cayos de la Florida. Desde niño, el sueño de Steve era vivir en un barco, así que decidimos hacer el intento. Al principio, pensamos que sería una aventura de solo seis meses, pero eso fue hace siete años ya y no tenemos planes de mudarnos en un futuro cercano.

Si ese quiromántico me hubiera dicho cómo sería mi vida durante todos estos años, jamás le habría creído. Sus predicciones respecto de mi vida no solo fueron erradas, sino que las mías también lo fueron. Todo es distinto a lo que imaginé y por una multitud de razones. Sin embargo, es muchísimo lo que aprendí sobre el amor y la vida. Quizá no encontré el amor eterno con el que soñé, pero, en lugar de ello, tuve la fortuna de hallar el amor en dos ocasiones diferentes. Mis experiencias personales, casarme, enviudar y volver a casarme, me enseñaron mucho sobre el poder y las complejidades de las relaciones.

La primera vez que atendí a una pareja en mi consultorio de terapia, recuerdo que pensé: "No quiero hacer terapia de parejas". No me parecía que cualquiera de las dos personas estuviera allí para generar un cambio positivo; solo querían que yo validara que el otro estaba equivocado. Tan pronto como terminó la sesión, me dirigí a la oficina de mi jefe y le dije:

—Me sentí más como réferi que como terapeuta. No creo que deban asignarme parejas.

—No te preocupes —dijo mientras me sonreía—. La mayoría de las parejas que acuden a nuestras oficinas no están

Introducción

buscando ayuda; están en busca de permiso para divorciarse. Sin embargo, antes de que eso suceda, lo que quieren es que un terapeuta les diga que está bien que cada quien tome su propio rumbo.

Como terapeuta recién formada, no sabía que así fueran las cosas. Pero tenía toda la razón: algunas parejas parecían decididas a divorciarse y lo único que querían era palomear la casilla de "Intentamos ir a terapia" para sentirse cómodas al decir "Hicimos todo lo posible" antes de firmar sus papeles de divorcio.

Sin embargo, ese no siempre era el caso. Vi a bastantes parejas que solo querían que les confirmara que iban por el camino correcto, o que querían enfrentarse a cuestiones menores antes de que se convirtieran en problemas importantes.

A pesar de mi renuencia inicial a dar terapia de pareja, muy pronto me di cuenta de que casi todos los que entraban en mi consultorio querían tratar asuntos de pareja de una manera u otra, aunque estuvieran allí para recibir orientación individual.

De hecho, sin importar la razón por la que las personas acudan a mi consultorio, sea por depresión, ansiedad o algo más, las relaciones se vuelven un tema común de discusión de manera casi inevitable.

Algunas personas desean sanar de una relación acabada. Otras quieren saber cómo apoyar a sus parejas o quieren que sus parejas aprendan a apoyarlas a ellas. Y hay muchas personas que batallan con problemas específicos de relación, como infidelidad o sentimientos continuos de soledad. A veces, los asuntos de la relación de pareja son un efecto secundario que se debe a otro problema; en otras, los problemas de pareja son el origen de complicaciones en la salud mental.

En muchos casos, involucrar a la pareja en la terapia puede hacer que el tratamiento funcione de mejor manera. La depresión de una persona podría mejorar si su pareja aprende a darle apoyo, o la ansiedad de alguien podría reducirse si su pareja se involucra en sus esfuerzos por tomar medicamentos o incribirse a un gimnasio. Hay veces en que una de las formas más eficaces de reducir los síntomas de cualquier enfermedad mental consiste en contribuir a mejorar la calidad de una relación de pareja.

Cuando las relaciones mejoran, lo mismo sucede con el bienestar de cada uno de los individuos, y a medida que mejora el bienestar de cada uno de los individuos, lo mismo sucede con su relación.

Durante los más de 20 años que llevo como terapeuta, he visto que la terapia se vuelve cada vez más aceptable y más fácilmente disponible. El estigma en torno a la terapia de pareja también ha disminuido. Acudir a terapia de pareja ya no parece significar que los miembros de la misma tengan problemas extremos o que estén al borde del divorcio. Más bien, las personas parecen estar buscando mejorar sus relaciones de forma proactiva.

Esas son las razones por las que quise escribir un libro para parejas. Mis otros libros se centran en lo que los individuos pueden hacer para aumentar su fortaleza mental; sin embargo, si tienes la fortuna de contar con una pareja en tu vida, los dos tienen el poder de acrecentar su fuerza como equipo y pueden lograr cosas increíbles de manera conjunta.

Al respecto, esto es lo que creo:

1. **No todo el mundo debería permanecer dentro de una relación.** No creo que todo el mundo deba insistir en

no separarse cueste lo que cueste. Existen algunas diferencias que no pueden solucionarse o cuestiones en las que no se puede ceder. Tampoco creo en continuar una relación por los hijos. Como terapeuta, veo lo que les sucede a los niños que crecieron en hogares en los que sus padres peleaban mucho o no se amaban.

2. **Tú tienes el poder de cambiar tu relación.** Aunque tu pareja no tenga deseo alguno de enfrentarse a los problemas o de aprender cómo aumentar su fortaleza mental, cambiar tu comportamiento puede alterar la dinámica de tu relación. Las relaciones son como un baile. Cuando tú cambias los pasos, tu pareja cambiará los suyos. Verás que muchos de los clientes con los que trabajé para sanar su relación vinieron a terapia por sí solos, no con sus parejas.

3. **Es posible que necesites ayuda profesional.** Quizá puedas hacer importantes progresos a solas. Sin embargo, si te atoras, hablar con un terapeuta podría ser esencial para seguir adelante. Hay veces en que se necesita la terapia individual; tú o tu pareja podrían necesitar trabajar con traumas anteriores o tratar algún problema de salud mental. En otras ocasiones, la terapia de pareja podría ser la clave para lograr una mejor relación. Y si tu pareja no quiere ir a terapia de pareja, acude a ella tú solo.

Cómo utilizar este libro

No es indispensable que leas este libro en orden. Puedes saltar al capítulo que pienses que más necesitas. De todos modos, tendrá sentido. Aun así, te invito a que leas cada capítulo en algún momento dado; podrías darte cuenta de que algo es un problema más importante de lo que piensas, o podrías descubrir que en ciertas áreas les está yendo mejor de lo que imaginaste.

Si elegiste leer este libro, es probable que te encuentres en una de tres posibles situaciones:

1. **Yo quiero leer el libro, pero mi pareja no quiere oír nada de él.** No insistas en que tu pareja responda a las preguntas de cada capítulo, ni le señales sus carencias con base en lo que estás leyendo. Más bien, esfuérzate por cambiar tú (algo acerca de lo que hablaremos a lo largo del libro) y quizá veas que esos cambios te ayudan a ti, a tu pareja y a tu relación.
2. **Mi pareja me pidió que leyera este libro.** Quizá leer libros de relación de pareja en realidad no te interesa o piensas que no tienes ninguno de los problemas que se tocan en el mismo. Bravo por ti por leerlo de todas maneras. Si ya leíste hasta este punto, tu disposición a formar parte del equipo dice mucho. Te agradezco que estés dispuesto a seguir leyendo; tal vez encuentres que podrías hacer algunos cambios que le inspiren confianza a tu pareja para que a futuro no necesites leer más libros como este. Y aunque pienses que tu relación no tiene ningún tipo de problema, no significa que ese sea el caso. Si tu pareja considera que existen problemas, habrá cosas que se puedan atender aunque no estés de acuerdo con ellas.
3. **Tanto mi pareja como yo estamos leyendo el libro.** Si tú y tu pareja están abordando el libro juntos, fan-

tástico. Los dos podrían aprender a crecer con cada capítulo a medida que descubren más acerca de sí mismos, del otro y de su relación. Tengan en mente que podrían no coincidir en diferentes puntos, cosa que no tiene nada de malo. Con suerte, este libro les dará la oportunidad de discutir sus desacuerdos de manera segura.

Para quién no es este libro

Si te encuentras en una relación que no es segura, este libro no es para ti.

La verdad es que no importa la fortaleza mental que puedas generar, un ambiente inseguro te impedirá ser la mejor versión de ti. Además, no quiero que te culpes si no puedes crear un cambio.

Aparte de lo anterior, hacerle preguntas difíciles a tu pareja no es buena idea si no te encuentras dentro de una relación segura.

Si estás en una relación en la que existe abuso emocional o físico, hay recursos de ayuda que están a tu disposición. Desde líneas telefónicas de ayuda hasta programas locales de violencia doméstica, te ruego que recurras a una fuente adecuada.

Cómo debes trabajar con este libro

A medida que leas cada capítulo, es posible que reconozcas algunos de los hábitos poco sanos que juegan un papel importante dentro de tu relación. A partir de allí, podrás alcanzar alguna de las siguientes cuatro conclusiones:

- **Yo tengo problemas con esto.** Si batallas con algún mal hábito, velo como una oportunidad para cambiar. El libro te ofrece ejercicios que pueden ayudar a fortalecerte para que puedas dejar de hacer las cosas que tal vez están dañándote a ti y a tu relación.

- **Mi pareja tiene problemas con esto.** Si tu pareja batalla con algo y está abierta al cambio, puedes apoyar sus esfuerzos. Si no coincide contigo en cuanto a que tenga un problema en particular, no te des por vencida. Puedes modificar tu comportamiento, lo que podría inspirar un cambio. Te enseñaré cómo hacerlo.

- **Mi pareja piensa que tengo problemas con esto.** Es posible que tu pareja vea las cosas de forma diferente a como las ves tú. Si piensa que tienes un problema, mantente abierto al cambio. Recuerda, aunque tú no pienses que tienes un problema, existe en el momento en que tu pareja piensa que existe.

- **Los dos tenemos un problema con esto.** Si los dos batallan con el mismo problema, pueden abordarlo de manera conjunta. Eviten la tendencia a declarar cuál de los dos es el más culpable; más bien, vuélvanse proactivos en cuanto a la creación de cambios positivos.

En cada capítulo, encontrarás pequeños cuestionarios, ejercicios e iniciadores de conversación. Si estás leyendo el libro a solas, podrás responder las preguntas para ver qué áreas te ocasionan dificultades y para identificar estrategias que puedan serte de ayuda. También es posible que reconozcas algunas de las limitaciones que tiene tu pareja, pero no hay necesidad de que le anuncies lo que descubriste si no está interesada en el libro o en aumentar su fortaleza mental. Decir cosas como: "¡Estoy leyendo un libro que escribió una terapeuta que dice que no deberías hacer eso!" no ayudará a tu relación; ni tampoco inspirará a tu pareja a cambiar. Más bien, esfuérzate por crear un cambio en ti que pueda mejorar la relación aunque tu pareja piense que no existe problema alguno.

También encontrarás entrevistas con mis expertos favoritos en parejas. Al final de cada capítulo, hablarán acerca de lo que descubrieron en sus investigaciones o de la manera en que lidian con temas específicos dentro de sus propios consultorios. Sus puntos de vista podrían darte valiosas pistas en cuanto a la manera en que quieras abordar tu relación.

Fortaleza mental y relaciones

Mis demás libros se centran en aumentar tu propia fortaleza mental. Aprender las habilidades para manejar tus pensamientos, sentimientos y comportamientos puede ayudarte a que te conviertas en la mejor versión de ti mismo.

Hacerte más fuerte en términos mentales te puede ayudar a ser una mejor pareja. Tu crecimiento también podría hacer que surja lo mejor de tu pareja y estrechar la relación de ambos. Como terapeuta, he visto a muchas parejas que se desafían, se apoyan y se inspiran de manera mutua mientras toman medidas para hacerse más fuertes y mejores.

Llevé a cabo una encuesta independiente que nombré *Couples by the Numbers* para obtener claves en cuanto a las problemáticas que las parejas estadounidenses están experimentando en el mundo actual. Quería analizar si los temas que vi como terapeuta en Maine durante la década anterior, y los temas relacionados con las parejas que estoy viendo en el sur de Florida en la actualidad, eran los mismos que estaban experimentando otras parejas a lo largo del país.

En febrero de 2023, contraté a una empresa independiente de investigación que encuestó a 1 023 parejas casadas en Estados Unidos. De ese total, 493 de los encuestados fueron hombres y 539 fueron mujeres. Se distribuyeron de manera bastante equitativa a lo largo de Estados Unidos y su rango de edad fue de entre 18 y más de 60 años, pero la mayoría de los encuestados estuvo al centro de ese rango. Cerca del 37% de los individuos que participaron tenían entre 30 y 44 años, y 31% entre 45 y 60. Sus ingresos variaban de menos de $10 000 dólares por año a más de $200 000, pero el 18% ingresaba entre $50 000 y $74 999 dólares, mientras que otro 18% ingresaba entre $75 000 y $99 000 dólares. Se planteó un total de 16 preguntas, incluyendo la frecuencia con que la gente participaba en cada uno de los 13 hábitos poco sanos que podían evitar que las parejas se hicieran más fuertes juntas.

También hice preguntas relacionadas con la fortaleza mental y con el deseo de fortalecer la relación. Esto es lo que descubrí:

- ▶ Un 74% de los encuestados afirmó que sus relaciones mejorarían si se esforzaban en aumentar su propia fortaleza mental.

- ▶ Otro 74% de los encuestados indicó que era probable que su relación mejorara si su pareja se esforzaba por aumentar su fortaleza mental.

Introducción

▶ El 86% de las personas quería fortalecer su relación de pareja.

Me emocionó ver que tantas personas pensaran que tenían el poder para mejorar sus relaciones al aumentar su fuerza mental. Y esa misma cantidad de personas deseaba que sus parejas se hicieran más fuertes. Eso es increíble, porque no solo tienes el poder de aumentar tu fortaleza mental, sino que también tienes el poder de ayudar a tu pareja a que se fortalezca más.

Me fascina que tanta gente quiera fortalecer su relación. Me imagino que si estás leyendo el libro en este preciso momento, eres una de esas personas. La buena noticia es que viniste al sitio adecuado. El presente libro está lleno de estrategias que te pueden ayudar a fortalecerte, a apoyar a tu pareja para que se vuelva más fuerte (aunque todavía no esté del todo convencida) y a fortalecer tu relación.

Por qué el enfoque se centra en qué no hacer

Del mismo modo que en mis libros anteriores, mantengo el enfoque del presente libro en qué *no* hacer. Muchas parejas tienen hábitos excelentes… pero los mismos no serán eficaces si siguen llevando a cabo conductas que destrozan su relación.

Existen muchísimas recomendaciones acerca de las cosas que uno debería estar haciendo para crear una relación sana, y aunque las noches de cita semanales y utilizar el "idioma del amor" del otro podrían ser excelentes para tu relación, nada funcionará mientras sigas repitiendo los malos hábitos contraproducentes.

13 cosas que las parejas mentalmente fuertes no hacen

Ha habido muchas parejas que acuden a mi consultorio y dicen cosas como: "Hacemos todo lo que se supone que debemos hacer. Nos tomamos de la mano, comemos todos juntos en familia y compartimos las responsabilidades de la casa. ¿Por qué se está desmoronando nuestra relación?". Pues la respuesta es que están participando en uno o dos malos hábitos contraproducentes que les impiden avanzar.

Tu cita semanal no va a servirle de gran cosa a tu relación si se faltan al respeto uno al otro mientras están en la dichosa cita o si descuidan la relación el resto de la semana. Y las comidas en familia podrán ser de lo más agradables, pero si se niegan a marcar límites sanos, esas comidas no van a salvar la relación.

Este libro tiene todo que ver con cómo eliminar los hábitos comunes, pero poco sanos, que minan tu fortaleza mental, tanto desde el punto de vista individual como desde la perspectiva relacional. Eliminarlos de tu vida puede ayudar a que tu pareja y tú se conviertan en la mejor y más fuerte versión de ustedes mismos.

Y esa es la razón por la que en este libro comparto las cosas que no deben hacerse. Así, podrán trabajar mejor, no más, dado que los hábitos que tal vez ya hayan implementado empezarán a resultar más eficaces. Tengan en mente que el progreso no siempre es lineal y tampoco es como si las personas siempre tengan malos hábitos o no. Si somos francos, todos caemos en ellos de vez en cuando. Pero a medida que te vayas fortaleciendo y haciendo mejor, te será más fácil evitar los malos hábitos y recurrir a aquellos que te puedan ayudar a fortalecer tu relación.

1

No ignoran sus problemas

> Cuarenta y siete por ciento de las personas no discute problemas
> con sus parejas porque temen empeorar las cosas.
> ENCUESTA *Couples by the Numbers*

Ángela llegó a su primera cita con una hora de antelación. La recepcionista pensó que se había equivocado en cuanto a la hora de la misma. Oí que decía: "Oh, no, tu cita con Amy no es sino hasta las once".

Pero Ángela respondió: "Sí, lo sé. Solo quería estar segura de llegar con tiempo suficiente. Traje un libro que leer en la sala de espera".

Cuando salí para recibir a la persona que tenía cita conmigo a las diez, vi a una mujer, que más tarde me enteré que era Ángela, tratando de conversar con los demás clientes que estaban esperando a sus propios terapeutas. Cuando fui a recibirla para su cita, estaba leyendo su libro y me dio la impresión de que no había logrado iniciar una conversación con nadie. Al llamarla por su nombre, sonrió y se levantó de su asiento de un brinco, ansiosa por comenzar. Tan pronto entró a mi consultorio, afirmó: "Creo que padezco del síndrome del nido vacío". Reconoció que había llegado temprano a su cita porque se sentía muy sola y quería estar cerca de otras personas.

Después de dedicarse al hogar y a la crianza de sus tres hijos durante los últimos 25 años, Ángela no estaba del todo segura de qué hacer consigo misma ahora que todos se habían mudado de casa. Me dijo: "Hice un buen trabajo y eso significa que los crie para que se convirtieran en jóvenes independientes que pudieran hacer las cosas por sí mismos. No quiero ser el tipo de mamá que se dedica a fastidiar". Sus hijos mayores ya tenían trabajos y el menor estaba en la universidad. Sentía que nadie la necesitaba y que ya no podía seguir ignorando los problemas de pareja que existían en su relación.

Tenía más de 30 años de matrimonio con su marido, Carl. "Su trabajo era ganar el dinero y el mío era ocuparme de la casa", me dijo. "Llevamos nuestras vidas como si se trataran de dos negocios diferentes", ahora, él seguía trabajando y ella sentía que carecía de un propósito. "Simplemente no tenemos gran cosa en común fuera de los niños", afirmó. Habían pasado las últimas dos décadas asistiendo a los eventos deportivos y actividades extracurriculares de sus hijos, pero jamás hacían nada juntos en lo que no participaran ellos.

Cuando le pregunté a Ángela qué esperaba obtener de la terapia, explicó: "Quiero tener una conexión emocional con Carl. No estaría experimentando lo del síndrome del nido vacío si él y yo tuviéramos una mejor relación". Cuando le pregunté si Carl compartía alguna de sus inquietudes, me respondió: "No tengo idea. Jamás hablamos de esto". Explicó que su marido no era el tipo de hombre que sostuviera conversaciones profundas y serias, y pensaba que si hablaba con él para decirle que lo sentía distante, Carl levantaría los ojos al cielo, exasperado, y minimizaría la situación.

"Si le dijera que salgamos en noches de citas", comentó, "lo más seguro es que piense que soy una cursi o que leí la sugerencia en alguna revista para mujeres". Estaba segura de que Carl jamás querría asistir a terapia de pareja con ella. "Quiero disfrutar de esta siguiente fase de mi vida", explicó. "Y estoy segura de que la mejor manera de hacerlo sería empezar a dedicarle todas mis energías a construir el mejor matrimonio que me sea posible".

Ángela llevaba décadas sintiéndose sola pero, en el pasado, los niños la habían distraído de ese dolor. Tenía algunas amistades y familiares, sin embargo, sentía que le faltaba tener una relación cercana con Carl. No quería decir nada porque él podría pensar que estaba siendo "dramática"; algo de lo que la acusaba de vez en vez. También se trató de convencer de que su matrimonio era lo bastante bueno. No peleaban, habían criado a unos hijos maravillosos y tenían seguridad financiera. Sin embargo, dijo, con el tiempo, ella y Carl parecían conectarse con cada vez menos frecuencia y ahora estaba lista para abordar su distancia emocional de frente.

He trabajado con muchas personas que ignoraron algún problema dentro de su relación. En ocasiones, uno de los individuos decidió mirar hacia otro lado a pesar del problema evidente que estaba afectando a su pareja. En otras ocasiones, se trató de un solo evento traumático que jamás se discutió. Y en otras parejas más, como en el caso de Ángela y Carl, no pudieron señalar un momento específico en el tiempo, sino que no prestaron atención a algo que estaba creciendo un poco más día con día.

Más adelante, te platicaré lo que les sucedió a Ángela y Carl, pero antes de llegar a eso, piensa en los problemas que tú o tu pareja podrían estar ignorando dentro de su relación.

CUESTIONARIO

Lee las siguientes afirmaciones y piensa cuántas de ellas describen tu relación.

- ○ Rara vez discutimos temas de gran relevancia dentro de la relación.

- ○ Discutimos por cosas insignificantes, pero nunca hablamos del problema subyacente.

- ○ Hablamos de nuestros problemas con personas ajenas a la relación, pero no los discutimos entre nosotros.

- ○ Nuestros problemas son evidentes para nuestros amigos y familiares, pero no los hablamos entre nosotros.

- ○ Preferimos mirar hacia otro lado que reconocer lo que está sucediendo entre los dos.

- ○ No trabajamos juntos para abordar nuestros problemas individuales (como algún problema de salud).

- ○ Compartimos algunos malos hábitos individuales y jamás hablamos de ello (por ejemplo, los dos comemos de manera poco sana o los dos somos pésimos para administrar nuestro dinero).

○ Es más probable que tratemos algún problema de manera indirecta... como dejar una cuenta encima de la mesa para que el otro la vea sin que tengamos que hablar al respecto.

○ A una de las dos personas le asignamos la responsabilidad de tratar con dificultades específicas (como las finanzas o los asuntos del cuidado de los niños) para que no tengamos que hablar acerca de los problemas.

PUNTO DE PARTIDA

Algunos problemas son repentinos, como cuando despiden a tu pareja del trabajo de forma inesperada. No obstante, otros asuntos evolucionan de manera gradual y puede resultar desafiante encontrar el momento "correcto" para abordarlos. Esa era la situación con Ángela y Carl.

Ángela trató de convencerse de que estaban haciendo lo correcto al convertir las actividades de los chicos en el punto central de sus vidas. Dijo: "Sabía que los niños solo estarían en casa durante un breve periodo de nuestras vidas, de modo que nunca se me ocurrió que Carl y yo saliéramos a cenar a solas de vez en cuando, o que fuéramos a cualquier lugar sin ellos". Pero durante esas noches en que los niños se encontraban en casa de sus amistades, decía que Carl y ella apenas y tenían algo de qué hablar y que era frecuente que terminaran en habitaciones separadas de la casa. "Muy en el fondo", dijo, "sabía que esa era una mala señal, pero no quise hacer nada al respecto".

13 cosas que las parejas mentalmente fuertes no hacen

He visto a muchísimas parejas que les dan la vuelta a sus problemas, que evitan los temas importantes y que ignoran las crisis antes de que lleguen al límite y los problemas ya no puedan ignorarse más. Y es en ese punto cuando las cosas hacen implosión.

Todo el mundo tiene problemas; así es la vida. Cuando entras en una relación compartes problemas. Incluso los asuntos individuales tienen un impacto en la pareja. Tu estrés en el trabajo afectará a tu pareja y los préstamos estudiantiles de tu pareja tendrán un impacto en ti.

Habrá algunos problemas que te toque resolver a ti y en los que tu pareja no necesariamente tenga responsabilidad alguna, más allá de ofrecerte su apoyo emocional. Si tienes algún asunto relacionado con el trabajo, no esperarías que tu pareja le hablara a tu compañero de trabajo en tu nombre para resolverlo.

Otros problemas tienen un sentido más claro de responsabilidad compartida. Las diferencias sin resolver en cuanto al estilo de crianza infantil o una casa a punto de caer en ejecución hipotecaria son problemas compartidos. Sin embargo, eso no significa que se discuta el problema. He visto parejas que intentan manejar una situación compartida a solas, donde uno de los miembros trata de salvar la totalidad de la situación, y también he visto otras parejas que generan planes distintos para resolver un mismo tema.

En general, no querrás ignorar los problemas. Sin embargo, se puede llegar a un equilibrio. No es necesario sacar a relucir cualquier asunto, por más pequeño que sea, de manera constante. Si programas una reunión formal porque tu pareja dejó sus calcetines sobre el piso, no tendrán

No ignoran sus problemas

la energía suficiente como para enfrentarse a asuntos de mayor importancia. Se deben abordar los sentimientos heridos, los problemas que probablemente podrían volverse más grandes y aquellos que llegarían a minar la relación si se ignoran.

Estos son algunos de los problemas comunes que las parejas ignoran:

- ▶ Estar endeudados o tener dificultades para pagar las cuentas.
- ▶ Desacuerdos relacionados con la crianza de los hijos.
- ▶ Asuntos relacionados con los suegros.
- ▶ Sentir desagrado por las amistades de la otra persona.
- ▶ Problemas sexuales.
- ▶ Asuntos relacionados con la división de labores.
- ▶ Cuestiones de salud mental.
- ▶ No pasar un tiempo de calidad suficiente juntos.
- ▶ Una de las personas trabaja demasiadas horas.

Tómate un minuto para pensar en las siguientes preguntas:

- ○ ¿Evito tratar problemas con mi pareja?
- ○ ¿Mi pareja evita tratar problemas conmigo?
- ○ ¿Ambos ignoramos los problemas?

¿POR QUÉ IGNORAMOS NUESTROS PROBLEMAS?

Por años, Ángela no quiso admitir que ella y Carl tenían un problema. Hubo momentos en que se preocupaba de que no tuvieran mucho en común y se preguntaba cómo sería su vida una vez que los chicos se mudaran fuera de casa. Sin embargo, evitó pensar en esas preocupaciones molestas y se prometió que tendría más que tiempo suficiente para pensar en ellas después.

> Si evitas las conversaciones difíciles, tendrás una relación difícil. La buena noticia es que al reconocer que existe una situación en este momento (aunque solo sea ante ti mismo), puedes desarrollar un plan para lidiar con los problemas de aquí en adelante.

Ahora que el "después" al fin había llegado y que estaba enfrentando el problema de manera directa, Ángela se sintió incómoda al señalar de manera repentina que Carl y ella se habían apartado. Temía que la conversación tuviera el potencial de empeorar las cosas.

Tal vez te identificas con la situación de Ángela. Quizá evitaste lidiar con un problema con tu pareja porque solo provocaba que se pelearan. O quizá, cuando sacas un tema a colación, tu pareja desestima tus inquietudes y te arrepientes de haberlas mencionado.

También es posible que te hayas encontrado en el lado contrario de la situación. Es posible que tu pareja se obsesione con los problemas o insista en volver a discutir cosas que no se pueden resolver, y que lo último que quieras hacer sea volver a discutir problemas del pasado o insistir en asuntos potenciales que ni siquiera han sucedido.

No ignoran sus problemas

A corto plazo, ignorar los problemas tiene todo el sentido del mundo. Se puede conservar la paz y las cosas pueden seguir como están por un día más si no se mencionan los problemas.

Tratar con ellos resulta riesgoso. Tu pareja podría molestarse o podría negarse a abordar el asunto, incluso después de sacarlo a la luz. Y siempre existe la posibilidad de que las cosas no mejoren.

Es común que ambos miembros de la pareja experimenten un mismo problema individual, como en el caso de las parejas en las que los dos individuos enfrentan abuso de sustancias. Quizá eviten expresar su preocupación el uno por el otro porque sacar el tema a colación va a significar que lo más probable es que tengan que enfrentar sus propios problemas. La idea es: "Si te digo que tienes un problema, tú me vas a señalar el mío y eso es algo que no quiero oír".

Antes de que empieces a pensar en la manera de abordar algunos de los problemas, tómate algunos momentos para pensar en las razones por las que los ignoraron en el pasado o por las que están ignorando un problema en la actualidad. ¿Alguna de estas afirmaciones te parece veraz?

○ Nuestros problemas fueron aumentando de manera tan sutil que ni siquiera hubo un momento en que necesitáramos tratar con ellos.

○ Nuestros problemas no se pueden resolver.

○ Discutir un problema conduce a peleas gigantescas.

○ Preferimos mantener la paz que sacudir el avispero.

○ Mi pareja se niega a hablar.

- ○ Nuestros problemas son muy indefinidos (como que simplemente no nos divertimos juntos) y no son algo que se pueda identificar con rapidez.
- ○ No quiero empeorar las cosas.
- ○ No somos buenos para resolver problemas.
- ○ Temo que mi pareja no quiera tratar el asunto y que entonces me sienta rechazada.
- ○ No quiero llamar la atención de mi pareja sobre el problema porque quizá ni siquiera sepa que existe.
- ○ No tengo la energía para lidiar con los problemas.
- ○ Prefiero manejar el problema a solas que involucrar a mi pareja.
- ○ No me atrevo a sacar el asunto a colación.

Dedica algunos minutos para pensar en por qué evitas abordar los problemas. Una vez que comprendas tu razonamiento con un poco más de claridad, te será más fácil avanzar y crear un cambio.

EJERCICIOS DE FORTALECIMIENTO MENTAL

Ángela sabía que quería lidiar con el problema, pero no quería decir: "Oye, fíjate que tenemos un enorme problema".

De manera que empecé a trabajar con ella para encontrar formas en que pudiera enfrentar el problema sin mencionar sus inquietudes. Pensó que expresar: "No pasamos suficiente tiempo de calidad juntos" era demasiado directo. No quería que Carl sintiera que lo estaba culpando, ni que se pusiera a la defensiva. De manera que, en lugar de centrarse en el problema, se enfocó en una solución. Empezó a sugerirle que pasaran tiempo juntos llevando a cabo una variedad de actividades.

Carl no era mucho de planes; Ángela sabía que si le pedía que planeara algo divertido que pudieran hacer, terminaría el fin de semana completo sentada en casa viendo programas de deportes, lo que significaría que no hablarían en absoluto. De modo que tomó el toro por los cuernos y compró unos boletos para ir al teatro. La única otra obra a la que habían asistido juntos fue la representación de primero de secundaria de uno de sus hijos. De inicio, cuando Ángela le contó a Carl acerca del plan, no pareció muy emocionado, pero ella le sugirió que fueran a su restaurante favorito antes y estuvo de acuerdo. Terminaron divirtiéndose mucho más de lo que pensaron que sucedería.

Entusiasmada por el éxito de esa primera cita, Ángela le preguntó a Carl si estaría interesado en un viaje de fin de semana a las montañas, a lo que dijo que sí. Ella se hizo cargo de los planes y le pidió que le sugiriera algunas actividades. Para deleite de Ángela, Carl le expresó su interés por hacer senderismo y un recorrido en bicicleta.

Durante el fin de semana, Ángela le señaló deliberadamente lo mucho que disfrutaba su tiempo juntos. Le dijo: "Me encanta que hagamos cosas juntos, solo nosotros dos", con lo cual Carl estuvo de acuerdo.

En la primera sesión de terapia de Ángela después de su viaje de fin de semana, me dijo: "Descubrí que me encanta el senderismo y cuando Carl y yo lo hacemos juntos, parece que es más fácil que hablemos. Carl empezó a decirme lo mucho que extrañaba tener a los chicos en casa y que a veces se pregunta si fue buen padre. En realidad, jamás habló de esas cosas antes".

Así que hicimos un plan para que pudiera seguir desarrollando su relación con Carl. Me dijo: "Quiero seguir encontrando cosas divertidas que exploremos y hagamos juntos. Mi esperanza es que si nos divertimos los dos, nos acercaremos de manera más natural sin tener que discutir la distancia que se hizo entre ambos". Ángela estaba decidida a centrarse en las soluciones para que juntos pudieran trabajar en su relación. Después de unos meses de terapia, me comentó: "Ya no pienso en mí como una mujer solitaria en su nido vacío. Ahora pienso en mí como una persona que tiene más tiempo para hacer cosas divertidas con su esposo".

Al igual que Ángela, es posible que puedas abordar un problema sin jamás tener que hablar sobre él de manera directa, aunque eso no siempre es posible. Hay algunos asuntos que tienen que tratarse por medio de conversaciones.

Define el problema

Antes de que puedas afrontar el problema tienes que definir cuál es en realidad. Por ejemplo, podrías afirmar que el problema es que tu pareja es una persona muy desordenada, pero tu pareja bien podría decir que estás "obsesionada con la limpieza". Señalar a alguien con el dedo nunca resolverá nada.

El problema de fondo podría originarse porque los dos tienen puntos de vista diferentes en cuanto a qué tan limpia debería estar la casa. O quizá sea que no están de acuerdo con

No ignoran sus problemas

quién debería hacer la limpieza. Hasta que no identifiquen el problema, es poco probable que puedan llegar a una solución; por lo menos, a una con la que ambos estén de acuerdo.

Después de todo, si piensas que tu pareja es una persona exageradamente desordenada, tu solución podría ser que limpie más; pero si tu pareja piensa que lo que pasa es que estás obsesionada con tener la casa limpia, quizá considere que la solución es que te relajes un poco.

Es frecuente que los desacuerdos no tengan que ver con un asunto en particular; son el síntoma de un problema mucho mayor. A continuación, verás algunos ejemplos de cuando el conflicto superficial en realidad es un síntoma de un problema subyacente:

- ▶ Las peleas frecuentes por dinero podrían no derivarse de un conflicto financiero. Más bien, es posible que los dos tengan prioridades diferentes.

- ▶ Aunque es probable que tengan discusiones sobre la falta de responsabilidad de alguno de los dos, el asunto de fondo podría ser que existe un problema de abuso de sustancias.

- ▶ Tus peleas por que tu pareja salga con sus amigos tal vez indiquen que sientes que tu pareja no pasa suficiente tiempo de calidad contigo.

Claro que todos los anteriores son solo ejemplos. Puede haber muchos otros asuntos subyacentes que estén experimentando.

Hay ocasiones en que el problema subyacente podría referirse a un asunto que afecta a una de las personas, como un trastorno mental que no se está tratando, pero que esté incidiendo en la relación. En otras ocasiones, el conflicto subyacente podría ser un tema relacional, como una falta de confianza que se derive de una infidelidad pasada.

En el caso de Ángela, llegó a mi consultorio diciendo que el problema era que estaba enfrentándose al síndrome del "nido vacío"; y aunque el hecho de que sus hijos se mudaran de la casa agravó su soledad, ese no era el problema real. El tema principal radicaba en que ella y Carl no habían pasado suficiente tiempo de calidad juntos, en términos emocionales, como para seguir conectados al paso de los años. Ahora que no tenía a sus hijos en casa para distraerse, la falta de intimidad emocional se había amplificado.

Antes de lanzarte a remediar un problema, invierte un poco de tiempo reflexionando sobre el asunto real. Pregúntate si lo que te preocupa es el problema en sí, o si solo se trata del síntoma de un asunto subyacente. Además, piensa en cómo tu pareja podría definir el problema desde su perspectiva. No es necesario que hables con tu pareja en este momento; más bien, trata de entender la situación tú primero.

Distingue entre los problemas que se pueden resolver y los que no

No es necesario que trates de resolver cada uno de los problemas que hay en tu relación. Las investigaciones muestran que tratar con cada tema podría empeorar las cosas.

Un estudio del 2019 que se publicó en *Family Process* encontró que las parejas más felices solo tienden a tratar los asuntos que pueden resolver. Estos investigadores encontraron que las parejas con la máxima satisfacción en su relación rara vez discutían acerca de los asuntos más difíciles (o imposibles) de resolver.

Los investigadores teorizaron que las parejas más felices se centraban en aumentar la confianza el uno del otro al resolver asuntos que podían solucionarse, como los desacuerdos sobre la división de labores. Además, era menos probable que sacaran a relucir asuntos que no podían resolverse con facilidad, como las diferencias en creencias religiosas.

Abordar diferentes asuntos de manera sana no significa que siempre coincidirán en cuanto a la solución; sin embargo, sí quiere decir que separarán los problemas que pueden resolverse de aquellos que no.

No todo conflicto tiene una solución. Si tu pareja fumó durante 20 años y ahora tiene una enfermedad pulmonar, decirle: "¡Te dije que fumar te iba a hacer daño!" no es lidiar con el problema. Tu pareja no puede cambiar el pasado. El problema al que se tienen que enfrentar ahora es cómo tú puedes apoyar sus esfuerzos para cuidar de su salud de ahora en adelante.

Hablar más acerca de un problema que no puede solucionarse no los ayudará a encontrar una solución. Si tú quieres tener tres hijos y tu pareja solo quiere tener uno, rogarle que cambie de parecer no va a servir de nada. Hablar al respecto todas las noches a la hora de la cena tampoco resolverá sus diferencias, y aunque podrías verte tentado a decir: "Hagamos un trato y tengamos dos hijos", dicha solución intermedia podría significar que ninguno de los dos quede satisfecho con el resultado final.

Enfrentar su discrepancia por el número de hijos que cada uno quiere tal vez no tenga nada que ver con llegar a un acuerdo específico. Más bien, podrían esforzarse por tratar de resolver los asuntos que los dos piensan que surgirían si no tienen el número de hijos que cada quien quiere tener.

Las relaciones prosperan cuando logras responder de mejor manera a la siguiente pregunta: ¿Necesito resolver el problema o necesito resolver la manera en que me siento respecto del problema?

Con demasiada frecuencia, nos centramos en el asunto incorrecto. Nos esforzamos por minimizar nuestro estrés, en lugar de arreglar el asunto que lo está generando, o tratamos de abordar un problema que no estamos capacitados para resolver.

Si tú y tu pareja tienen valores diferentes, jamás podrán convencer al otro para que cambie; ni deberían tratar de hacerlo. No trates de insistir en que tu pareja aprecie algo que no valora. Eso no quiere decir que jamás cambie de parecer, pero si eso sucede, es poco probable que un sermón de tu parte inspire dicho cambio (en el capítulo 6 aprenderás más sobre cómo brindar tu apoyo para producir un cambio de forma saludable).

> Las relaciones prosperan cuando logras responder de mejor manera a la siguiente pregunta: ¿Necesito resolver el problema o necesito resolver la manera en que me siento respecto del problema?

Identifica y acepta las cosas que jamás van a cambiar dentro de tu relación; después, trabaja en la forma en que responderás a las mismas.

Por ejemplo, si tu pareja presentara un grave problema de salud que limitara su capacidad para hacer algo que tú amas hacer, como montañismo, es poco probable que trates de convencerlo de seguir practicándolo. Aceptarías que es algo que ya no puede hacer y, entonces, decidirías lo que vas a hacer tú: practicar montañismo a solas, encontrar a alguien más con quien hacerlo o dejar de practicarlo por completo.

No obstante, es muy frecuente que peleemos por problemas irresolubles o que no nos corresponde resolver y que, al final de cuentas, todos terminen sintiéndose frustrados.

Eso no significa que no abordes los asuntos que son irresolubles; solo quiere decir que es necesario manejarlos de manera diferente. Habla con tu pareja acerca de cómo te sientes, en lugar de cómo tienen que cambiar las cosas. O bien, pueden dedicarse a tratar de lidiar con tu angustia de manera conjunta, en lugar de que trates de enfrentarte al conflicto tú solo.

Crea un plan para afrontar el problema

Tu pareja y tú conocen su propia situación mejor que nadie, de modo que a ustedes les toca decidir si necesitan tener una conversación formal acerca del problema o si quieren enfrentarlo de la misma manera en que lo hizo Ángela: buscando una solución sin necesariamente anunciar la forma en que tú ves el problema.

Los problemas remediables se pueden enfrentar con una conversación o por medio de discusiones diversas. Plantear: "¿Cómo podemos trabajar juntos para crear un plan con el que ambos estemos cómodos?" es una pregunta que los puede ayudar a empezar a resolver el problema de manera conjunta. Puede funcionar para temas relacionados con dinero, estilo de crianza infantil, responsabilidades del hogar y límites con la familia extendida.

De todas maneras, como viste en el caso de Ángela, no siempre necesitas hablar de un problema para enfrentarlo. Podrías decidir cambiar tu propio comportamiento; cosa que podría solucionar el problema sin que jamás digas palabra alguna sobre el mismo.

Por ejemplo, Ángela quería estar dentro de una relación con alguien que pasara tiempo haciendo cosas divertidas con ella. De modo que propició que se dieran las cosas para que eso sucediera. Después, durante su tiempo de calidad juntos, las conversaciones sobre su relación y sentimientos empezaron a darse de manera natural.

Ten en cuenta que solo porque el problema no sea tu culpa, no significa que no sea tu responsabilidad. A veces, las mejores soluciones implican que ambos trabajen de manera conjunta, aunque se trate de un problema individual.

Un asunto de este tipo tiene que ver con los medicamentos. Cuando uno de los miembros de la pareja necesita tomar medicamentos, sea para un trastorno bipolar o para controlar la hipertensión, involucrar a ambos miembros puede aumentar el cumplimiento del tratamiento. En terapia, es frecuente que trabaje con parejas para que puedan lograrlo. A veces, significa que uno de los miembros de la pareja vaya por un vaso de agua y le entregue las pastillas a la persona que toma sus medicamentos a diario durante la hora del desayuno. Las probabilidades de que una persona se adapte a su régimen de medicamentos aumentan de manera espectacular cuando su pareja participa de manera amorosa. Al compartir la responsabilidad, la persona que toma las medicinas tendrá menores probabilidades de olvidar sus medicamentos o de encontrar excusas para saltarse alguna de las dosis.

No ignoran sus problemas

El esfuerzo no tiene que dividirse exactamente a la mitad. Una de las personas podría hacer un mayor esfuerzo o asumir una mayor responsabilidad. La alegría de tener una pareja es que pueden trabajar de manera conjunta. No obstante, mantengan flexible el plan dado que habrá semanas en las que tú puedas hacer más o en las que necesites tomar un paso atrás. Revisen el plan y vuelvan a evaluarlo según sea necesario para que refleje los cambios que desean ver.

¿QUIÉN SE SIENTE MOTIVADO?

Tómate un momento para considerar quién piensa que existe un problema y quién se siente motivado a crear cambios. Después, decidan la mejor manera de abordar la situación.

1. Tú quieres dejar de ignorar los problemas

Es posible que necesites armarte de valor para enfrentarte a algún problema que llevan mucho tiempo ignorando, o a alguno que sabes que casi sin duda provocará desconsuelo o conflicto.

Una de las mejores maneras para reunir el valor suficiente es escribir una lista de razones por las que deberías enfrentar el problema. Atrás de la hoja haz una lista de las razones por las que ya no debes ignorarlo más.

Aquí hay un ejemplo del aspecto que podría tener la lista de una persona que está pensando en enfrentar algunos problemas financieros.

Por qué debería enfrentarlo:	Por qué no debería ignorarlo:
Sentiremos mayor seguridad cuando salgamos de deudas.	Nuestras deudas seguirán creciendo.
Si hablamos al respecto, podremos formular un plan.	Aumentará mi resentimiento.
Si trabajamos juntos, podremos pagar las deudas con mayor velocidad.	Recibiremos cada vez más llamadas de cobranza.

Formular una lista de razones lógicas podría ayudarte a superar tu ansiedad al lidiar con el asunto.

Si te ves tentado a seguir ignorando el problema "solo un día más", escribe una lista de razones por las que deberías enfrentarlo hoy mismo. Eso podría aumentar tu valor y darte la motivación que necesitas para abordar el asunto.

2. Quieres que tu pareja deje de ignorar los problemas

Si ya trataste de abordar un problema, pero tu pareja no responde de manera correcta, cambia tu enfoque. Utiliza "afirmaciones en primera persona" y mantén las cosas lo más positivas posible.

En lugar de decir: "Nunca pasas tiempo conmigo", intenta decir: "Me encantaría que pasáramos más tiempo juntos". Te servirá mucho más no culpar a la otra persona.

Y te irá todavía mejor cuando aceptes tu parte de responsabilidad en el problema. Di algo como: "Sé que no he estado en casa mucho durante los fines de semana" o "Sé que me canso muy temprano por las noches". Incluso, podrías aceptar la responsabilidad por la manera en que manejaste el problema antes diciendo algo como: "Sé que te hostigo mucho acerca de cuánto bebes. Quiero trabajar en un plan para lidiar con eso".

Limítate a los hechos y a tus propios sentimientos. Di: "Últimamente me he sentido muy abrumada. Veo las cuentas que llegan y me percato de que nos estamos retrasando con los pagos. Me gustaría que hiciéramos un plan para tratar el asunto". Recuerda que tu pareja no puede discutir sobre cómo te sientes; son tus sentimientos.

3. Tu pareja piensa que deberías de dejar de ignorar los problemas

Si tu pareja te dice que tienes un problema, no es necesario que coincidan en cuanto al problema para tratar de solucionarlo de manera conjunta. Quizá tu pareja piense que eres demasiado estricto. Por otro lado, es posible que tú pienses que tu pareja es demasiado sensible; pero de todas maneras, puedes acordar que dejarás de gastarle bromas si es algo que no le agrada.

Si tu pareja acude a ti con un problema, dale las gracias por mencionar el asunto, sin importar cómo te sientas al respecto. Esto resulta difícil porque tu primera respuesta podría ser ponerte a la defensiva en cuanto al tema. Sin embargo, si responde de manera negativa, desalentarás a tu pareja de hablar acerca de sus inquietudes en el futuro. De manera que aunque te resulte difícil decir: "Gracias por hacerme saber al respecto", expresarlo de manera sincera te servirá mucho para abrir la puerta a conversaciones respetuosas.

Valida los sentimientos de tu pareja aunque no coincidas con ellos. Si tu pareja te dice que heriste sus sentimientos, reconoce su aflicción; no le digas que está siendo demasiado sensible o dramática.

4. Los dos quieren dejar de ignorar sus problemas

Es posible que haya ocasiones en que ambos sepan que existe un problema, pero prefirieron no prestarle atención. Por ejemplo, si no han tenido relaciones sexuales en una década, los dos estarán conscientes del problema aunque jamás se discuta. O tal vez los dos se sientan más irritables desde que tu cuñado se mudó a vivir con ustedes para que pudieran "echarle la mano" después de perder su trabajo, pero aún no discuten el asunto entre ustedes dos.

Van a necesitar de valor para tratar un tema del que nadie quiere hablar, pero no esperes a que tu pareja lo mencione primero. Más bien, siéntate e invítalo a que comparta lo que está sintiendo. Escuchar es uno de los mejores lugares donde empezar.

CÓMO ES QUE ENFRENTAR SUS PROBLEMAS LOS AYUDA A FORTALECERSE

Es posible que Ángela pudiera seguir adelante con una relación más o menos adecuada con Carl si hubiera ignorado el hecho de que se sentía distante de él. Dijo que ella y Carl casi nunca peleaban y que no tenían mucho estrés dentro de sus vidas. Sin duda, pudo haber encontrado un sinfín de actividades que no involucraran a Carl y que ocuparan su tiempo.

Pero se sentía sola. Me dijo: "Una cosa es sentirte solo cuando no tienes a nadie en tu vida pero, de alguna manera, se siente mucho peor sentirte sola cuando tu marido está sentado en la misma habitación que tú". Me explicó que pasaba sus días sola haciendo quehacer y yendo de compras. Cuando Carl llegaba del trabajo, se dedicaban a ver sus celulares durante la cena y veían programas de televisión diferentes en la noche.

Si trataba el hecho de que se sentía alejada de Carl de manera directa, había excelentes probabilidades de que pudiera convertir un matrimonio bueno a secas en uno excelente. Y si mejoraba su relación con Carl, podría resolver su soledad. Durante su última sesión de terapia, Ángela me dijo: "Parte de mí se siente furiosa conmigo misma por no abordar el asunto antes, pero también me siento agradecida de que no haya esperado más. De aquí en adelante, estoy segura de que podré lidiar con mis problemas de manera más oportuna".

Hay veces en que se necesita más energía para darle la vuelta a un problema que simplemente tratar con el mismo. Una vez que abordes el problema, tendrás más energía disponible para ti y para tu relación, y eso es mejor para todos.

Enfrentar tus problemas también te ayudará a fortalecerte como individuo. No puedo contarte el número de personas que en el consultorio me han dicho lo aliviadas que se sienten después de enfrentar un problema relacional que ignoraron. Algunos de ellos llevaban años caminando de puntitas dentro de su relación o fingiendo que no les afectaba algo de suma importancia, solo para darse cuenta de que la solución era más sencilla de lo que nunca imaginaron.

IDENTIFICACIÓN DE PROBLEMAS Y TRAMPAS COMUNES

Esperar el momento perfecto para abordar un problema

El tiempo es muy importante. Iniciar una conversación trascendente diez minutos antes de que tu pareja salga de viaje de negocios no es buena idea.

Si los dos tienen horarios complicados, programar un momento para que hables con tu pareja sobre lo que te preocupa puede ser de utilidad. Decir algo con antelación, como: "Quiero que hablemos, este es el momento en que quiero que lo hagamos y esto es lo que quiero que discutamos" podría ayudar a ambos a prepararse para tener una conversación productiva. O quizá puedas sentarte con tu pareja después del trabajo en alguna noche dada y entrar en materia de inmediato.

Sin embargo, no te convenzas de que debes esperar al momento perfecto; ese momento no existe. Cuando la gente se dice a sí misma que el momento tiene que ser "el justo", su ansiedad aumenta. Después, en cualquier instante, a menudo durante el peor momento posible, su ansiedad los supera y escupen el problema, ya sea durante una pelea por algo completamente diferente, o cuando están a punto de dirigirse a alguna reunión familiar.

Sacar a relucir el mismo problema una y otra vez

Hay veces en que las personas piensan que están enfrentando un problema cuando lo sacan a relucir de manera repetida.

Sin embargo, rumiar tus frustraciones, dar sermones, hostigar al otro y decir lo mismo una y otra vez puede dañar la relación; por lo general, no resuelve el problema.

Pregúntate: "¿Estoy obsesionándome con el problema o estoy buscando una solución?". Si encuentras que frecuentemente sacas un mismo tema a relucir, pregúntate la razón por la que lo haces. ¿Estás insatisfecho con la respuesta de tu pareja? ¿Existen otros obstáculos que deberían tratarse? ¿Te sientes atorado en cuanto a las medidas que podrías tomar para efectuar un cambio?

En algunos casos, es posible que necesites esforzarte por sanar una herida emocional que aún no se ha afrontado. Si tu pareja te traicionó hace dos años, hablar al respecto de manera repetida no necesariamente servirá de nada. Quizá necesites algo que no estás obteniendo antes de que puedas sentirte mejor; podría ser una disculpa, que tu pareja reconozca lo que hizo, o algún cambio de comportamiento. Trata de decirle a tu pareja lo que necesitas (si sabes qué necesidades tienes). Si estás batallando para dejar algo de lado, podría ser señal de que te serviría discutirlo con un profesional.

La ley del hielo

La ley del hielo es una forma de manipulación que puede convertirse en abuso emocional. En ocasiones, se utiliza para evitar algún problema o para castigar a la pareja por mencionar un tema que el otro no quiere que se discuta.

Cuando alguien aplica la ley del hielo, activa la parte del cerebro que registra dolor, lo que significa que puede resultar doloroso a nivel emocional y físico también. Puede hacerle daño a tu bienestar y a tu relación.

Si una conversación se torna demasiado emotiva, tomar un descanso de la misma y decir que tratarás el tema más adelante no tiene nada de malo; sin embargo, la ley del hielo implica evitar un problema de manera absoluta y tratar de castigar al otro en el proceso.

Si tu pareja te aplica la ley del hielo a ti, no trates de tenderle una trampa para obligarla a que hable, ni hagas promesas en cuanto a que cambiarás o que arreglarás las cosas. Más bien, considera hablar con un profesional a fin de encontrar ayuda. Si tu pareja se niega a hablar con un terapeuta (o si es probable que te castigue por alentarlo a que lo haga), obtén ayuda para ti.

TEMAS DE CONVERSACIÓN

A continuación, encontrarás algunas preguntas sobre las que podrías reflexionar a solas. Si tu pareja está dispuesta a hablar acerca de la fortaleza mental y les da la bienvenida a tus preguntas, utiliza estos temas de conversación para averiguar más sobre lo que piensa. Aunque no estés de acuerdo con sus respuestas, no discutas. Solo escucha; podrías aprender mucho de ti, de tu pareja y de la relación que tienen. Si le interesan tus respuestas, compártelas, pero pídele que también las escuche de manera respetuosa.

> ▶ ¿Cuál sería un problema que abordamos bien entre los dos?

No ignoran sus problemas

- ¿Cuál sería un ejemplo de una ocasión en que te dio gusto que yo enfrentara un problema que estaba afectando nuestra relación?

- ¿Cuál sería un ejemplo de una ocasión en que a ti te dio gusto enfrentar un problema que estaba afectando nuestra relación?

- ¿Cómo encontraste el valor para enfrentarlo?

- ¿Qué acción que suelo hacer te ayuda a tratar nuestros problemas para que no los ignoremos?

- ¿Cuál sería un problema que enfrentamos juntos y que te da gusto que hayamos tratado?

ENTREVISTA CON RUTH COHN

Aunque las parejas podrían ignorar un sinfín de problemas diferentes, los temas sexuales se ignoran de manera muy frecuente. Esa es la razón por la que me puse en contacto con Ruth Cohn, terapeuta de pareja y familia que se especializa en temas relacionados con trauma y descuido, así como con temas sexuales. Dos de sus libros son *Working with the Developmental Trauma of Childhood Neglect* (Trabajo con el trauma del desarrollo por descuido infantil) y *Coming Home to Passion* (Redescubrimiento de la pasión). Es toda una fuente de información sobre la manera en que nuestra infancia puede impactar la forma en que vemos el sexo y la razón por la que tantas parejas ignoran los problemas sexuales.

Con base en las parejas a las que atiendes en tu consultorio de terapia, ¿has encontrado que en la mayoría se habla del sexo o no?

En términos generales, no lo hacen y mi mayor problema con el mundo es que nadie les habla a las personas sobre sexo. Los psiquiatras no les informan a sus pacientes acerca de los efectos secundarios de los medicamentos que les recetan. Los oncólogos no les dicen a las personas lo que le va a pasar a su sexualidad cuando inicien su tratamiento contra el cáncer. Nadie habla al respecto, incluyendo las personas que han estado en terapia de pareja en varias ocasiones anteriores. Me dicen: "Nadie nos habló jamás acerca del sexo", de modo que piensan que esto tampoco supone que ellos lo hagan, o piensan que ya deberían saber al respecto o que es de lo más natural, de modo que tendrían la impresión de que saben lo que deben hacer, o que todo el mundo quiere lo mismo. Lo aprenden a partir de la pornografía o a través de lo que ven en las paredes de los vestidores. No hay buena información. Y ese es mi máximo problema: estamos rodeados de fogosidad, pero no hay nada de información. En la actualidad, la educación sexual es mínima.

¿Cuáles serían los problemas sexuales más comunes que las parejas están ignorando?
El problema principal con el que yo me topo es que no hay sexo. Es increíble el número de personas que no han tenido relaciones sexuales con sus parejas en años; no es broma… y no estoy hablando de dos años, sino de cinco o diez. Estas no son personas ancianas. Estoy hablando de personas jóvenes. El sexo se acaba. No sabían qué hacer al respecto, se sentían avergonzados, se culpaban entre sí, se culpaban a ellos mismos, culpaban a sus traumas… todo lo que se te pueda ocurrir.

Y, entonces, lo que sucede con mucha frecuencia es que llegan a los 50 años de edad y empiezan a darse cuenta de la cantidad de tiempo que ya pasó y de que podrían perder funciones. Incluso existe la posibilidad de que ya hayan empezado a perder funciones y se vuelven locos porque no están teniendo relaciones sexuales, de forma que quieren abandonar a su cónyuge o quieren reiniciar las relaciones sexuales de manera inmediata.

¿Por qué crees que sea tan difícil que las personas hablen con sus parejas sobre sexo?
Porque, de entrada, piensan que se supone que deberían saberlo todo. Piensan: "Ah, esto es algo natural; ya deberíamos saber al respecto". En ningún lugar hay información que les diga a las personas: "Todo el mundo es diferente".

A algunas personas les agrada el contacto físico delicado. A otras les gusta un contacto más rudo. A otras tantas les gusta disfrazarse. Siempre y cuando haya consentimiento, no hay patología, pero la gente no sabe nada acerca de las diferencias, por ello piensan que todo el mundo es igual. No saben cómo hablar del sexo, se sienten avergonzados o piensan que hay algo mal con ellos. Hay incomodidad y tabúes, y aparte están la religión, la cultura, el temor y el trauma.

¿Y qué piensas de las diferencias en el deseo sexual? ¿Cómo trabajas con las parejas en las que una de las personas tiene deseos sexuales más intensos que la otra?
Bueno, de entrada, les digo que esa es la norma, que no es atípico que las parejas no coincidan en cuanto a la magnitud de sus deseos sexuales. De hecho, creo que está diseñado así en términos evolutivos porque si todas las personas que tienen deseos sexuales bajos se juntaran, no existiría la preservación de la especie, así que tiene más que ver con la empatía. Mucho del trabajo se centra en que si me importas, poco me cuesta mostrarme disponible, abrirme, excitarme y dejarte saber lo que me hace sentir bien, aunque no sea obligatorio que tenga un orgasmo cada vez que lo hagas.

Algunas personas tienen deseos sexuales mucho más intensos que el otro, de modo que necesitan desarrollar una comprensión empática del sitio en el que se encuentra cada uno y aprender cosas que les funcionen a los dos. Tiene que ver con el toma y daca que existe en cualquier relación, que de todas maneras es justo con lo que tienen que ver las relaciones.

¿Qué les dirías a las personas que afirmen: "Hablar de sexo con un terapeuta no va a servir de nada. ¿Por qué deberíamos hablar de ello?"?
Para esas personas que piensan: "No tiene caso que hable contigo", bueno, la puerta sigue abierta y no es necesario que hables conmigo. Pero pienso que tan pronto como las personas empiezan a hablar acerca de estos temas y experimentan la sensación de que las comprenden, se sienten de otra manera. Es probable que jamás tuvieran la experiencia de sentirse comprendidas, de sentir algo como "Vaya, hay alguien que de verdad me entiende", porque eso lo cambia todo; sentirte comprendido, en especial por alguien que te importa, es algo que cambia tu vida. Muchísimas personas jamás lo experimentan.

Si hay alguna pareja que está leyendo este libro y que lleva años ignorando los asuntos sexuales, ¿cómo les sugerirías que encuentren el valor para sacar el tema a colación?
Bueno, si no es algo que les moleste, no existe razón alguna para discutirlo. Si no han tenido relaciones sexuales en mucho tiempo, pero no es algo que le moleste a ninguno de los dos, no hay problema, a menos que quieran tener hijos. Pero si es algo que le molesta a uno de ellos, el asunto tiende a salir o podría ser que temen mencionarlo porque provoca demasiados conflictos. Pero lo harán porque es algo que les produce dolor o porque están enojados o atemorizados, o bien, porque quieren marcharse o algo por el estilo.

Entonces, lo que debes hacer es procurar que exista la seguridad suficiente como para hablar al respecto, aunque esa persona sienta temor. "Me dejará si hablo sobre esto": tenemos que revisar si podemos crear seguridad para descubrir si eso es cierto. ¿Tu pareja de verdad te va a dejar si hablas al respecto? Porque podría sorprenderte que quizá no lo haga.

Quiero alentar a la gente, en especial a los padres, a que aprendan el lenguaje necesario para hablar acerca del sexo de manera respetuosa. Utilicen las palabras: digan vagina, digan pene, digan masturbarse y digan orgasmo en lugar de caminar de puntitas alrededor del asunto como si fuera malo usar ese lenguaje. Si creamos comodidad cuando hablamos de sexo, es posible que más personas hablen del tema de manera respetuosa, sana, consensuada y abierta para que se vuelva una parte de la vida que no es mala, ni incorrecta, ni algo que la gente hace en contra de otras personas, sino que se trata de algo bueno. Así que siempre que puedo, trato de enseñarle a la gente a hablar acerca del sexo de una manera sana, gozosa, respetuosa y natural.

2

No guardan secretos

> Cuarenta por ciento de las personas sospecha
> que su pareja les oculta secretos.
> ENCUESTA *Couples by the Numbers*

Autumn se comunicó a mi consultorio para pedir la siguiente consulta disponible. Me dijo: "Mi esposo es un mentiroso, me engaña y necesito averiguar qué está mal con él. O quizá tengamos que averiguar qué está mal conmigo por seguir con él. En todo caso, los dos iremos para que usted determine cuál de los dos necesita ayuda". Cerca de una semana después, Autumn y David se presentaron a la cita juntos.

Tan pronto como los llamé por sus nombres en la sala de espera, Autumn se levantó de un brinco y marchó hasta mi consultorio con una clara misión en mente. David se quedó un poco atrás, pero mientras íbamos de camino al consultorio, sonrió de manera educada y dijo: "Qué agradable lugar tiene usted". En cuanto cerré la puerta del consultorio, Autumn exclamó:

—Por lo general, David es quien paga las cuentas, pero el mes pasado saqué el estado de cuenta de la tarjeta de crédito y noté varios cargos de OnlyFans. Busqué en estados de cuenta anteriores y vi que David lleva meses haciendo lo mismo. Me altera que mi esposo esté pagando por ver fotografías de mujeres desnudas, pero cuando me enteré que estaba suscrito a la cuenta de una exnovia de la universidad, me sentí súper traicionada.

En respuesta a lo anterior, con voz callada, David dijo:

—No pensé que fuera así de importante. Si así fuera, lo evidente es que hubiera intentado borrar mis huellas de mejor manera y no utilizar una tarjeta a la que Autumn también tiene acceso.

—¡¿Entonces lo único de lo que te arrepientes es de que te haya descubierto?! —espetó Autumn con furia—. Es obvio que sabías que esto me iba a alterar; de lo contrario, me lo hubieras dicho. ¡En lugar de ello, lo hiciste a hurtadillas y mentiste al respecto!

David intentó restarle importancia con una risa.

—Pensé que quizá te molestaría un poco, pero no tenía idea de que te volverías loca. Muchos hombres casados van a sitios de *striptease* y ven pornografía. No es como si te estuviera engañando —y eso convirtió la discusión en una acalorada pelea en la que empezaron a interrumpirse uno al otro.

Pelear acerca de si el comportamiento de David concordaba con la definición técnica de infidelidad no iba a servir de nada, así que los interrumpí antes de que la conversación se deteriorara todavía más. Tenía una imagen clara de lo que estaba pasando. Autumn sentía que David acababa de cometer la máxima traición posible en su contra y él pensaba que podría minimizar lo que su esposa estaba sintiendo y hacer que todo se arreglara convenciéndola de que su conducta no era para tanto.

Establecimos algunas reglas básicas para el consultorio. No podía haber gritos, ataques, insultos, ni interrupciones. Si no podían escucharse entre sí y tener una conversación respetuosa, la terapia jamás funcionaría.

Una vez que acordaron acatar las reglas, discutimos lo que esperaban obtener de la terapia. Autumn dijo que quería estar segura de que David no hiciera algo como esto en el futuro y David afirmó que quería volver a ganarse la confianza de Autumn. Ella estuvo de acuerdo con querer volver a confiar en él, pero también afirmó:

—Esto me hace preguntar qué otra cosa estás ocultando. Hasta donde puedo saber, esto ni siquiera es lo peor.

—No quiero que te sientas así —respondió David—. Quiero arreglar las cosas.

Y, con eso, acordaron empezar terapia de pareja para tratar con los sentimientos de traición que estaba experimentando Autumn y para reconstruir su confianza a fin de que pudieran tener un matrimonio más saludable de aquí en adelante.

Más adelante en el capítulo, regresaremos con Autumn y David, pero aunque no puedas identificarte con el secreto que David le guardó a Autumn, existe una buena probabilidad de que hayas lidiado con algún secreto en un momento u otro.

CUESTIONARIO

Ya sea que tengas algunos secretos de los que jamás quieres que tu pareja se entere, o que te preocupe que tu pareja te esté ocultando una que otra cosa, los secretos afectan a todas las relaciones. Tómate un minuto para leer las siguientes afirmaciones y ve cuántas de ellas te parecen ciertas.

- ○ Le oculto cosas a mi pareja porque no quiero que se altere.
- ○ Hay cosas que no comparto con mi pareja porque me avergüenzan o me hacen sentir apenado.
- ○ Sospecho que mi pareja me oculta secretos.
- ○ Nos mentimos el uno al otro porque no nos tenemos confianza.
- ○ Hago cosas a espaldas de mi pareja porque no comprendería ni aprobaría mis conductas.
- ○ Guardo secretos porque mi pareja exageraría las cosas fuera de toda proporción.
- ○ Espío o trato de averiguar cosas de mi pareja porque pienso que me guarda secretos.
- ○ Mi pareja y yo no coincidimos en cuanto a qué debemos compartir.
- ○ Quiero proteger a mi pareja de la verdad.

Si cualquiera de estas afirmaciones te pareció cierta, no te preocupes. No estás solo en lo que se refiere a afrontar temas de secrecía dentro de una relación. Los secretos son algo que se puede manejar.

PUNTO DE PARTIDA

Aunque al principio David estuvo de acuerdo en asistir a terapia con Autumn, su esperanza era que las cosas pasaran al olvido con rapidez. Durante nuestras primeras sesiones juntos, hubo ocasiones en que aceptó su responsabilidad, mientras que en otras tantas trataba de minimizar las cosas y justificar sus acciones. Decía cosas como: "Bueno, la única razón por la que me suscribí a la cuenta de mi ex era porque me daba curiosidad saber lo que estaba haciendo" y "De hecho, ni siquiera me acordaba que estaba inscrito. De todas maneras, rara vez veo su página".

Hasta que no se mostrara honesto en cuanto a sus acciones, Autumn no podría empezar a sanar. No podrían trabajar en temas de confianza de manera conjunta hasta que David asumiera la responsabilidad total de sus acciones.

Si alguna vez has tenido un secreto, sabes lo estresante que puede ser. Es posible que hagas hasta lo imposible por tratar de ocultarle el secreto a tu pareja porque temes las consecuencias de que la verdad salga a la luz.

Cuando al fin se revela (como sucede con tantísima frecuencia), quizá te sientas presionado a mentir. Es posible que ese sea tu último intento por tratar de evitar las consecuencias a las que estás a punto de enfrentarte. El círculo de secrecía y deshonestidad puede ser difícil de romper.

Sin embargo, lo fácil es justificar tu secreto ante ti mismo. Quizá te digas que no tiene nada de malo que no seas franco sobre cuánto pagaste por esos boletos para ir al concierto. O tal vez te dices que la conversación que tuviste con tu ex no fue la gran cosa, de modo que no hay necesidad de mencionársela a tu pareja y ocasionarle un disgusto.

Y claro que no necesitas contarle todo a tu pareja. Es saludable tener cierta privacidad, incluso en una relación comprometida a largo plazo. Es posible que mantengas secreta tu clave para entrar a tus redes sociales. Sería de esperarse que tuvieras conversaciones con amigos y familiares que no siempre incluyan a tu pareja.

Pero la secrecía es distinta de la privacidad. Guardar secretos tiene que ver con no compartir algo con tu pareja, o mentirle de manera abierta, porque sabes que la información le molestaría. Está motivada por el temor y la vergüenza. La privacidad tiene que ver con guardarte algo que ni beneficiaría, ni lastimaría a tu pareja.

Con todo esto en mente, piensa en las siguientes preguntas:

- ¿Le ocultas secretos a tu pareja?
- ¿Sabes (o sospechas fuertemente) que tu pareja te oculta secretos?
- ¿Los dos se guardan secretos entre sí?

La mayoría de las personas tiene secretos. De hecho, investigadores estiman que el adulto promedio guarda 13 secretos. No todos ellos se ocultan a la pareja; es posible que escondamos algunos de estos secretos a amigos, colegas u otros familiares. Sin embargo, aferrarse a esos secretos puede tener consecuencias para nuestro bienestar. Ya sea que tú guardes secretos o que sospeches que tu pareja lo está haciendo, puedes tomar medidas para desarrollar una relación más abierta y franca.

¿POR QUÉ GUARDAMOS SECRETOS?

Al igual que muchas personas, David ocultaba un secreto porque no quería "meterse en problemas". Sabía que habría consecuencias si Autumn se enteraba de lo que estaba haciendo y también sabía que si su secreto salía a la luz, tendría que alterar su conducta, cosa que no quería hacer.

Tómate algunos momentos y piensa por qué le ocultas secretos a tu pareja. Recuerda, todos guardamos secretos en diferentes momentos de nuestras vidas. Comprender las razones por las que retienes información puede ayudarte a progresar de manera más productiva.

Me estoy tratando de proteger a mí mismo:

○ No quiero que mi pareja piense mal de mí.

○ Me daría pena que mi pareja se enterara de lo que hago.

○ Me avergüenza mi conducta.

○ Quiero seguir llevando a cabo lo que hago y si mi pareja supiera lo que estoy haciendo, tendría que dejar de hacerlo.

Estoy tratando de proteger a mi pareja:

○ Mi pareja se altera de manera excesiva.

○ Mi pareja se apresuraría a conclusiones que no son ciertas.

○ Heriría los sentimientos de mi pareja.

Estoy tratando de proteger nuestra relación:

○ Sé que mi comportamiento dañaría la relación.

○ Mi pareja reaccionaría de manera exagerada.

○ Mi pareja se enfurecería conmigo.

○ Mi pareja se sentiría herida si supiera lo que hice.

○ Mi pareja querría que dejara de hacer algo a lo que no quiero renunciar.

○ Es probable que mi relación termine.

○ Mi pareja se enojaría por no decir algo antes.

Es posible que trates de convencerte de que tus esfuerzos por mantener algo oculto son altruistas porque estás protegiendo a tu pareja de un dolor innecesario; no obstante, lo más probable es que también te estés protegiendo a ti mismo.

EJERCICIOS DE FORTALECIMIENTO MENTAL

David quebrantó la confianza de Autumn, lo que la llevó a cuestionar si era lo bastante deseable o si él seguía sintiéndose atraído por ella. También le preocupaba que todavía pudiera tener sentimientos por su ex y que quizá estuviera en contacto con ella por teléfono o, incluso, en persona. Aunque David negó esto, Autumn no estaba del todo segura de si podía creerle.

Autumn no se sentía cómoda con que David viera imágenes de otras mujeres desnudas, pero, en especial, no quería que viera imágenes de su ex. Pensaba que la única manera en que podría volver a confiar sería hasta que él le diera las contraseñas de su laptop y de su celular, y que le permitiera ver sus actividades en línea siempre que ella se lo pidiera.

Al principio, a David no le gustó mucho la idea, pero Autumn le dijo: "Me conozco y sé que voy a dudar de ti en ocasiones. No quiero estar fisgoneando y espiándote. Quiero que los dos seamos honestos el uno con el otro para que podamos volver a tenernos la confianza que se perdió". Después de eso, David accedió a darle sus contraseñas a Autumn.

Examinamos la decisión de David de suscribirse al contenido explícito de su ex. Ofreció una variedad de razones de por qué lo hizo, incluyendo que estaba empezando a sentirse más viejo y que ver las imágenes de su ex le recordaba sus días de universidad. Sin embargo, le aseguró a Autumn que estaba profundamente enamorado de ella y que no tenía sentimiento alguno por su ex.

Pasaron meses antes de que Autumn empezara a sentir que podía volver a confiar en David y hubo varias ocasiones en las que le pidió revisar sus dispositivos. David accedió a que mirara en su celular y en su laptop porque sabía que necesitaba mostrarle a Autumn que sus acciones coincidían con sus palabras.

También hablaron acerca de sus expectativas en cuanto a los secretos. Autumn dejó muy en claro que si David volvía a ver contenido sexualmente explícito de nuevo, quería que se lo dijera. También discutieron las expectativas de Autumn en cuanto a qué debía hacer David si alguien más le enviaba contenido sexual explícito.

Para cuando terminaron su terapia, Autumn se sentía más confiada en cuanto a su relación. Dijo: "En realidad, jamás discutimos nuestras expectativas relacionadas con los secretos. Me siento mejor ahora que acordamos establecer algunas reglas".

Puedes evitar que se formen algunos secretos si hablas de tus expectativas antes de tiempo y creas un ambiente seguro en el que los dos puedan compartir sus sentimientos e ideas. También puedes aprender a revelar secretos ocultos de manera saludable y encontrar estrategias para sanar si descubres que tu pareja te estaba guardando secretos.

Examina tu relación

Si bien es cierto que los secretos pueden dañar las relaciones, también hay evidencia que muestra que las relaciones dañadas tienden a engendrar secretos. Tu necesidad por guardar secretos podría indicarte que tu relación no es sana. Algunas investigaciones sugieren que los secretos pueden ser un síntoma de un problema relacional general de mayor tamaño.

Un estudio del 2023 publicado en *Personal Relationships* encontró que la razón por la que las personas guardan secretos de inicio se debe, de manera muy probable, a que se encuentran en una relación desleal, carente de confianza y poco sana.

Este no siempre es el caso. Yo he tratado a muchos individuos que guardaron secretos durante un largo tiempo antes de revelárselos a su pareja, no porque estuvieran dentro de una relación terrible, sino porque estaban en una buena relación que no querían arruinar.

No obstante, esto es algo a tener en mente. Si ya estás dentro de una relación inestable, es posible que estés guardando secretos porque sabes que tu pareja no te prestará su apoyo o porque conllevará a más peleas.

Da un paso atrás y considera el estado general de salud de tu relación. ¿Los secretos que estás guardando son el problema o podrían ser el síntoma de un problema más amplio? Si solo son un síntoma, toma medidas para trabajar en tu relación. Ya sea que eso signifique que practiques las nuevas habilidades que aprendas a partir de este libro, o que te reúnas con un terapeuta, mejorar la salud general de tu relación podría hacer que tu pareja y tú sean más francos entre ustedes.

Habla de tus expectativas de privacidad

Resultaría ideal que todo el mundo tuviera conversaciones francas sobre sus expectativas al inicio de una relación. Las discusiones acerca de lo que esperarías que hiciera tu pareja si un compañero de trabajo le expresara que siente atracción por ella o si un ex le enviara un mensaje de texto en tono sexual podrían ayudar a resolver algunos problemas antes de que siquiera empiecen.

No obstante, la mayoría de las parejas nunca tiene este tipo de conversación, y sostener discusiones de ese tipo más adelante dentro de la relación puede ser algo más complicado.

Eso no significa que no deberías tenerlas de todas maneras. Por supuesto, resulta imposible hacer una planeación para cada situación posible que pueda presentarse, pero sí tienen oportunidad de hablar de aquello con lo que se sentirían cómodos o no.

Convierte el tema en una conversación continua. Después de todo, muchas parejas se formaron antes de la invención de las redes sociales; no había manera de que anticiparan todas las complicaciones que las mismas acarrearían en cuanto a la privacidad y la secrecía.

No siempre existe una decisión "correcta" cuando se trata de cosas que deberían mantenerse en privado. Tu pareja y tú deben especificar las reglas con las que se sientan cómodos.

Aquí hay una lista de muestra de lo que una pareja podría acordar que debe mantenerse en privado, así como de los secretos que no querrían que ninguno de los dos ocultara:

Privado:

- ▶ Tu correo electrónico.

- ▶ Tus cuentas y contraseñas en redes sociales.

- ▶ La cantidad de dinero que gastas en ciertas cosas (alrededor de $100 dólares al mes).

- ▶ Conversaciones con amistades y familiares que no incluyen a tu pareja.

- ▶ Cosas que otras personas te piden que mantengas en privado y que no implican a tu pareja (por ejemplo, si un amigo te dice que está teniendo problemas maritales y te pide que no se lo cuentes a nadie).

Lo que deberíamos discutir:

- ▶ Un compañero de trabajo o cualquier persona que coquetee con uno de los dos.

- ▶ Un ex que trata de ponerse en contacto.

No guardan secretos

> ▶ Que uno de los dos se ponga en contacto con un ex.

A primera vista, parece de lo más sencillo; sin embargo, siempre habrá algunas áreas más complicadas. Por ejemplo, digamos que un familiar de tu pareja te parece atractivo. ¿Deberías revelárselo? Alguien podría decir que sí porque ocultar esa información implicaría guardar un secreto. Otra persona podría decir que jamás deberías revelar algo así si no tienes intención alguna de hacer algo al respecto porque quién te atrae o no es algo privado.

Quizá encuentres que no te incomoda en absoluto escuchar que tu pareja te hable de alguna celebridad que le atrae porque ver a una persona famosa en una película no te parece que amenace tu relación. Sin embargo, quizá decidas que te incomoda oír que tu pareja se siente atraída por alguien que los dos conocen en la vida real.

De todas maneras, ustedes tienen que decidir con qué se sienten cómodos. Tener conversaciones abiertas de manera anticipada puede ayudarlos a ambos a marcar límites más precisos.

Tu pareja y tú también pueden decidir qué tan cómodos se sienten con compartir su historial romántico, así como aquello que les incomodaría saber. Hay ocasiones en que las personas piensan que quieren cierta información que más tarde se arrepienten de saber.

También es una elección personal qué compartir acerca de su infancia o de traumas pasados que hayan sufrido. Es posible que necesites algo de tiempo para trabajar asuntos a solas antes de que se los cuentes a tu pareja, o podrías decidir que quieres mantener algunas cosas en privado.

Aborda los secretos existentes

De entrada, si es posible, evita guardar secretos. Sin embargo, ¿qué haces cuando llevas mucho tiempo ocultando un secreto? ¿Deberías revelar algo que hiciste hace diez años?

Muchos terapeutas te dirán que no tiene caso revelar algo que solo lastimará a tu pareja si es un secreto largamente oculto. Después de 20 años de matrimonio, decir algo como: "Por cierto, fíjate que me besuqueé con alguien más cuando estábamos empezando a salir juntos" podría no sanar una relación.

Sin embargo, casi todos los secretos son dañinos para las relaciones; en especial si sucedieron de manera reciente o siguen ocurriendo.

No obstante, revelar algo que has tratado de ocultar puede resultar muy difícil. ¿Cómo sueltas algo repentino como: "Oye, mi amor, sé que pensabas que estaba yendo al gimnasio todos los días después del trabajo, pero, en realidad, llevo meses yendo a un bar con mis amigos"?

Es difícil revelar cosas pequeñas, pero confesar algo importante puede ser muy desafiante. Decirle a tu pareja que has estado teniendo un amorío emocional o que mentiste acerca de algo requiere de mucho valor. Confesar una aventura sexual o admitir que tienes una adicción secreta podría parecer demasiado riesgoso.

Sin embargo, el actor y conductor de programas de televisión Terry Crews afirma que revelar sus secretos fue lo que lo ayudó a liberarse de su vergüenza. Cuando lo entrevisté para mi pódcast, me contó que tenía una adicción a la pornografía que interfería con su capacidad para funcionar. Estaba dejando de lado actividades cotidianas para mantenerse aislado con su computadora y su esposa no tenía idea de lo que estaba sucediendo. Se sentía avergonzado y presionado por mantener una enorme parte de su vida oculta de todo el mundo.

Al fin, le reveló a su esposa que tenía esta adicción y que la había engañado, cosa que hizo que ella lo dejara. Por fortuna, Terry decidió recurrir a la ayuda profesional. Ingresó en un centro de rehabilitación y empezó a trabajar en su adicción.

Con el tiempo, él y su esposa se reconciliaron y sanaron su relación; pero mientras más ocultaba sus secretos, peor se sentía sobre sí mismo y, mientras peor se sentía, más recurría a la pornografía. Decir la verdad fue la única manera de romper el círculo vicioso.

Si estás guardando un secreto importante, piensa en confesarlo. Si eso te parece demasiado difícil de hacer o te preocupa el impacto que podría tener sobre tu pareja, primero habla con un orientador profesional, con algún ministro religioso o con alguien más para obtener algún tipo de apoyo.

Si ya cuentas con un terapeuta, sé franco con él. Hay investigaciones que muestran que cerca del 93% de las personas les mienten a sus terapeutas. He tenido clientes que me dicen que no tienen idea de por qué los despidieron (solo para que más tarde me revelen que los atraparon bebiendo en el trabajo) o que no están seguros de la razón por la que sus parejas los abandonaron (solo para que después me cuenten que los descubrieron siendo infieles). Puede ser muy difícil ser honesto respecto de comportamientos que te avergüenzan, pero contárselos primero a un terapeuta podría ofrecerte nuevas perspectivas y el valor para revelárselos a tu pareja.

A lo largo de los años, he ayudado a las personas a averiguar cómo revelar muchos secretos a sus parejas. Van desde temas relacionados con los juegos de azar, ocultos por años, hasta darles dinero en secreto a sus hijos adultos cuando sabían que su cónyuge no estaría de acuerdo con ello. Contar con un poco de apoyo les dio el valor de tomar medidas para averiguar cómo compartir la información de manera compasiva, aunque sabían que esto heriría a la otra persona.

¿QUIÉN SE SIENTE MOTIVADO?

Tómate un momento para considerar quién piensa que existe un problema y quién se siente motivado a crear cambios. Después, decidan la mejor manera de abordar la situación.

1. Tú quieres dejar de guardar secretos

Una de las razones por las que podrías estar ocultando un secreto es porque no quieres cambiar tu comportamiento. Decirle a tu pareja que estás sosteniendo un amorío emocional con un compañero de trabajo probablemente acabaría con su vínculo, y si tú no estás preparado a darle fin a esa relación, la mantendrás en secreto.

Sin embargo, es posible que tus reflexiones internas estén dirigidas hacia algo incorrecto. Si estás batallando con un secreto, la solución no se presentará cuando lo reveles; eso tiene más que ver con que cambies tu conducta.

Si te incomoda hablar acerca de alguna conducta, es señal de que no quieres cambiarla o de que no quieres alterar a tu pareja.

Por supuesto, tu respuesta podría ser que quieres evitar ambas cosas. Sin embargo, alguno de los dos aspectos estará ocasionándote más dificultades que el otro. Considera que esa incomodidad es algo que necesitas confrontar. Ten el suficiente valor y respeto a tu pareja como para compartírselo.

Digamos que gastaste dinero en algo y sabes que tu pareja no estará feliz al respecto. Quizá sea demasiado tarde como para regresar lo que compraste y revelarlo ahora podría parecer innecesario dado que no hay manera de solucionarlo. Esa podría ser tu excusa para mantener oculto tu secreto.

Este sería un ejemplo de guion: "Me gustaría hablar contigo de algo. Cometí un error. Hice algo que no te va a gustar y como no quise que te molestaras, no te lo conté. Eso estuvo mal. No debí ocultártelo. Esto es lo que hice...".

2. Quieres que tu pareja deje de ocultarte secretos

Tu respuesta a la revelación de un secreto hará una enorme diferencia en cuanto a las probabilidades de que tu pareja comparta más cosas contigo en el futuro.

Si tu pareja te confiesa que olvidó pagar alguna de las cuentas y que no te lo dijo porque sabía que le gritarías y te enojarías, quizá deberías considerar un cambio en la forma en la que reaccionas. Si por absoluta frustración dices cosas condescendientes como: "Es más que obvio que tendré que manejar nuestras finanzas de ahora en adelante ¡porque tú eres incapaz de hacerlo!", desalentarás a tu pareja de compartir sus errores en la siguiente ocasión (y siempre hay una siguiente cuando de errores se trata).

La mejor respuesta que puedes ofrecer cuando tu pareja te cuenta algo que le costó trabajo compartir es: "Agradezco tu honestidad al respecto". Es muy posible que en tu cerebro estés gritando: "¡¿Cómo pudiste hacerme esto?!", pero eso es lo último que debería salir de tu boca.

Tómate un tiempo para procesar lo que escuchaste. Quizá necesites decir: "Gracias por tu franqueza, sé que eso debió haberte costado trabajo. Deja que me tome un tiempo para pensar lo que me dijiste". Si te sientes alterado, termina la conversación por el momento.

Pero ese pequeño cambio en la manera en que respondes en el instante puede hacer una diferencia gigantesca en cuanto a las probabilidades de que tu pareja sea honesta contigo más adelante.

3. Tu pareja piensa que deberías dejar de guardar secretos

Cuando ocultes un secreto, tratarás de justificar tu razonamiento. Es posible que te digas que es mejor para tu pareja o que tu secreto no está dañando a nadie.

Pregúntate: "¿Esta información alteraría a mi pareja?". Si la respuesta es afirmativa, mantienes oculto un secreto.

Una vez que descubras que eso es lo que estás haciendo, tu cerebro hará el intento de convencerte de que este secreto es la excepción a la regla. Pensarás que en realidad es un secreto inocuo y que de verdad empeoraría las cosas revelarlo.

Tal vez incluso trates de convencerte de que tu secreto le hace bien a tu relación. Las personas dicen de todo, desde: "Pero yo me siento más feliz cuando tengo una relación emocional con alguien más y eso me hace ser mejor pareja", hasta: "Lo único que estoy haciendo cuando voy al casino es relajarme. Es una buena manera de aliviar mi estrés".

No guardan secretos

Si tu pareja te acusa de guardarle secretos, sé franco contigo mismo. Hay veces en que veo que la gente oculta cosas pequeñas, como no decirle a su pareja que salió a comer para evitar una discusión acerca de dinero. Sin embargo, si tu pareja encuentra la cuenta, ahora tendrá razones para pensar que también podrías estarle ocultando cosas más importantes y quizá recurra a husmear, a espiar y a acusarte de hacer algo que no estabas haciendo.

Si tu pareja te acusa falsamente de guardar secretos, quizá quieras buscar ayuda profesional. Hablar con alguien podría ayudarte a decidir si tu pareja está siendo irracionalmente sospechosa o si tú estás haciendo cosas que despiertan sus dudas.

4. Los dos quieren dejar de guardar secretos

Es probable que conozcas parejas que guardan secretos uno del otro. Quizá tengas una compañera de trabajo que te haya dicho: "Mi hija y yo decidimos decirle a mi esposo que su vestido para la graduación estaba de oferta. ¡Se escandalizaría si supiera lo que costó en realidad!". O tal vez tengas algún amigo que le dice a su esposa que va a ir de pesca para la despedida de soltero de algún amigo cuando, en realidad, está planeando pasar algunas noches de locura en la ciudad.

Las personas que hacen cosas así a menudo lo justifican considerando que están tratando de proteger al otro pero, en realidad, están enviando un mensaje que dice: "No nos tenemos la confianza necesaria como para ser francos".

Si tiendes a ocultarle pequeños secretos a tu pareja, sospecho que tal vez ella hace lo mismo contigo. Eso podría deberse a que no han creado un ambiente seguro para tener conversaciones difíciles.

Hablen ahora de lo que pueden hacer para apoyarse y ser más francos cuando cometan errores o cuando hagan algo que probablemente altere a uno o al otro. Hablen de lo que necesitan; por ejemplo: "Por favor no levantes la voz ni hagas comentarios sarcásticos" y pregúntale a tu pareja qué es lo que puedes hacer tú para que sea más fácil que tu pareja también te revele sus propios secretos.

CÓMO ES QUE SER FRANCOS LOS AYUDA A FORTALECERSE

Después de varias semanas de terapia, David poco a poco reconoció que la razón por la que mantuvo en secreto su comportamiento fue porque sabía que estaba mal. Dijo que su conducta había sido inmadura e imprudente, y que había puesto su matrimonio en riesgo solo por un poco de excitación.

También admitió que, muy en el fondo, se sentía terrible cuando lo estaba haciendo. Sabía que suscribirse al contenido de su ex era una traición a Autumn, pero eso era muy difícil de admitir, de manera que trató de convencerse de que no era para tanto con el objetivo de aliviar su culpa.

Una vez que empezó a ser honesto, al fin pudieron tener algunas conversaciones constructivas sobre cómo seguir adelante. Si Autumn iba a perdonarlo, necesitaba saber toda la historia y, además, necesitaba establecer reglas para que David volviera a ganarse su confianza.

La respuesta de David a sus errores fue de lo más común; ocultó lo que estaba haciendo y, después, inventó excusas

No guardan secretos

que justificaran sus acciones. Una vez que su secreto salió a la luz, se concentró en minimizar el asunto en lugar de asumir la responsabilidad de su conducta.

> Las relaciones sanas se basan en la confianza y un solo secreto basta para deteriorarlas.

Las relaciones sanas se basan en la confianza y un solo secreto basta para deteriorarlas.

Estas son las razones por las que los secretos son tan dañinos:

1. Desperdicias mucha energía para mantener oculto el secreto.
2. Los secretos tienen un costo emocional.
3. Podrías tener que hacer cosas que dañen la relación aún más y que eviten que tu pareja te revele sus propios secretos.

Imagina a alguien que esté ocultando alguna infidelidad o adicción. Es posible que pase muchas horas no solo pensando en el objeto de su deseo, sino también en cómo garantizar que tú no te enteres de lo que está pensando.

También invertirá mucho tiempo intentando no dejar rastro alguno de todo esto. Ya sea que oculte sus mensajes de texto o que pague sus cuentas en el bar solo en efectivo, lo más probable es que viva atemorizado de que su secreto salga a la luz. Si pudiera invertir toda esa energía trabajando en sus propios problemas o en la relación, podría lograr resultados sorprendentes. Sin embargo, guardar tales secretos significa que le quedan pocas energías para cualquier otra cosa.

Las empresas saben que los secretos dañan las relaciones y tratan de sacar el mayor provecho de ello. Una investigación descubrió que incluso cuando los miembros de una pareja ocultan lo que consideran que son "secretos inofensivos", siguen teniendo mayores probabilidades de gastar más dinero en sus parejas a causa de la culpa que sienten. Definieron un "secreto inofensivo" como cualquier cosa, desde que un vegetariano comiera carne hasta que alguien gastara una cantidad excesiva de dinero en algo que su pareja desaprobaría. De manera que incluso un secreto que consideres inocuo puede hacer que te remuerda la conciencia.

Aunque, a nivel superficial, alguien podría creer que un secreto conduce a que se comporte de manera más agradable y que eso beneficia la relación a la larga, nadie quiere ser tratado bien solo porque su pareja hizo algo mal.

Hacer cosas por culpa podría aliviar tu conciencia de manera temporal, pero no hará nada para fortalecer la confianza mutua a largo plazo. Solo dañará la relación aún más si tu pareja llega a enterarse de que tu conducta cariñosa fue producto del egoísmo.

IDENTIFICACIÓN DE PROBLEMAS Y TRAMPAS COMUNES

Sobreprotección

Podrías verte tentado a guardar secretos con el pretexto de que estás protegiendo a tu pareja de algo, y aunque no es necesario que seas brutalmente honesto y digas cosas como "Esa camisa es horrible", guardarte información porque sientes que tu pareja es demasiado frágil es perjudicial.

No contarle a tu pareja que tu trabajo está en riesgo la protegerá de preocupaciones innecesarias, pero guardarte esa información impide que pueda apoyarte y evita que los dos tengan el tiempo para buscar alguna solución de manera conjunta.

Compartir los secretos de tu pareja con otros

Si tu pareja confía en ti, no compartas esa información con otras personas. Demuéstrale que eres una persona en quien puede confiar de forma segura y que ni siquiera les contarás su secreto a tus amigos más cercanos o a los miembros de tu familia.

Si el secreto termina por ser evidente para los demás, discute lo que tu pareja se siente cómoda de compartir. Ya sea que tu madre te pregunte por qué tiene que cuidar a los niños para que vayan a terapia juntos o que tu vecino te pregunte la razón por la que el coche de tu pareja está en la calle durante el día cuando está tomándose un tiempo fuera del trabajo a causa de su depresión, no compartas cosas que tu pareja quiere mantener en privado solo entre ustedes dos.

Si necesitas apoyo por alguna razón, por ejemplo, en caso de que tu pareja tenga una adicción o un problema de salud mental, únete a algún grupo de apoyo. Un grupo presencial o en línea que guarde la confidencialidad de la información revelada puede ofrecerte apoyo emocional sin que violes la confianza de tu pareja.

Ser brutalmente franco

En mi consultorio, me han tocado pacientes que dicen: "Es que soy una persona muy franca; nada más", pero, en realidad, hay veces en que agreden a sus parejas y justifican sus agresiones como mera honestidad. No tienes que anunciar a los cuatro vientos que el aliento de tu pareja no huele bien. Guardarte algunas cosas no significa que estés ocultando un secreto.

Puedes abstenerte de emitir aquellas opiniones que lastimen a tu pareja de manera innecesaria bajo el concepto de bondad. Por supuesto, si tu pareja está a punto de ir a una entrevista de trabajo y te pregunta si lo que trae puesto se ve bien, informarle que su camisa está arrugada sería lo más adecuado. Así que, antes de compartirla, analiza si la información es útil o solo hiriente.

TEMAS DE CONVERSACIÓN

A continuación, verás algunas preguntas que te ayudarán a empezar a pensar acerca de los secretos. Si tu pareja está dispuesta a hablar de la fortaleza mental y le da la bienvenida a tus preguntas, utiliza estos temas de conversación para averiguar más acerca de lo que piensa. Aunque no estés de acuerdo con sus respuestas, no discutas. Solo escucha; podrías aprender mucho de ti, de tu pareja y de la relación que tienen. Si le interesan tus respuestas, compártelas, pero pídele que también las escuche de manera respetuosa.

- ▶ ¿Cómo manejaban la privacidad y la secrecía en tu familia mientras crecías?
- ▶ ¿Cuál sería un ejemplo de algo que me hayas contado y que te fue difícil compartir, pero que me contaste de todas maneras?

- ¿Cuál sería un ejemplo de alguna ocasión en que te haya dado gusto que yo te confiara algo?
- ¿Cuáles son algunas de las reglas de privacidad que establecimos y que te agradan?
- Si te hubiera ocultado un secreto durante mucho tiempo y quisiera confesártelo, ¿cómo desearías que te compartiera esa información?

ENTREVISTA CON JENN MANN

Una enorme parte de la comunicación saludable implica compartir información delicada, resolver conflictos y mantener la comunicación abierta, de modo que sabía que sería interesante hablar con la doctora Jenn Mann sobre las habilidades sanas de comunicación. La doctora Mann es una psicoterapeuta que se volvió muy conocida cuando fue anfitriona de los programas *Couples Therapy with Dr. Jenn* (Terapia de pareja con la doctora Jenn) y *Family Therapy with Dr. Jenn* (Terapia familiar con la doctora Jenn) de la cadena VH1. Ha escrito diversos éxitos de ventas, incluyendo *The Relationship Fix: Dr. Jenn's Guide to Improving Communication, Connection & Intimacy* (Reparación de las relaciones: la guía de la doctora Jenn para mejorar la comunicación, la conexión y la intimidad). Tiene casi 30 años de experiencia como terapeuta certificada y cuenta con una consulta particular en Beverly Hills, California. Quise escuchar lo que piensa acerca de los secretos en las relaciones.

En tu trabajo con parejas, ¿con qué frecuencia aparecen los secretos como tema a tratar?
Los secretos son un problema muy común entre parejas. Una enorme parte de los secretos es tratar de determinar límites.

¿Dónde termino yo y dónde comienzas tú? A muchas personas se les dificulta asumir lo que es adecuado o importante compartir para seguir conectados y tener intimidad emocional, contra lo que es correcto que me guarde como privado.

¿Cuáles serían algunos de los secretos más grandes o más comunes que las personas parecen ocultar de sus parejas?
Algunos de los secretos más comunes que las parejas guardan una de otra son: el número de parejas sexuales, experiencias sexuales del pasado, traumas infantiles, traumas de la adultez y experiencias embarazosas. A la gente le preocupa que sus parejas románticas las juzguen o dejen de amarlas.

¿Alguna vez has trabajado con alguien que fuera brutalmente honesto? Y, en ese caso, ¿encontraste maneras en que bajaran el tono para no ser hirientes?
Hay veces en que las personas son demasiado francas en sus relaciones. Tu pareja no necesita saber cada ocasión en que alguien te parece atractivo, ni cada sentimiento que tengas, cada tentación a la que te enfrentas, etcétera. Dentro de una relación adulta, es importante tener límites. También es muy importante ser una pareja amorosa y agradable.

¿Cuáles son algunos de los asuntos más comunes con los que te topas en terapia que se suscitan a causa de los secretos?
Las parejas no deberían hacerse preguntas de las cuales no quieren saber las respuestas. Es de lo más común que la gente se meta en líos cuando hace preguntas que en realidad no quiere que le contesten. "¿Estos pantalones hacen que mi trasero se vea grande?". ¿De verdad quieren saber la respuesta? Si estás preguntando, lo más seguro es que no te guste la manera en que se te ven, de modo que deberías quitártelos si no te están

funcionando. Deja de buscar validación de parte de tu pareja cuando no puedes validarte a ti mismo.

Si alguien te dice algo que su pareja no sabe, ¿cómo respondes en tu papel como terapeuta? Digamos que uno de ellos está teniendo una infidelidad emocional con un compañero de trabajo y te dice que no se lo quiere contar a su pareja porque teme herir sus sentimientos. ¿Cómo lo orientas?
Cuando alguien me dice algo que su pareja desconoce, como terapeuta, mi meta es ayudar a esa persona a que se exprese con su pareja de una manera que aumente las probabilidades de satisfacer sus necesidades. Quejarte con tus amistades o, incluso, con tu terapeuta no va a cambiar la dinámica de tu relación a menos que estés dispuesto a comunicarte con tu pareja, a pedir lo que necesitas y a compartir tus sentimientos. Tu pareja será capaz de darte lo que quieres o no, pero al menos debería saber cuáles son tus necesidades para que tenga la oportunidad de ser una buena pareja para ti.

Si un paciente me dice que está teniendo un amorío emocional con un compañero de trabajo y que no se lo quiere contar a su pareja, trato de ayudarle a comprender por qué está recurriendo a esta persona inadecuada y ayudarle a revertir esa conexión emocional a su pareja una vez más. Una falta de conexión es la razón número uno por la que las parejas son infieles o tienen infidelidades emocionales. Hay veces en que lo único que se necesita es que las parejas recuperen esa conexión. Eso requiere de un esfuerzo consciente, así como de tiempo y compromiso de ambas partes.

¿Cómo es que las personas pueden manejar la vergüenza que les dificulta "sincerarse" cuando están guardando algún secreto?
La vergüenza es una respuesta normal e, incluso, sana al ocultar algo que no te hace sentir bien. Hay ocasiones en que te sientes

13 cosas que las parejas mentalmente fuertes no hacen

avergonzado porque hiciste algo y otras en las que te hicieron algo que te resulta embarazoso. Una cosa que tener en mente es que mientras más tiempo nos sintamos avergonzados por algo que guardamos en nuestro interior, más grande tiende a hacerse y más difícil es hablar de ello. Tratar de contárselo a una persona segura y amorosa es la mejor manera de lidiar con la vergüenza.

¿Qué consejos tienes para las personas que quieren empezar a ser más honestas dentro de sus relaciones?
A esas personas que desean empezar a ser más francas dentro de sus relaciones, les recomiendo que acudan a terapia. Es importante tener claridad acerca de tus puntos de vista, necesidades y opiniones para poder expresarlas. Si estás batallando por ser honesto dentro de tu relación, tienes que preguntarte: ¿qué es lo que me está deteniendo? ¿Es algo de mi infancia? ¿Es por la manera en que mi pareja está reaccionando ante mi verdad? ¿Se debe a suposiciones que estoy haciendo y que podrían no ser precisas? Hay veces en que necesitamos que un profesional nos ayude a contrastar con la realidad o a desarrollar herramientas y habilidades para ser más francos dentro de nuestras relaciones.

3

No dudan en establecer límites

> Treinta y cuatro por ciento de las parejas no concuerda en cuanto a las reglas y límites que deberían establecer con la familia extendida.
> ENCUESTA *Couples by the Numbers*

Jen era una alegre joven de 29 años que se sentía abrumada y culpable a causa de su situación financiera. Durante su primera cita en el consultorio, me dijo: "Sé que me va a estresar pagar por la terapia, pero tal vez solo necesite algunas sesiones para ayudarme a entender las cosas". Me dijo que había tomado decisiones económicas inadecuadas en el pasado, pero que ahora que estaba casada, su marido, Ethan, también tenía que lidiar con el desastre financiero que ella creó.

Debía mucho dinero a causa de un préstamo estudiantil y se arrepentía de haber asistido a una universidad tan cara. A lo largo de sus estudios, acumuló muchos gastos en su tarjeta de crédito y ahora también tenía que hacer importantes pagos para saldar la compra de su coche. Apenas podía pagar sus propias deudas, lo que significaba que casi no podía contribuir a los gastos de la casa.

Cuando empezaron a salir juntos, Ethan no le expresó ninguna preocupación relacionada con su situación económica, pero ahora que estaban casados, parecía ser mucho menos tolerante sobre las cuentas a medida que iban llegando.

Jen explicó: "Hay veces en que Ethan se enoja y me dice que gasta todo el dinero que gana con el sudor de su frente pagando por mis decisiones estúpidas. Y entonces me siento culpable". A veces, hacía esos comentarios frente a otras personas, lo que la hacía sentir muy avergonzada.

Una vez, mientras estaban en una comida con la familia de Ethan, su padre sugirió que él y Jen tomaran un crucero. Ethan hizo una mueca y dijo: "Unas vacaciones serían maravillosas pero, por desgracia, Jen tomó tantas con sus tarjetas de crédito mientras estaba en la universidad que cumpliré 35 años antes de que termine de pagar las vacaciones de primavera de su segundo año de estudios". Jen se sintió mortificada.

En otra ocasión, algunos de sus amigos los invitaron a conocer su nueva casa. Ethan comentó lo bella que era y dijo: "Nos tomará un buen tiempo antes de que podamos comprar algo igual. El historial de crédito de Jen es tan malo ¡que el banco ni siquiera nos prestaría el dinero suficiente como para comprar una tienda de campaña!". Jen fingió reírse del comentario, pero me dijo que se sintió muy apenada.

Temía que estuviera arruinando su matrimonio. Sin embargo, era algo de lo que jamás hablaba con Ethan. Cuando le pregunté por qué no lo hacía, me respondió: "Solo está expresando lo que siente; tiene todo el derecho de estar furioso conmigo". Pensaba que Ethan hacía esos comentarios porque no quería que nadie pensara que él tomaba decisiones financieras "estúpidas". Era muy astuto en términos económicos y jamás tenía deudas.

Cuando le pregunté a Jen qué quería lograr al venir a terapia, me dijo: "Quiero estar segura de no arruinar mi matrimonio". De modo que nos pusimos a trabajar en averiguar qué medidas podía tomar para hacer justamente eso.

Más adelante en el capítulo, compartiré las medidas que tomó Jen (su solución involucró el establecimiento de mejores límites), pero antes de que lleguemos a eso, tómate un minuto para pensar sobre los límites que estableces con tu pareja y con las personas fuera de tu relación.

CUESTIONARIO

Tu pareja y tú tienen algunas reglas que establecieron en cuanto a cómo tratarse entre sí. Es probable que jamás hablen de ellas sino que, en lugar de eso, solo hayan ido evolucionando. Tómate un minuto para pensar sobre los límites que existen entre los dos y ve cuántas de estas afirmaciones aplican para ti.

- ◯ Me cuesta trabajo reconocer cómo es que mi pareja quiere que la trate.
- ◯ A veces, me encuentro tratando de adivinar lo que mi pareja quiere porque no me lo dice.
- ◯ En lugar de pedir algo de manera directa, me quejo con mi pareja con la esperanza de que entienda mis insinuaciones.

- ○ A veces husmeo o espío a mi pareja y ella hace lo mismo conmigo.

- ○ Hay ocasiones en que no me gusta la manera en que me trata mi pareja, pero no digo nada.

- ○ No es frecuente que comparta mis opiniones con mi pareja.

- ○ Me cuesta trabajo negarme a las cosas que mi pareja me pide.

- ○ A veces, nos peleamos acerca de qué debería ser privado y qué deberíamos compartir.

- ○ Hay veces en que me siento responsable por los sentimientos de mi pareja.

Si cualquiera de las afirmaciones anteriores te suena familiar, podría ser señal de que hay espacio para mejorar en el establecimiento de límites dentro de su relación. Ahora, hablemos de los límites que tu pareja y tú tienen para con otras personas. Ve con cuántas de estas afirmaciones te identificas.

- ○ Mi pareja y yo no estamos de acuerdo en cuanto a qué tanto debería involucrarse nuestra familia extendida en nuestras vidas.

- ○ Me quejo de las personas que vulneran nuestra relación o que tratan de meter las narices en nuestros asuntos privados.

- ○ Pienso que las amistades de mi pareja afectan nuestra relación de manera negativa.

No dudan en establecer límites

- ○ Siento que mi pareja comparte demasiada información sobre nuestra relación con nuestros amigos y familiares.

- ○ Mi pareja y yo no coincidimos en cuanto a qué tanta información debemos compartir acerca de nuestra relación.

- ○ Me cuesta trabajo encontrar oportunidades para hablar con mi pareja en privado.

Si cualquiera de las afirmaciones anteriores te suena familiar, es posible que haya mucho que hacer en el departamento de sus límites como equipo. Aunque tu pareja no quiera establecer límites, eso no significa que tú no puedas tomar ciertas medidas.

PUNTO DE PARTIDA

A lo largo de las siguientes sesiones, Jen y yo discutimos sus opciones. Su primera idea fue conseguir un segundo trabajo. Aumentar sus ingresos significaría que podría contribuir a los gastos de la casa, pero un trabajo adicional podría no resolver el problema.

Después de todo, sus deudas no eran más que una sola pieza del rompecabezas. El problema real (desde su perspectiva) era que Ethan se sentía avergonzado y frustrado por su situación económica. Si conseguía un trabajo adicional, tendría que explicarles a las demás personas que estaba trabajando durante las noches y los fines de semana, cosa que, a la larga, consideró que a él lo avergonzaría todavía más.

También le preocupaba que tener un segundo empleo la cansara tanto como para ser menos eficaz en su trabajo principal, lo que pondría su trayectoria profesional en peligro.

Otra forma de enfrentar el problema financiero sería que Jen estableciera ciertos límites con Ethan y que ambos implantaran mejores límites para las personas ajenas a su relación. No era algo que discutieran mucho, de modo que le llevó cierto tiempo a Jen darse cuenta de cuáles quería que fueran sus límites y cómo podría empezar a trabajarlos con Ethan.

Al igual que Jen, es posible que te des cuenta de que no estás segura de cuáles son tus límites. En esencia, son las reglas que debes implementar para proteger tu paz interna. Necesitas límites dentro de tu relación, y tu pareja y tú también necesitan especificar límites frente a las personas fuera de su relación. Los límites sanos son esenciales para ayudarte a sentir lo mejor posible y para garantizar que tu relación tenga el espacio suficiente para florecer.

Y aunque muchos de nosotros nos quejaríamos de inmediato sobre algún familiar político entrometido o un amigo que nos pidiera favores de manera constante, pasamos poco tiempo especificando límites saludables para evitar que estos problemas vuelvan a ocurrir. Por fortuna, determinar límites saludables puede servir de mucho para ayudar a fortalecernos como individuos y como pareja.

Sin embargo, no es que se tengan límites saludables o no; los límites pueden variar de muy rígidos a muy laxos.

Cuando tus límites con tu pareja son muy rígidos, te arriesgas a que se conviertan más en colegas cordiales que en compañeros románticos. Podrías terminar ocultando tus sentimientos y manteniendo una comunicación superficial.

No dudan en establecer límites

Si tus límites son muy laxos, podrías preocuparte tanto por las necesidades de tu pareja que terminarías por descuidar las tuyas. Podrías terminar andando de puntitas para evitar que tu pareja se moleste o sin pedir las cosas que tú deseas porque no quieres parecer demasiado necesitada.

Si quieren compartir una sola cuenta en redes sociales y los dos están de acuerdo, no hay problema. Pero si tú quieres tener una cuenta separada y no quieres que tu pareja lea tus mensajes privados, eso tampoco tiene nada de malo. A menos que exista alguna traición dentro de la relación, es más que posible que te guste tener cierta libertad en tus redes sociales.

Por supuesto, las redes sociales son solo un pequeño ejemplo de un área de la vida en la que tu pareja y tú necesitan especificar fronteras. Hay otros tipos de límites que se pueden determinar dentro de una relación. A continuación, enlisto algunos ejemplos de los diferentes tipos de límites que podrías establecer:

- **Físicos:** si tu pareja está en una habitación con la puerta cerrada, ¿debes tocar o está bien que entres sin hacerlo? Si tu pareja se aleja durante una pelea, ¿la sigues?

- **Financieros:** ¿qué cantidad de dinero te hace sentir cómodo gastar antes de hablarlo con tu pareja primero? ¿Compartirás todo tu dinero o guardarás alguna cifra por separado?

- **Sociales:** si programaras actividades con amigos y estos no incluyen a tu pareja, ¿en qué momento hablarías con tu pareja de manera anticipada? ¿Si los planes son para un fin de semana? ¿Si implican gastar dinero?

¿Si los planes fueran dentro de un horario en que tu pareja se encuentra en casa?

- **Sexuales:** ¿le has comunicado a tu pareja algunas cosas con las que no te sientes cómoda?

- **Emocionales:** si un ex se comunicara contigo por redes sociales, ¿estaría bien que respondieras? ¿Qué pasaría si una ex tratara de comunicarse con tu pareja?

- **Temporales:** ¿hay momentos en que necesitas estar a solas? Si es así, ¿cómo se lo comunicas a tu pareja?

Piensa en tus límites con tu pareja, así como en los que ambos tienen con las personas fuera de su relación, y responde a las siguientes preguntas:

○ ¿Los límites que tienes con tu pareja son demasiado rígidos, demasiado laxos o saludables?

○ ¿Los límites que tienes establecidos con personas fuera de tu relación son demasiado rígidos, demasiado laxos o saludables?

○ ¿Crees que los límites de tu pareja contigo son demasiado rígidos, demasiado laxos o saludables?

○ ¿Piensas que los límites que tu pareja establece con las personas fuera de la relación son demasiado rígidos, demasiado laxos o saludables?

Invita a tu pareja a responder las mismas preguntas. Podrías encontrar que aunque tú pienses que tus límites son perfectos, tu pareja piensa que son muy laxos. O quizá tú pienses que tu pareja es muy rígida con los límites que impone fuera de la relación, pero ella piensa que sus límites son sanos.

Si tu pareja está dispuesta a hacerlo, comparen sus respuestas y escuchen los pensamientos de cada uno. No discutan lo que oigan ni traten de justificar por qué no es cierto lo que está diciendo el otro. Solo escuchen la opinión que cada quien tiene aunque no coincidan.

¿POR QUÉ DUDAMOS EN ESTABLECER LÍMITES?

Jen creció en un hogar donde la criaron para que fuera educada aunque no le agradara el comportamiento de los demás. Sus padres toleraban las conductas intrusivas de su familia extendida, pero se quejaban al respecto a puerta cerrada. Aprendió que alzar la voz era una falta de educación.

Así que a Jen jamás se le ocurrió que pudiera marcar límites con Ethan o que fuera necesario determinar límites más firmes en cuanto a la información que compartieran con el mundo externo. No quería herir los sentimientos de nadie; pero se dio cuenta de que estaba lastimando su matrimonio al no establecer límites.

Existen muchas razones por las que podrías tener dificultades para marcar límites. Quizá nadie te impuso límites saludables, de manera que te cuesta trabajo hacerlo con otros. O quizá te preocupe que alteres o hagas enojar a los demás si tratas de establecer límites. Tómate un minuto y piensa si alguna de estas afirmaciones te describe:

- ○ Me preocupa que los demás piensen que estoy siendo desagradable si impongo límites.

- ○ Temo que alguien no respete mis límites y que entonces no sepa cómo hacerlos valer.
- ○ Me da miedo el abandono.
- ○ No sé lo que quiero.
- ○ No me queda claro qué es razonable cuando se trata de la manera en que la gente debería tratarme.
- ○ Quiero mantener las cosas en paz.
- ○ Crecí en un hogar con límites deficientes.
- ○ Nadie respeta mis límites, de manera que me rendí.
- ○ Otras personas criticaron mis límites, de manera que dejé de marcarlos.

Si cualquiera de ellas te parece cierta, sería lógico que tuvieras dificultades para especificar límites. Por supuesto, también es posible que tengas razones adicionales por las que se te dificulte marcar límites. Comprender esas razones podría ayudarte a desarrollar una estrategia para seguir adelante.

EJERCICIOS DE FORTALECIMIENTO MENTAL

Jen trató de hablar con Ethan en algunas ocasiones, pero sintió que no estaba haciendo gran progreso. Lo invitó a asistir a una sesión con ella para que pudieran hablar más acerca de los límites en el consultorio. Durante la cita, dijo: "Ethan, sé que estás molesto conmigo por mi situación financiera, pero no puedo regresar al pasado para cambiarla. Ya no quiero que me menosprecies frente a tus amigos y familiares. Nuestra situación económica no le incumbe a nadie más. El que me denigres hiere mis sentimientos y me hace sentir más avergonzada. Necesito saber que somos un equipo y que estamos trabajando juntos para resolver este problema".

Le dijo que si los dos coincidían en que alguien más tenía que saber de su situación económica, necesitaban hablarlo antes de revelar cualquier tipo de información.

En privado, Ethan estaba de acuerdo en enfrentar la situación económica de manera conjunta y coincidía en que, como matrimonio, era responsabilidad de los dos terminar de saldar la deuda, pero frente a otras personas sentía que tenía que referirse a esta situación como "la deuda de Jen". A veces, le daba pena que no tuvieran mucho dinero extra y sus bromas eran un débil intento de mantener la compostura frente a otras personas.

Preguntó cómo debían explicar la razón por la que no podían asistir al viaje de bodas de alguna de sus amistades o lo que deberían decir cuando la familia les pidiera que hicieran cosas que no podían costear. No quería mentir.

Pasaron algunos minutos hablando sobre sus opciones. Jen dijo: "Solo digamos que estamos esforzándonos por alcanzar algunas metas financieras en este momento y que no podremos hacerlo". Nadie tenía que saber que la meta implicaba pagar su deuda o que se retiraran al cumplir los 40 años. La propuesta de Jen era una respuesta honesta con la que los dos podían coincidir.

Decidieron apartar una hora de cada domingo por la noche para sentarse a discutir sus finanzas a fin de asegurarse de que estuvieran trabajando juntos como equipo y estableciendo límites saludables con las personas externas. También acordaron reunirse con un asesor financiero que pudiera ayudarlos a tomar decisiones económicas sanas a largo plazo. Aunque Ethan estaba seguro de que era muy bueno para manejar el dinero, eso les daría cierta seguridad a ambos de que podrían trabajar juntos para alcanzar sus metas financieras.

Durante su sesión final, Jen me dijo: "Siento que Ethan y yo al fin estamos en el mismo equipo y que no sigue tratando de culparme o avergonzarme. Se siente bien saber que podemos trabajar juntos para resolver esto".

Establece límites dentro de tu relación

Solo porque te encuentres dentro de una relación comprometida no significa que no puedas tener privacidad. Como lo discutimos en el capítulo 2, todavía puedes seguir teniendo tus propios amigos, tus propias cuentas en redes sociales y encontrar un tiempo para ti que no incluya a tu pareja.

Sin embargo, les toca a los dos decidir qué reglas quieren tener dentro de la relación. No existe una manera única o "correcta" para marcar límites.

Los límites son personales, de manera que lo que es adecuado para ti y tu pareja podría no serlo para alguien más. De todas maneras, echa un vistazo a algunos ejemplos de límites sanos que una pareja podría especificar dentro de su relación.

- ▶ Toca antes de entrar cuando la puerta esté cerrada.

- ▶ Pide permiso para ver mi teléfono.

No dudan en establecer límites

- No me molesta que nos tomemos de la mano en público, pero me incomodan otras muestras públicas de afecto.

- Necesito hablar con mi ex acerca de cuestiones de crianza conjunta de manera regular.

- No me preguntes de lo que hablé con mi terapeuta.

Dedica un poco de tiempo a pensar sobre qué límites podrías querer especificar en tu relación para convertirte en la mejor versión de ti. Después, comunícale ese límite a tu pareja de manera positiva.

Podrías decir algo como: "Últimamente he notado que me siento abrumada y es porque no estoy cuidando de mí misma. Decidí que cuando regrese del trabajo, voy a dar una caminata de media hora y, durante ese tiempo, no voy a utilizar mi teléfono".

Piensa en si hay ocasiones en que sientes que tu pareja está violando tu espacio y considera si es necesario que establezcas algún límite. También pregúntale a tu pareja si existe algún límite que quiera implementar en tu caso. Cuando todo el mundo tiene claro cuáles son las expectativas, no hay que adivinar qué es lo que quiere el otro.

Establece límites fuera de la relación

Crear límites saludables dentro de la relación no es más que la mitad de la batalla. Tu pareja y tú también necesitan límites que los protejan de fuerzas externas. Eso podría evitar que algún familiar entrometido se inserte en su relación o podría garantizar que no estén utilizando recursos compartidos (prestar cifras de dinero sin discutirlo primero con tu pareja).

Sin límites sanos, los amigos podrían demandar demasiado tiempo, la familia podría querer un exceso de atención, las opiniones de otras personas podrían afectar la conexión que tienen y las relaciones con otras personas podrían dirigirse a territorios peligrosos.

Quizá pienses que oír una y otra vez que tu madre se queja de cuánto desaprueba a tu pareja no hace ningún daño, pero permitir que alguien más hable mal de tu pareja puede afectar lo que sientes por ella.

Aunque existen ciertas investigaciones que muestran que el "efecto Romeo y Julieta" tiene ciertos méritos temporales, el amor rebelde que se nutre de la desaprobación de un padre o madre no dura. Esa es la razón por la que es importante establecer límites con padres y suegros. No permitas que se metan en tu relación. También es importante estar al tanto del impacto que tus demás redes de contactos (incluyendo las redes sociales) tienen sobre tu relación. Si tus amigos, colegas y conexiones en línea expresan su desaprobación de tu pareja de manera frecuente, sus opiniones tendrán un impacto sobre cómo te ves a ti mismo, a tu pareja y a tu relación.

Esa es la razón por la que son esenciales los límites frente al mundo externo. Escuchar a tu madre sermonearte acerca de lo fracasada que es tu pareja te afectará de manera negativa. Pasar tiempo con tus amigos solteros mientras te tratan de convencer de que te divertirías más si también estuvieras soltero puede crear tensiones dentro de tu relación. Si te encuentras dentro de una relación saludable, es esencial que limites las influencias dañinas del mundo externo.

No dudan en establecer límites

Sin embargo, esos límites no solo deben reservarse para las personas que no están felices con tu relación. Es posible que tu suegra tenga la mejor de las intenciones, pero insistir en visitarlos a diario de todos modos podría tener un efecto negativo en su tiempo juntos, aunque ella sea una excelente persona. Es posible que tu hermano piense que tu pareja es una persona fabulosa, pero permitirle que se quede a dormir en tu sofá durante un mes podría no ser bueno para tu relación.

Claro que sería maravilloso que tu pareja y tú siempre estuvieran de acuerdo en cómo fijar límites con otras personas, pero la vida es caótica y las relaciones son complicadas. Sin duda, habrá muchas ocasiones en que no estén de acuerdo con la manera de manejar a amigos bienintencionados, a miembros de la familia que estén teniendo dificultades económicas, a vecinos fisgones y a compañeros atractivos de trabajo.

> La vida es caótica y las relaciones son complicadas.

Piensa en la manera en la que podrías reaccionar a las siguientes situaciones. Tu respuesta podría darte pistas en cuanto a tus límites.

- ▶ Tu suegra les dice a tus hijos cosas como: "Sus papás no deberían preocuparse tanto por el azúcar. Comer algunos dulces no les hará ningún daño".

- ▶ Tu primo dice: "No deberías permitirle a tu pareja que vaya a todos esos viajes de negocios. A veces, la gente se mete en problemas durante ese tipo de viajecitos".

- ▶ Un amigo te pregunta: "¿Podrías prestarme algunos cientos de dólares para que pueda pagar mi renta?

Tuve algunos gastos inesperados y estoy un poco corto de efectivo".

▶ Tu pareja se reúne para hablar con una amistad que está pasando por una "crisis personal". ¿Preguntas de qué se trata la crisis?

▶ Tu hijo te pregunta si puede dormir con ustedes esta noche.

▶ Una prima está atravesando por un divorcio y te pregunta: "¿Me puedo quedar en su casa hasta que pueda recuperarme un poco?".

▶ Un amigo te habla todas las noches y tu pareja se queja de que está interfiriendo con su tiempo juntos.

Si tu pareja está dispuesta a hacerlo, pregúntale cómo es que respondería a esas mismas situaciones. Considera cómo sus respuestas difieren de las tuyas.

No existe una sola respuesta correcta o incorrecta a estas preguntas, pero comprender cómo es que difieren en ciertos aspectos puede ser de ayuda para anticiparse a circunstancias en las que quizá necesiten marcar límites. Eso no significa que siempre estarán de acuerdo en cuanto al límite; eso no sucederá. Sin embargo, estar al tanto de sus diferencias los ayudará a conversar acerca de áreas donde cada uno esté dispuesto a ceder y áreas en las que no sea así.

Considera si existen algunas áreas en las que podrían especificar límites más estrictos con el mundo exterior. Hacerlo podría proteger a su relación de las influencias externas que pudieran ocasionarles problemas.

Manejo de incumplimiento de los límites

Cuando estableces un límite, especificas una línea que no quieres que se cruce. Cuando alguien cruza esa línea, podrías verte tentado a moverla; sin embargo, alterar tus límites solo porque alguien los trasgredió no es buena idea.

Eso no significa que no pueda haber excepciones a la regla o que tus límites no puedan alterarse con el tiempo. Los límites deben permanecer flexibles.

Digamos que tu pareja y tú coinciden en dejar de prestarle dinero a un familiar porque saben que está luchando contra un problema de drogas. Pero, después, tu pareja te cuenta que le dio $30 dólares para que comprara comida. Si te incomoda lo que hizo, discute por qué te parece que no es buena idea darle dinero a alguien que tiene una adicción.

Este es otro ejemplo. ¿Qué pasaría si le dijeras a tu pareja que no quieres que se discutan los problemas de fertilidad que están teniendo con la familia y averiguas que ya les dijo a sus padres? Eso sería incumplir un límite. Tratar con la situación podría implicar decir algo como: "Te pedí que no hablaras con tu familia sobre nuestros problemas de fertilidad en este momento porque me está costando mucho trabajo manejarlos y no pienso que sea de su incumbencia. Pero el otro día te oí diciéndole a tu mamá que tenía una cita con el médico y eso me molestó mucho. Te ruego que ya no hables más de este asunto". Es posible que necesiten encontrar un equilibrio entre tu necesidad de privacidad y la necesidad de apoyo emocional que podría tener tu pareja.

No siempre es necesario que hables de los incumplimientos a tus límites. En lugar de ello, puedes comunicar tus límites por medio de tu comportamiento. Si ya les dijiste a tus padres que no quieres que peleen frente a tus hijos y empiezan a hacerlo cuando estás de visita en su casa, recoge a los niños y márchate. No tienes nada que explicar. En lugar de ello, solo di "Es hora de irnos" y vete. Si haces lo mismo algunas veces más, les mostrarás a tus padres que lo que dijiste fue en serio y quizá elijan dejar de pelearse enfrente de los niños; de lo contrario, es posible que decidas dejar de llevar a los niños a visitarlos durante un tiempo si te parece que los estás exponiendo a una situación poco sana.

No es necesario que alejes a alguien de tu vida solo porque incumpla alguno de tus límites. Es frecuente que las personas pongan los límites a prueba algunas veces para ver la forma en que respondes. Si les recuerdas que tienes un límite, es posible que vean que no vas a renunciar a él y que por ello cambien de comportamiento.

¿QUIÉN SE SIENTE MOTIVADO?

Tómate un momento para considerar quién piensa que existe un problema y quién se siente motivado a crear cambios. Después, decidan la mejor manera de abordar la situación.

1. A ti te cuesta trabajo marcar límites

Quizá te sientas tentado a "mantener la paz" y por ello te niegues a establecer límites desde un principio, pero evitar hacerlo terminará por afectar tu paz interior.

Si piensas "No quiero hacer sentir mal a la otra persona" o "Ni siquiera me va a hacer caso y me sentiré peor, de modo que no tiene caso que lo intente", es una clara señal de que deberías especificar un límite.

Los límites deberían ayudarte para que te sientas más segura en términos físicos y emocionales. No deberían de tener que ver con tratar de obligar a alguien a cambiar su comportamiento; ni siquiera si consideras que sus acciones son autodestructivas.

Si no quieres que alguien fume dentro de tu casa, por supuesto que puedes determinar ese límite. Pero no lo crees solo porque quieres que tu pareja deje de fumar o porque no quieres que tu cuñado vaya a visitarlos. Crear un límite que tiene la intención de cambiar la conducta de alguien más jamás funcionará.

Tus límites pueden ser flexibles y, la mayoría del tiempo, no es necesario que los impongas durante una situación de urgencia. Siempre puedes decir: "Esto es lo que elijo hacer en este momento" y, más adelante, puedes hacer algo distinto si así lo deseas.

2. A tu pareja le cuesta trabajo establecer límites

Si crees que amigos o familiares se aprovechan de tu pareja o que tú sufres las consecuencias de que se niegue a especificar límites, establece los tuyos.

Lo mejor es que tu pareja imponga límites a sus propios amigos y familiares, así que conversa con ella y aliéntala a que lo intente.

Está bien que empiece con cosas pequeñas. Si los padres de tu pareja se han entrometido en sus asuntos durante una década, pedirles que tomen un paso gigante hacia atrás podría ser excesivo. Pero si tu pareja puede hacerles saber que de ahora en adelante ya no van a discutir sus prácticas de crianza infantil durante las comidas, podría ser un paso en la dirección correcta.

Comparte lo que sientes acerca de la falta de límites de tu pareja; ya sea que te sientas ansiosa, frustrada o abrumada. También, invítalo a que piensen en algunas estrategias de imposición de límites que te harían sentir más cómoda.

Si a tu pareja le cuesta trabajo marcar límites, también es probable que tenga problemas con el manejo de la trasgresión de los mismos. Puedes ayudarla señalándole tus observaciones e invitándola a que hable al respecto. Podrías decir algo como: "Sé que lo más seguro es que te sientas incómoda hablándole a tu hermana acerca del hecho de que volvió a entrar en la casa cuando no estábamos, a pesar de que le pedimos que dejara de hacerlo, pero creo que es importante que le digas algo para que se dé cuenta de que lo dijimos en serio. ¿Qué piensas?".

3. Tu pareja piensa que te cuesta trabajo marcar límites

Escucha las inquietudes de tu pareja. ¿Los límites (o falta de ellos) la afectan de manera directa? ¿O es que se preocupa por ti?

Por ejemplo, si piensa que tu jefe te demanda demasiado, tal vez no le afecte, pero quizá te aliente a que establezcas límites porque está interesada en ti. Sin embargo, a ti podría preocuparte que especificar un límite te afecte de manera negativa (tal vez porque sientes que podrán despedirte). Así

No dudan en establecer límites

que, al final de cuentas, tú debes decidir cómo vas a proceder. También es posible que encuentres que tu falta de límites afecta a tu pareja de manera indirecta (tal vez se siente harta de que te quejes de tu trabajo). En ese caso, quizá debas decidir no quejarte tanto al respecto.

Si está preocupada porque tu falta de límites tiene un efecto más directo sobre ella, préstale atención. Quizá no quieras decirle a tu mamá que debe tocar antes de entrar a la casa, pero si eso es algo que molesta a tu pareja, tal vez se trate de un límite que deberías considerar especificar.

4. A los dos les cuesta trabajo marcar límites

Si se quejan mucho de las mismas personas o cosas, es una señal de que lo más probable es que necesiten establecer un límite.

Si coinciden en cuanto al límite, trabajen de manera conjunta para decidir cómo deben proceder. ¿Uno de ustedes debería conversar con alguien? ¿Los dos se deberían sentar a hablar con esa persona? ¿Deberían limitarse a cambiar su comportamiento para dejar en claro sus límites con otras personas (como al irse de reuniones familiares tan pronto como se empiece a hablar de política)?

Empiecen con pasos pequeños y recuerden que establecer límites requiere de práctica. Pero si ambos apoyan los esfuerzos del otro, harán que el proceso sea más fácil para los dos.

CÓMO ES QUE MARCAR LÍMITES LOS AYUDA A FORTALECERSE

Jen regresó a consulta para una revisión a los seis meses de que terminara con su terapia. Dijo que, en general, las cosas estaban marchando bien con Ethan después de que impusiera determinados límites.

Hubo algunos asuntos en los que tuvieron que trabajar; como el hecho de que no coincidían en cuanto a qué cantidad de dinero debían pagar de su deuda, además de un par de veces en que Ethan volvió a referirse a su deuda cuando estaban con sus familiares. Sin embargo, en términos generales, sentía que, al fin, Ethan y ella estaban trabajando como equipo de manera conjunta.

Dijo: "Siento que ahora podemos enfrentarnos a la deuda, no uno al otro. Ni siquiera me di cuenta de lo mucho que los comentarios de Ethan a otras personas sobre mi deuda me estaban afectando a mí y a nuestra relación hasta que dejó de hacerlo".

Jen sabía que siempre surgirían nuevas situaciones que requerirían que volviera a especificar sus límites. Recientemente, varias personas les habían preguntado que cuándo iban a empezar a tener hijos; algo que ella tampoco pensaba que fuera asunto de nadie más. Así que quiso cerciorarse de que Ethan coincidiera con que no era necesario que anunciaran sus deseos o planes a los demás.

En general, sentía mayor confianza en sí misma y en la relación ahora que tenía claro cómo esperaba que la trataran. También se sentía optimista respecto a que Ethan y ella podrían trabajar en cualquier tema futuro que pudiera presentarse, siempre y cuando siguieran hablando de los límites de cada quién.

No dudan en establecer límites

Los límites con tu pareja establecen la forma en que esperas que te trate. Deben demostrar que te respetas a ti misma y convertirte en tu mejor versión.

Los límites sanos te pueden ayudar a prosperar como individuo al tiempo que refuerzan el sentirte segura y a salvo dentro de tu relación. Esa seguridad es esencial para tener la libertad que necesitas para aumentar tu fortaleza mental.

IDENTIFICACIÓN DE PROBLEMAS Y TRAMPAS COMUNES

Desacuerdos en cuanto a los límites externos

Quizá nunca coincidan en cuanto a todos sus límites, pero es importante que hablen de lo que sienten. Considera esos desacuerdos como una oportunidad para resolver problemas y trabajar en un proyecto de manera conjunta. Es un momento en que pueden practicar la forma de hablar acerca de lo que sienten, escuchar los sentimientos del otro y ver si logran encontrar soluciones creativas con las que ambos puedan vivir.

No te gusta uno de los límites que impuso tu pareja

No es necesario que te gusten los límites o que estés de acuerdo con ellos para respetarlos. Acatar los límites muestra que respetas los sentimientos de tu pareja. Así que,

> No es necesario que te gusten los límites o que estés de acuerdo con ellos para respetarlos.

aunque quizá te sientas herido o, incluso, avergonzado por hacerlo, observar un límite saludable te hace bien a ti, a tu pareja y a la relación.

Confundir límites con conductas controladoras

Los límites sanos implican respeto por uno mismo, no tratar de controlar al otro. Si tu pareja no quiere que hables con tu ex, podría tratarse de un límite saludable que deberías respetar. Sin embargo, si tu pareja no quiere que hables con tu familia, podría ser una señal de abuso. Una pareja controladora podría querer aislarte de cualquiera que tenga la posibilidad de señalarte que su comportamiento no es normal.

Establecer límites cuando las emociones se desbordan

Cuando las emociones están a flor de piel, todos expresamos cosas que no decimos en serio. "¡Jamás vuelvo a ir a casa de tus papás!" o "¡Si vuelves a hacer ese tipo de cosa, te dejo de hablar para siempre!".

Mientras más alterado te sientas, menor será tu capacidad para pensar con lógica. Cuando los ánimos se calmen, es probable que consideres que este tipo de amenaza fue exagerada e irracional.

Cuando cometas un error y marques un límite que no quieres seguir imponiendo, discúlpate (si ya lo anunciaste) y crea un límite más saludable (si está justificado).

No dudan en establecer límites

Es mejor evitar situaciones impulsivas, así que mantén una actitud tranquila antes de establecer un límite. Es muy poco frecuente que los límites sean una cuestión de emergencia.

Además, siempre puedes crear un límite temporal. Puedes decir algo como: "En este momento no podemos decir que sí a eso. Necesitamos tiempo para pensarlo" o "Pausemos esto hasta que sienta la tranquilidad suficiente como para tomar una buena decisión".

TEMAS DE CONVERSACIÓN

Tómate algunos minutos para responder a las siguientes preguntas y, después, si tu pareja está de acuerdo con ello, plantéaselas. Puede ser una manera excelente de empezar a pensar más sobre la creación de límites saludables dentro de tu relación.

- ¿Cuál sería un límite que establecimos que te parezca sano?
- ¿En qué circunstancia te costó trabajo especificar un límite en tu vida, pero al final te dio gusto externarlo?
- ¿Cómo encontraste el valor para hacerlo?
- ¿Cuál sería un ejemplo de un límite que yo te impuse y que te esfuerzas por respetar?
- ¿Cuáles son algunas señales de alarma que nos indicarían que podríamos tener mejores límites entre nosotros?

▶ ¿Cuáles serían algunas señales de advertencia que indican que necesitamos implementar mejores límites con otras personas?

ENTREVISTA CON NEDRA GLOVER TAWWAB

Para ampliar la conversación relacionada con los límites y la manera en que afectan a las parejas, acudí con la principal experta en límites, Nedra Glover Tawwab. Nedra es terapeuta certificada, autora de éxito en la lista del *New York Times* y destacada experta en relaciones. Tiene 15 años de experiencia como terapeuta de parejas, y es fundadora y propietaria de Kaleidoscope Counseling, un consultorio de terapia de grupo. Sus libros incluyen *Cuestión de límites* y *Sin dramas*. Ha reunido una enorme cantidad de seguidores en redes sociales después de ayudar a las personas a descubrir la manera de marcar límites sin sentirse culpables, por ello quise que me ofreciera algunas pistas relacionadas con lo que descubrió sobre los límites a lo largo de su trabajo con parejas.

¿Cuáles crees que sean algunos de los principales malentendidos que la gente tiene en cuanto a los límites?
Muchas personas creen que los límites significan aislarse o alejarse de alguien por completo. Aunque estas desconexiones son un tipo de límite, no son el único. Los límites saludables son flexibles y ofrecen un espacio para el cambio y el crecimiento.

¿Cuál es el problema más común que observas en las parejas en cuanto a límites?
Las expectativas no expresadas. Tu pareja no puede leerte la mente y no sirve de nada que esperes que lo haga. Deben practicar pedir lo que necesitan de manera conjunta.

No dudan en establecer límites

¿Podrías compartir un ejemplo de alguna pareja con la que te hayas topado que tuvo dificultades para marcar límites, ya sea dentro de la pareja o con personas ajenas a su relación?
Una pareja tenía peleas frecuentes relacionadas con el quehacer de la casa, con el manejo del tiempo e, incluso, con el hecho de si tenían un futuro juntos. Su comunicación durante los conflictos eran casi inexistente.

Las necesidades y las expectativas se deben compartir al inicio de la relación y en cada etapa posterior de la misma.

Veo a muchas personas que batallan con la relación que tienen con sus familias políticas; desde las suegras que se meten en todo hasta los suegros autoritarios, los padres de nuestra pareja pueden crear muchos conflictos. ¿Cuáles son algunos de los problemas que identificas con los suegros y por qué crees que las relaciones con ellos pueden ser tan difíciles de tratar?
Las diferencias en el estilo de crianza y no respetar la privacidad son dos problemas comunes. Estas relaciones pueden ser difíciles de manejar porque tus suegros forman parte de la familia a la que te integras al forjar una relación. Como persona ajena, es muy posible que veas las cosas de manera diferente a la de tu pareja y tus suegros.

¿Qué le dirías a alguien que afirma tener dificultad con establecer límites porque quiere ser "agradable"?
Los límites tienen que ver contigo y con tus necesidades. Hay veces en que tememos que marcar límites genere represalias o que no sea bien recibido, pero con frecuencia esa historia que nos estamos contando no es cierta. Establecer límites saludables es tratarte a ti mismo con cariño.

4

No se convierten en mártires

> Cuarenta y siete por ciento de las personas resiente
> todo el trabajo y sacrificios que hacen por su relación.
>
> ENCUESTA *Couples by the Numbers*

Kevin habló a mi consultorio para concertar una cita para terapia de pareja. Dijo que él y su esposa, Leah, tenían peleas frecuentes y necesitaban encontrar maneras de comunicarse mejor. Cuando acudieron a su primera cita, se sentaron juntos en el sofá, lo que fue buena señal. A veces, una persona se sienta en el sillón lo más lejos posible de su pareja, lo que puede revelar mucho de sus sentimientos. Sin embargo, ellos se sentaron juntos mientras esperaban de manera educada a que cada uno expresara sus puntos de vista.

Leah consideraba que Kevin no valoraba lo suficiente el tiempo con la familia y Kevin pensaba que Leah esperaba demasiado de él.

Kevin era propietario de una empresa de construcción y Leah se quedaba en casa cuidando de sus dos hijos. Los largos días de Kevin como emprendedor le dificultaban la tarea de asistir a las actividades extracurriculares de sus hijos, pero hacía su máximo esfuerzo por estar presente en cada una de ellas.

Le parecía que Leah no apreciaba los sacrificios que hacía por la familia. Tenía buenos ingresos y hacía lo más que podía para estar presente en las actividades familiares.

"Se queja si llego con 20 minutos de retraso a algún juego de futbol" dijo Kevin. "No le importa que para llegar al juego haya tenido que cancelar tres juntas, hacer llamadas de negocios durante el medio tiempo y correr de vuelta al trabajo tan pronto como termina el juego".

Pero la interpretación de Leah era la siguiente: "Después de que se toma una o dos horas para asistir a los eventos de los niños, Kevin me recuerda la enorme cantidad de trabajo que va a tener que hacer para ponerse al corriente; como si debiera sentirme culpable porque fue al juego de sus propios hijos. Habla de lo mucho que trabaja para mantenernos, pero no reconoce que como está en el trabajo todo el tiempo, ¡a mí me toca hacer todo lo demás!".

De modo que mientras que Kevin pensaba que Leah debía aplaudir sus intentos, Leah estaba harta de oír lo abrumado que se sentía. "Es como si no pensara que es abrumador tener que dirigir la casa y criar a los niños prácticamente sola porque él está en el trabajo todo el tiempo. A veces, siento que soy una madre soltera, porque lo único que quiere hacer es decirme lo difícil que es su trabajo".

Leah comentó que Kevin parecía molestarse cada que le pedía ayuda.

Explicó: "El otro día le pedí que subiera algunas cajas al ático y me dijo: '¿Por qué no? De por sí hago todo lo demás

No se convierten en mártires

en esta casa'. Pero no hace todo lo demás en la casa. ¡Eso lo hago yo!".

Aunque todavía seguían permitiendo que el otro hablara sin interrupciones, era evidente que Leah se estaba exasperando cada vez más con cada una de sus afirmaciones.

Kevin admitió que se molestaba cuando le pedía ayuda, pero dijo que, recientemente, lo que le enojaba era que ella no dejaba que se concentrara cuando estaba trabajando. Exclamó: "Actúa como si cada cosita fuera una emergencia. Yo tengo muchísimo trabajo, ¡así que en realidad no es prioridad para mí hacer cada uno de sus encarguitos!".

Kevin pasaba sus fines de semana haciendo el papeleo de la empresa y, aunque Leah le ofrecía ayudarlo, él se negaba. Leah, que tenía un título en administración de empresas, era más que capaz de manejar esas tareas, pero Kevin insistía en hacerlo él mismo porque afirmaba que "era más fácil así".

Kevin también rechazaba las oportunidades de hacer cosas divertidas incluso cuando terminaba con el papeleo. Si sus amigos los invitaban a salir por la noche, era frecuente que dijera que tenía pendientes que hacer en la casa. Decía cosas como: "Mi vida no es como la tuya, Leah. Yo tengo un trabajo además de mis otras responsabilidades".

Leah dijo: "Peleamos de manera constante sobre a quién le va 'peor'. Pero me parece que Kevin se dificulta las cosas a propósito ¡solo para demostrarme lo complicada que es su vida!".

Kevin negó esto último y afirmó que Leah no entendía la cantidad de presión bajo la que estaba como propietario de un negocio y que le frustraba que ella no agradeciera todo lo que hacía.

Por fortuna, acordaron iniciar terapia de pareja para atender el problema y programamos citas semanales. Más tarde, te compartiré lo que sucedió con Kevin y Leah, pero primero, piensa en tu propia relación y en los sacrificios que hace cada uno de ustedes.

Tal vez puedas identificarte con Kevin: sientes que te ves obligado a hacer todo dentro de la relación. O quizá te identifiques con Leah y sientas que estás con alguien que se niega a que lo ayudes, pero que sigue insistiendo en que tiene que hacerlo todo. En algún momento u otro, la mayoría de nosotros se siente resentido porque estamos esforzándonos más que nuestra pareja.

CUESTIONARIO

Tómate un minuto para examinar las siguientes afirmaciones. ¿Cuántas de ellas describen tu experiencia?

- ○ Nos peleamos por quién sufre más.
- ○ A veces resiento lo mucho que hago por la relación.
- ○ Peleamos por quién contribuye más a la relación o a la casa.
- ○ Pienso que he sacrificado más de lo que me corresponde en la vida con tal de preservar la relación.
- ○ Mis esfuerzos no se aprecian.
- ○ No creo que mi pareja entienda lo mucho que en realidad hago por la relación.

No se convierten en mártires

- ○ Cuando mi pareja me ofrece su ayuda, nunca es suficiente.

- ○ Abandono mis propias necesidades y deseos constantemente para darles prioridad a las necesidades de nuestra pareja o de nuestra familia.

- ○ Es frecuente que me queje acerca de que tengo que hacerlo todo.

- ○ Es difícil aceptar la ayuda de mi pareja.

Si alguna de estas afirmaciones te parece cierta, es posible que resientas todos los sacrificios que haces y, si no abordas ese resentimiento, las cosas podrían empeorar. Por fortuna, hay medidas que puedes tomar para resolver el problema.

PUNTO DE PARTIDA

Kevin y Leah estaban atorados en un patrón poco saludable. Cuando Kevin se quejaba de lo mucho que estaba sufriendo, Leah insistía que ella estaba sufriendo en igual medida. No podían validar los sentimientos de cada quien porque estaban demasiado enredados en pelear sobre a quién le estaba yendo peor. Aunque eran capaces de guardar silencio mientras el otro hablaba (tenían una capacidad increíble para no interrumpirse), en realidad no se estaban escuchando. Sentirse invalidados empeoraba su dolor y, día con día, los dos se sentían cada vez más resentidos.

Las relaciones saludables requieren de sacrificios. En algunos casos, eso puede significar un sacrificio importante.

Quizá hayas renunciado a tu sueño de convertirte en estrella de rock para conseguir un trabajo que pagara las cuentas. Otros sacrificios son pequeños; como ir a caminar con tu pareja todas las noches después de cenar aunque detestas caminar por el vecindario.

> Los mártires insisten en demostrarle a su pareja que ellos están sufriendo más.

Convertirse en un mártir es otra cosa. Los mártires insisten en demostrarle a su pareja que ellos están sufriendo más. Quieren que su pareja sepa que nunca pueden ser felices porque están renunciando a todo por el bien de la familia. Incluso cuando se les alienta a que hagan algo agradable para sí mismos, se niegan a hacerlo.

Es frecuente que su comportamiento despierte la culpa de los que los rodean y que no están del todo seguros de cómo brindarles ayuda; además, los miembros de la familia se sienten confundidos cuando se rechazan sus ofertas de ayuda.

Ser un mártir es difícil porque jamás sientes que tus esfuerzos se reconocen como debería ser. Estar en una relación con un mártir es igual de complicado porque es imposible aligerar la carga que tu pareja insiste en llevar, pero tienes que soportar escucharla quejarse de su sufrimiento en voz alta.

El martirio es un acto continuo. A un extremo del espectro, encuentras a aquellas personas que se niegan a hacer sacrificios. Son los individuos que dicen: "Esta es mi vida. Podrás entrar en mi mundo, pero no esperes que cambie la manera en que hago las cosas".

Al otro extremo del espectro, encuentras a los individuos que insisten: "¡Tengo que hacerlo todo y nadie me ayuda jamás!". Cuando alguien se ofrece a ayudarlos, se resisten o se quejan de que la ayuda que reciben no basta, además de que se sienten enojados y resentidos por lo mucho que hacen.

En el centro, encuentras a las personas que hacen sacrificios saludables con agrado. Eso no significa que siempre estén felices en cuanto a las cosas a las que tienen que renunciar, pero reconocen que lo que están dejando de lado es una elección y que la están haciendo porque quieren, no porque tengan que hacerlo.

Tómate un momento y piensa en las siguientes preguntas:

- ¿Haces los sacrificios suficientes para tu relación?
- ¿Haces demasiados sacrificios para la relación y eso ocasiona que te sientas resentido?
- ¿Tu pareja hace sacrificios suficientes para la relación?
- ¿Tu pareja insiste en que sacrifica demasiado?

Si hay ocasiones en que te sientes como un mártir, no estás solo. Sin embargo, es importante que abordes la situación antes de que las cosas lleguen demasiado lejos. Si piensas que no hay nada que puedas hacer porque tú eres quien tiene que hacer todos los sacrificios, no te preocupes. Hay diferentes maneras de afrontar la situación y hablaremos al respecto un poco más adelante dentro del capítulo.

¿POR QUÉ NOS CONVERTIMOS EN MÁRTIRES?

Cuando Kevin llegó al juego de futbol de los niños con 20 minutos de retraso, esperaba que Leah dijera algo como:

"¡Gracias por esforzarte para que esto sucediera! ¡Sé que debió haberte costado mucho trabajo estar aquí para los niños durante tu horario de trabajo!". Pero en lugar de eso, Leah le leyó la cartilla por llegar tarde.

Por su parte, él se dedicaba a enlistar todas las maneras en que ir al juego lo estaba retrasando y le decía que tendría que trabajar hasta tarde por haber sacrificado ese tiempo para estar allí. Pensaba que el hecho de que siquiera intentara asistir a la mayor cantidad posible de actividades extracurriculares o de fin de semana de los chicos iba más allá del llamado del deber. También se sentía frustrado porque Leah no apreciaba que pasara sus fines de semana haciendo papeleo para el negocio.

Discutimos su renuencia a dejar que Leah le ayudara. Al principio, insistió en que era más fácil que él hiciera las cosas. Sin embargo, a la larga, dijo que pensaba que su papel en la vida era ganar el sustento para la familia y que si permitía que Leah le echara la mano, significaría que no estaba cumpliendo con sus obligaciones.

Dado que Leah jamás reconocía lo mucho que trabajaba, sentía que necesitaba comprobarle que estaba haciendo enormes sacrificios y sufriendo todo el tiempo que los hacía. En ocasiones, asumía más problemas a propósito solo para mostrarle a Leah que se estaba sacrificando y sufriendo.

Al igual que Kevin, hay veces en que la gente confunde los sacrificios saludables y hace demasiado. Después, ya no están seguros de cómo dejar de hacerlos.

Alguien que tiene dos trabajos para mantener a su familia podría seguir laborando en los dos aun cuando ya tenga un poco más de estabilidad económica, porque piensa que ganar dinero es la forma en que le añade valor a la relación.

Otras personas podrían tener alguna herida infantil no resuelta; por ejemplo, si crecieron mientras cuidaban de un padre o madre que tenía un problema de salud. Quizá tuvieron que renunciar a sus actividades extracurriculares y a pasar tiempo con sus amigos para cuidar de esa persona, y ahora, de adultos, están desesperados por seguir haciendo cosas por otros porque no tienen la capacidad para reconocer sus propias necesidades.

El martirio también puede surgir a partir de la idea de que sufrir te hace bueno o mejora al mundo de alguna manera y, aunque hay personas que de manera voluntaria renuncian a sus necesidades para ayudar a otros, sus acciones se vuelven dañinas cuando sienten amargura por hacerlo. En ese caso, la realidad es que no están haciendo las cosas por otras personas.

Existe evidencia que sugiere que un poco de sufrimiento nos hace bien. Investigaciones han encontrado que cantidades moderadas de adversidad a lo largo de la vida pueden hacerte más resiliente a ciertos factores de estrés. Sin embargo, no existe evidencia alguna que indique que el sufrimiento cotidiano te haga una persona más fuerte o mejor. Date permiso de disfrutar de la vida, acepta lo que otros hacen por ti y pide ayuda.

A menudo, los mártires sufren sin razón. Quedarse despierto hasta las 2:00 a.m. para limpiar la casa no necesariamente hace que el mundo sea un mejor lugar.

También es posible que estén buscando reconocimiento. Quizá se pongan en riesgo para que parezca que, al final de cuentas, hicieron algo heroico; podrían tomar el último vuelo a casa después de un viaje de negocios, presentarse a trabajar al día siguiente y asegurarse de que todo el mundo sepa que apenas y tuvieron la oportunidad de dormir. O podrían acceder a muchos trabajos voluntarios solo para quejarse de que tienen tantas cosas que hacer que les resulta imposible encontrar un solo momento para comer o para asistir a alguna cita.

Los mártires creen que no merecen ser felices y rechazan los intentos de cualquier persona que trate de mostrarse amable con ellos. Es posible que piensen que si sufren el tiempo suficiente, anunciándolo de la forma más pública posible, al fin obtendrán algo que falta en sus vidas; sin embargo, a medida que pasa el tiempo, podría esclarecerse que no encontrarán lo que buscan a través de su martirio. De todas maneras, es un papel difícil de dejar de lado si ya invertiste mucha energía ofreciéndote a padecer lo peor de manera constante.

También he visto a personas que piensan que si pueden probar que son las que más sufren, podrían conseguir lo que ellas quieren cuando se necesita tomar alguna decisión. "Si tuve que quedarme en un trabajo horrible por 10 años solo porque pagaban bien, merezco poder mudarme a mi ciudad de origen para estar más cerca de mi familia" o "Si renuncié a todo para criar a los niños de tiempo completo, merezco gastar mucho dinero en lo que yo quiera".

EJERCICIOS DE FORTALECIMIENTO MENTAL

Kevin y Leah eligieron romper el patrón en el que estaban atascados. Con ayuda de la terapia, Leah aprendió a validar los sentimientos de Kevin. En lugar de decirle que no era necesario que trabajara tanto, empezó a reconocer la presión que experimentaba.

No se convierten en mártires

Por varias semanas, reconoció sus sentimientos y Kevin apreció que lo escuchara. Después, Leah empezó a ofrecerle ayuda y Kevin se esforzó por aprender a aceptarla.

Un día, en el consultorio Leah le dijo: "Trabajas muchas horas y eso es muy estresante para ti. Quiero ayudarte, pero cuando te ofrezco mi ayuda, no me lo permites. Hace que me sienta mal que no haya nada que quieras que haga y los dos terminamos sintiéndonos frustrados. Me encantaría que trabajáramos juntos para encontrar una forma de romper el patrón en el que nos encontramos".

Por primera vez, Kevin aceptó que le costaba trabajo aceptar ayuda. En lugar de quejarse, haría una petición. En vez de decir "¡Estoy tan estresado!", trataría de identificar algo con lo que Leah pudiera ayudarlo, y le pediría su ayuda. Diría algo como "¿Podrías archivar estos recibos?" o "¿Crees que podrías ayudarme con el papeleo durante algunas horas?".

Entonces, Leah le brindaría ayuda cuando se lo pidiera. Poco a poco, empezó a manejar la contabilidad regular de la empresa. Cuando Kevin compartía parte de su trabajo, pasaban un poco más de tiempo juntos por las noches antes de acostarse. Leah siempre le señalaba lo mucho que disfrutaba que pudieran pasar tiempo juntos.

Kevin tuvo que confiar en que pedir ayuda y permitir que Leah se la brindara no significaba que no estuviera haciendo su trabajo, y Leah aprendió a dejar de esperar que asistiera a cada una de las actividades de los muchachos. Si faltaba a algún juego de beisbol o llegaba tarde a algún evento, no significaba que fuera un padre desinteresado. Significaba que era un padre muy trabajador. Leah también admitió que podía reconocer el estrés de Kevin sin que eso demeritara el suyo. No es que estuvieran compitiendo por quién tenía más trabajo o por quién tenía una vida más complicada; más bien, podían cooperar y empatizar el uno con el otro.

Parte de la solución implicó cambiar la forma en que pensaban acerca de las cosas, pero también significó que cambiaran la manera en que se trataban entre sí. Para el momento en que finalizaron su tratamiento, estaban comunicándose mejor y apoyándose entre sí, además de que dejaron de pelearse acerca de quién tenía que hacer más trabajo.

Busca patrones de martirio fuera de la relación

Ser un mártir no siempre se limita a las relaciones románticas, pero de todas maneras puede afectar a la pareja.

Quizá seas el mártir en tu empleo e insistas que tienes que hacer todo el trabajo de cada proyecto. O tal vez seas un mártir cuando se trata de ayudar a tus padres porque no piensas que tus hermanos y hermanas los ayudarían y que, en el caso de que lo hicieran, lo harían mal.

También es posible que lo hagas todo por tu hijo adulto, como lavar la ropa de tu hijo de 30 años. Incluso si un hijo te pide que no lo ayudes, es posible que sigas haciendo cosas por él o ella si tu autoestima depende de que lo hagas.

Si sigues un patrón en el que haces demasiado, te niegas a recibir ayuda y te quejas de lo mucho que tienes que hacer, es posible que necesites la ayuda de un profesional. Si tu pareja es quien podría necesitar ayuda, hablen al respecto. Explícale la manera en que te afecta su elección de intentar sacrificarlo todo.

Replantea lo que piensas

Cuando piensas cosas como: "¡Tengo tantísimo que hacer, pero mi pareja se niega a hacer algo!", toma un paso hacia atrás y examina la veracidad de lo que estás pensando.

¿Es cierto que tienes que hacerlo todo? Quizá los platos sucios puedan esperar hasta mañana o tal vez no tengas que lavar la ropa esta noche. Claro que podrías elegir hacer esas cosas en el momento, pero no *tienes que* hacerlas.

Así también, pausa por un momento y considera si le pediste ayuda a tu pareja. ¿Solo estás suponiendo que no te ayudará? ¿Le pediste ayuda de manera abierta?

Quizá encuentres que puedes reemplazar tus pensamientos negativos y poco realistas con afirmaciones más acordes con la realidad. Aquí hay algunos ejemplos:

- ✗ **Pensamiento poco realista:** Nadie me ayuda jamás.
- ✓ **Pensamiento realista:** Hay ocasiones en que los demás están dispuestos a ayudarme, en especial si se lo pido.

- ✗ **Pensamiento poco realista:** No puedo permitirle a mi pareja que me ayude porque nunca hace nada bien.
- ✓ **Pensamiento realista:** Podría dejar que mi pareja me ayudara aunque haga las cosas de manera diferente a como las hago yo.

- ✗ **Pensamiento poco realista:** Tengo todo esto que hacer esta noche y a mi pareja no le importa.
- ✓ **Pensamiento realista:** Puedo elegir hacer todo esto hoy por la noche si quiero hacerlo. Tal vez mi pareja se sienta menos presionada a hacerlo que yo.

Cuando te sientes mal, tus pensamientos se vuelven exageradamente negativos y, mientras más negativos sean, peor te sentirás. Puedes romper el patrón si tan solo examinas lo que estás pensando y reemplazas las afirmaciones poco realistas con otras que sean más razonables.

Practica pedir ayuda... y aceptarla

Un problema común involucra el uso de quejas en lugar de peticiones. En lugar de decir: "¿Me puedes ayudar a limpiar este caos?", quizá sea más frecuente que digas: "¡Pero qué desastre! ¡Me va a llevar toda la noche limpiarlo!".

Es posible que pienses que estás lanzándole fuertes insinuaciones a tu pareja o que debería entender lo que le estás tratando de decir para que se ofrezca a ayudar, pero tu pareja no puede leerte la mente.

A menos de que le especifiques a tu pareja lo que necesitas, se quedará tratando de adivinar qué te sería de ayuda. Digamos que te estás quejando de que tu jefe te asigna demasiado trabajo. ¿Quieres que tu pareja te recomiende cómo ponerle un alto a tu jefe, o quieres su apoyo emocional y su validación?

O si te quejas por todo lo que vas a tener que cocinar para alguna festividad, ¿estás esperando que tu pareja te eche una mano y se ofrezca a cocinar, o quieres que acceda a no invitar a todos los miembros de su familia a la comida?

Existen diversas formas para solucionar un problema. Dile a tu pareja lo que podría serte de ayuda. Esto puede evitar frustraciones innecesarias y garantizar que sus ofertas tengan una mejor oportunidad de servirte.

¿QUIÉN SE SIENTE MOTIVADO?

Tómate unos momentos para reflexionar sobre quién piensa que existe un problema y quién se siente motivado a crear un cambio. Después, pueden decidir la mejor manera de abordar la situación.

1. Tú quieres dejar de comportarte como mártir

Si tiendes hacia el martirio, considera lo que obtienes por comportarte como un mártir. ¿Estás tratando de ser el héroe? ¿Tu estatus como trabajador incansable te hace sentir valioso? ¿Lo único que quieres es que tu dolor se escuche y se vea?

Ahora, considera lo que tu compromiso con el martirio te está costando. Te puedo garantizar que está dañando tu relación de una manera u otra. Es posible que te estés quejando de manera excesiva o que muestres amargura hacia aquellos que se ofrecen a ayudarte.

Pregúntate: "¿Qué significaría que permitiera que alguien me ayudara?". ¿Querría decir que soy incompetente? ¿Perezoso? ¿Mediocre? ¿Débil?

Una vez que identifiques tus temores, confróntalos de manera directa. Pregúntate qué evidencia respalda que tus temores estén basados en la realidad y cuál indica que tus temores son exagerados o irracionales.

Después, conversa con tu pareja. Hazle saber que te das cuenta de que a menudo insistes en que tienes mucho que hacer o que tú sufres más que todos los demás, y compártele que quieres trabajar en ello.

Si es posible, desarrollen un plan de manera conjunta. Quizá decidas que identificarás una cosa que tu pareja puede hacer a diario para echarte una mano. O que cuando tu pareja te ofrezca ayudarte, aceptarás.

También pídele a tu pareja que te llame a cuentas. Necesitará armarse de valor, pero podría ser esencial para ayudarte a cambiar. Quizá pueda señalarte con delicadeza los momentos en que estás actuando de manera hostil o cuando no estás aceptando el apoyo que se te está ofreciendo.

2. Quieres que tu pareja deje de comportarse como mártir

Si piensas que hay ocasiones en que tu pareja actúa como mártir, toma un enfoque compasivo. Esto puede resultar difícil, en especial cuando se resiste a tus amabilidades. Ten en cuenta que se está esforzando mucho para demostrarte que está sufriendo.

Deja en claro que entiendes y que le crees; que sabes que está sufriendo un dolor emocional. Reconoce su arduo trabajo y valida sus sentimientos aunque creas que son algo desproporcionados con la situación.

No es necesario que coincidas con los sentimientos de tu pareja para validarlos. En lugar de decir: "No es necesario que te esfuerces para que la casa luzca perfecta antes de que venga tu mamá", di: "Sé que te importa mucho que todo esté en orden antes de que venga tu mamá, y entiendo que te frustres

> No es necesario que coincidas con los sentimientos de tu pareja para validarlos.

cuando trato de ayudarte porque no organizo las cosas igual que tú".

Ofrece ayudarle, pero solo hazlo una vez. No discutas, ni insistas en colaborar. Si tu pareja rechaza tu oferta, di algo como: "Avísame si cambias de opinión".

Muestra aprecio por lo que hace y anímala a que se dé un respiro de vez en vez. Podrías ofrecerle algunas palabras amables cuando se tome un tiempo para hacer algo divertido o decirle algo como "Es maravilloso ver que te relajas. Te mereces un descanso". Si te responde que no se está divirtiendo o que no tiene tiempo de relajarse, no discutas.

Si tu pareja está abierta a hacerlo, traten de resolver el problema juntos. Siéntense y hablen acerca del hecho de que tu pareja considera que todas las responsabilidades recaen en ella. Discutan cómo se podría aligerar parte de su carga o en qué forma podría conseguir algo de ayuda. Recuerda que tu ayuda no siempre puede ser parte de la solución. Quizá prefiere que la ayuda sea de alguien más y eso también es válido.

3. Tu pareja piensa que deberías dejar de comportarte como mártir

Si tu pareja te sugiere que podrías tener un cierto complejo de mártir, es posible que lo niegues... al menos al principio. Es difícil oír ese tipo de cosas. Tu respuesta quizá haya sido: "¡No es que *crea* que tengo demasiado que hacer...es que *tengo* demasiado que hacer!".

Pero incluso si no piensas que tus sacrificios están haciendo más daño que bien, si tu pareja piensa que es una posibilidad, considera que podría ser el caso.

Pregúntale qué cosas hacen que lo piense. ¿Estás amargado? ¿Trabajas demasiado? ¿Haces comentarios desagradables sobre que lo que quieres en la vida no importa?

Aunque no sientas que eres un mártir, deberías estar al tanto de esos comportamientos, ya que pueden dañar tu relación.

Mantente abierto a la idea de que, quizá, tus sacrificios vayan acompañados de algo de hostilidad o que sea posible que te niegues a delegar tareas porque nadie hace las cosas bien. Concientizarte de la imagen que proyectas podría inspirarte a hacer algunos cambios.

4. Los dos quieren dejar de comportarse como mártires

Si los dos entran en competencia sobre quién sufre más o quién tiene más que hacer, nadie va a ganar. No se otorgan premios por sufrir más que nadie, ni por hacer la mayor parte del trabajo, ni por sacrificar la cantidad máxima de felicidad en aras de una relación.

Quizá solo se necesita que coincidan en que ambos trabajan mucho y que los dos hacen sacrificios, pero no hay necesidad de comparar peras con manzanas. Digamos que estás sufriendo porque acordaste mudarte a una ciudad en la que no querías vivir para que tu pareja pudiera tomar un empleo que requiere que trabaje muchas horas. Eso no te hace campeón de los sacrificios. Más bien, es probable que todo lo que hagan como pareja requiera algún sacrificio de parte de los dos.

Validen los sentimientos de cada quien. Cuando tu pareja te cuente lo mal que le fue ese día, en lugar de responder:

"¿Tú crees? Pues a mí me fue todavía peor. Fíjate que...", podrías decir algo como: "Eso suena como un día de lo más estresante". Comparte lo que hiciste ese día también, pero no es necesario que se traten de superar el uno al otro.

CÓMO ES QUE NEGARSE A SER MÁRTIRES LOS AYUDA A FORTALECERSE

Kevin y Leah no estaban trabajando en equipo. Kevin insistía en ser un mártir; y Leah respondía tratando de comprobarle que ella también sufría de manera constante. Era como si los dos tuvieran un enorme peso sobre sus espaldas y, al cansarse, se quejaran de que sus cargas eran demasiado pesadas, pero se negaran a permitir que el otro aligerara el peso que llevaban encima. Además, cuando Kevin se quejaba de que el peso que llevaba era demasiado, Leah se negaba a empatizar con él porque el peso que ella llevaba sobre sus hombros también era excesivo. La clave para que los dos aligeraran sus responsabilidades era que trabajaran juntos.

Una vez que Leah reconoció lo mucho que estaba haciendo Kevin, él se sintió comprendido. Y, después, se abrió más a la idea de permitir que Leah lo ayudara con su trabajo durante los fines de semana. Su relación se fortaleció cuando se enfrentaron al problema juntos. En lugar de pelearse, se dejaron ser en libertad para poder tomar medidas productivas como equipo. Durante su última cita, Kevin afirmó que se sentía menos estresado y más feliz. Leah dijo que se sentía aliviada y menos frustrada. Ambos acordaron que ahora estaban centrados en las maneras en que podían cooperar, en lugar de competir sobre quién podía sufrir más.

Una relación sana implica trabajar en equipo. Claro que siempre habrá momentos en que una persona haga más que la otra, y habrá ciertas áreas en que uno de los miembros de la pareja haga más a lo largo de la relación. Sin embargo, ser un mártir no tiene que ver con quién hace el mayor número de sacrificios la mayor parte del tiempo. Es posible que la persona que asume el papel de mártir ni siquiera se esfuerce más que la otra. Sin embargo, puede que insista en que ese es el caso o que muestre resentimiento por lo que tiene que hacer.

Además, cuando uno de los dos es un mártir, el resultado es que ambas personas se sienten desalentadas y decepcionadas entre sí.

Si insistes en sufrir como mártir, jamás te sentirás escuchado o comprendido de manera suficiente. Lo más probable es que tu pareja se agote de tratar de aligerar tus cargas o se sienta frustrada porque no le permites que te ayude.

Cuando renuncias a la necesidad de ser el héroe de manera constante o de probar que eres quien sufre más la mayor parte del tiempo, tanto tú como tu pareja pueden trabajar de manera conjunta como equipo. Cada uno de ustedes se sentirá motivado a contribuir a la relación sin necesidad de llevar un marcador.

IDENTIFICACIÓN DE PROBLEMAS Y TRAMPAS COMUNES

Lo que piensas acerca de no recibir ayuda suficiente podría estar basado en la realidad

Es posible que haya ocasiones en que no te estés comportando como mártir, pero en las que estés legítimamente abrumado por todas las cosas que necesitas hacer. Si requieres ayuda, pídela. Evita utilizar tácticas pasivo-agresivas para obtener apoyo, como suspirar de manera exagerada o hacer rabietas. En lugar de ello, pide lo que necesitas. Si tu pareja se niega a ayudarte, decide qué hacer a continuación: seguir trabajando en algo a solas, solicitar apoyo de alguien más o alejarte de lo que estás haciendo.

No coinciden con lo que se tiene que hacer

Hay situaciones en que una persona se siente como mártir porque su pareja no coincide en cuanto a lo que es prioritario. Uno de los miembros de la pareja podría estar haciendo la mayor parte de los quehaceres del hogar porque piensa que la casa debería estar impecable, mientras que el otro tiene una mucha mayor tolerancia al desorden o al caos.

O quizá una persona haga un mayor esfuerzo con lo que se requiere hacer para los niños porque piensa que necesitan entretenerse más de lo que considera la otra persona. Si no están de acuerdo con la cantidad de trabajo que se le tiene que dedicar a ciertas cosas, conversen de manera continua al respecto. Quizá nunca coincidan en la cantidad de esfuerzo que se le debe dedicar a algo, pero es posible que encuentren una solución para trabajar en equipo sin que una de las dos personas sienta que tiene que hacerlo todo sola.

Rechazan la amabilidad del otro

Si tu pareja te ofrece el mejor asiento cuando vayan al teatro o te guarda la última rebanada de pastel, no la rechaces automáticamente. Permitir que tu pareja te muestre alguna amabilidad es bueno para todos los involucrados.

La gente se siente bien cuando se muestra amable y servicial, en especial cuando se trata de su pareja. Si siempre rechazas las ofertas de ayuda de tu pareja, le quitas la oportunidad de hacerlo. Así que date permiso de aceptar su amabilidad y recuérdate que no siempre tienes que ser quien sufra más o quien se lleve la peor parte de las cosas en todo.

TEMAS DE CONVERSACIÓN

Tómate algunos minutos para responder a las siguientes preguntas. Si tu pareja está interesada en aumentar su fortaleza mental, utiliza las preguntas para iniciar una conversación.

- ¿Cuál sería un ejemplo en que acepté tu ayuda y te dio gusto que lo hiciera?

- ¿Cuál sería un ejemplo de una ocasión en que aceptaste alguna amabilidad de mi parte aunque quizá te haya costado algo de trabajo hacerlo?

- ¿Cuál sería un buen ejemplo de un momento o área de nuestras vidas en la que compartimos la carga de trabajo?

- ¿Qué piensas que nos fue de utilidad durante ese momento o área específica que nos ayudó a compartir la carga?

ENTREVISTA CON ANDREA BONIOR

Las relaciones sanas necesitan de cierto toma y daca natural, pero es común que uno de los individuos haga más. Quise escuchar la perspectiva de Andrea Bonior respecto a esto. Ella es una psicóloga que tiene un consultorio particular y ha escrito diversos libros, incluyendo el muy popular *Detox Your Thoughts* (Desintoxica tus pensamientos). Por 15 años, fue la voz detrás de la columna de ayuda llamada "Baggage Check" (Sala de equipaje) del *Washington Post*. Ahora, es anfitriona de un pódcast del mismo nombre, donde habla de temas de psicología, como estrés, relaciones de pareja y depresión. Compartió conmigo lo que piensa acerca de los temas comunes que ha observado en torno al martirio dentro de las relaciones.

Hay ocasiones en que las personas se sienten resentidas porque piensan que contribuyen más de lo que les corresponde a su relación. ¿Me puedes compartir alguna anécdota o caso práctico en que hayas visto que esto suceda? ¿Pudo resolverse?
Sin duda, he visto que se resuelven esos casos, pero creo que el mayor factor de predicción de que eso suceda es si la persona resentida puede mostrarse vulnerable y hablar de ello sin limitarse a escalar su enojo o sus acusaciones, y si ambos miembros de la pareja están de verdad motivados a trabajar en el asunto.

Por ejemplo, hubo una ocasión en la que trabajé en terapia individual con alguien que tenía muchísima frustración acumulada con su pareja. Fue un problema muy clásico en el que mi paciente estaba llevando la mayor parte de la carga mental que había entre los dos y tenía que iniciar, planear y definir estrategias de gran parte de las cosas que se necesitaban hacer a diario para mantener al día la casa, sus relaciones sociales y las relaciones con la familia extendida, aparte de cuidar de su bebé recién nacido. Es una dinámica muy común en la que, de manera superficial, la división de labores parece más o menos equitativa, pero en la que una de las personas es la que está administrando el manejo de esa misma división de trabajo; lo que significa que se ocupa de la carga mental que implica estar siempre al tanto de lo que se necesita, aunque llegue el momento en que delegue algunas de las tareas a su pareja.

Así que mi paciente estaba muy frustrada, pero también un poco confundida acerca de esa frustración porque sentía que debía estar agradecida de que su marido hiciera más de lo que hacían los esposos de algunas de sus amigas, además de que consideraba que cuando le daba tareas que hacer, sí las hacía, de modo que pensaba que no tenía nada de qué quejarse. Sin embargo, la realidad era que se trataba de un ciclo constante de planeación y estrategia, y de iniciar todas las tareas, y toda esa planeación le correspondía a ella, por lo que la situación era por completo desequilibrada.

Así que definimos estrategias sobre cómo hablar al respecto, elegir un buen momento para conversar y cómo no culpabilizar a su esposo, sino hablar de lo que ella estaba sintiendo, de cómo podía expresar su amor y su aprecio, y también explicarle que ella necesitaba que él se hiciera cargo de ciertas cosas y de su gestión, para así aliviarla de su carga mental, pues no bastaba que le diera la tradicional lista de "mi amor, haz", aunque fuera excelente para cumplir con ella.

Cuando se lo expresó en esos términos, él se sintió sorprendido de inicio, pero a la larga, la entendió y, entonces, empezó a sentirse más orgulloso de hacerse cargo de las cosas él mismo en lugar de limitarse a esperar a que ella le dijera lo que se tenía que hacer.

¿Qué le dirías a alguien que insiste en que tiene que hacer todo lo de la casa o todo dentro de la relación porque, de lo contrario, simplemente no se haría?
Trato de ayudarle a ver que se está colocando en una situación

que no es justa para él o ella, ni para su pareja, y que es poco probable que resulte sostenible. Cuando el desequilibrio es así de extremo, en el que una persona está haciendo tantísimo más que la otra (ya sea porque piense que debe hacerlo, porque no se haría de lo contrario o por cualquier otra razón) es muy poco frecuente que logre acostumbrarse a hacerlo sin que haya consecuencias.

Por lo general, el resentimiento empieza a corroer la relación y se interpone en la intimidad emocional e, incluso, en la confianza, el respeto y la atracción. Y la pareja que no está haciendo tanto también se percata de ese desequilibrio, pero se siente impotente para hacer un cambio porque la situación está demasiado arraigada, además de que es frecuente que se sienta juzgada y despreciada.

¿Qué palabras de sabiduría podrías compartirle a alguien que se encuentre en una relación a largo plazo con un mártir?
Creo que vale la pena reflexionar a fondo la manera en que esto está afectando a tu relación y si la dinámica es sostenible. No es sano para ninguno de los dos que sientan que existe ese nivel de desequilibrio, ya sea que se trate del trabajo real que se tiene que hacer ¡o de la manera en que el otro quiere que se le reconozca! Considera tener una conversación acerca de cómo te hace sentir y las formas en que afecta la conexión que tienen. Pregúntale a tu pareja si está dispuesta a trabajar contigo en el asunto, pero de forma verdaderamente comprometida.

¿Crees que alguien que insista en ser el mártir lo haya aprendido en su familia de origen? ¿Cuáles podrían ser algunas de las causas originarias del martirio?
Por supuesto que pienso que puede rastrearse hasta la infancia. No siempre es el caso, claro está, pero hay ocasiones en que sí lo es. Pienso que en muchas ocasiones tiene que ver con que las

personas jamás se sintieron apreciadas o validadas. De modo que tratan de obtener la validación de los demás de manera constante; es posible que les cueste trabajo validarse a sí mismas o quizá, muy en el fondo, teman que no tienen nada que ofrecer a menos que intenten hacerse cargo de todo o de darles demasiado a los demás. Se preocupan de que la gente los abandone si no lo hacen. En ocasiones, también tiene mucho que ver con roles de género y con las expectativas que se tienen acerca de quién debe hacerse cargo de qué.

El autocuidado es importante, pero muchas personas se sienten culpables de hacer cosas agradables para sí mismas. ¿Cómo es que las personas pueden cuidarse cuando se encuentran dentro de una relación y cuáles serían algunas de las maneras en que podrían hacerlo?
Pienso que, en muchas ocasiones, consideramos que las estrategias de autocuidado, como el tiempo a solas, automáticamente le restan algo a la relación. Así que podemos sentirnos culpables por pasar tiempo a solas si tenemos pareja. Pero todo el mundo necesita algo de tiempo a solas y hay veces en que cada miembro de la pareja requiere cantidades diferentes de tiempo consigo mismo, sin que eso tenga nada de malo; es igual a que una de las personas necesite una hora más de sueño que la otra por las noches. Piensa qué es lo que necesitas para mantenerte energizado y nutrido a nivel mental y trata de darle el mismo valor que tienen otras cosas, como las necesidades físicas (¡y que es menos probable que trataras de negártelo a ti mismo!).

Si alguien siente que ya cedió demasiado por la pareja y la familia, ¿qué puede hacer con el resentimiento o el enojo que ya está sintiendo?
Creo que tiene que ser realista en cuanto a si de verdad está permitiendo o no que su pareja trate de compensarlo o de hacer que las cosas sean mejores o más equitativas. Pienso que hay

ocasiones en que nos engañamos y que, en realidad, queremos que exista un desequilibrio porque eso nos permite seguir enojados; tal vez eso sea más fácil que dejar de aferrarse al enojo y dejarlo pasar. O quizá nos sentimos tan cómodos con esa dinámica que aunque estemos enfadados, puede que nos guste la idea de que el otro siempre sienta un poco que nos debe algo y que jamás podrá compensarlo; lo que sucede es que no podemos imaginar lo que significaría dejar que eso pase.

Claro que ese no es el caso con todo el mundo. Muchos de nosotros simplemente nos sentimos resentidos ¡porque tenemos razones para ello! Y ese resentimiento no puede desaparecer si el desequilibrio persiste. No es posible sanar del enojo o del resentimiento si sientes que tu pareja no te entiende, no comprende tu punto de vista y no lo valida. Así que es necesario tener varias pláticas genuinas donde traten de empatizar el uno con el otro, lo cual, por supuesto, es algo que puede lograrse con apoyo profesional.

5

No utilizan sus emociones como armas

> Treinta y siete por ciento de las personas piensa que sus parejas utilizan las emociones, como el enojo y la tristeza, como táctica de manipulación.
>
> Encuesta *Couples by the Numbers*

Jillian era una maestra de 35 años de edad que empezó a tomar terapia porque quería aprender a comunicarse mejor con su marido, Marcel. Llevaban cinco años juntos más tres de casados, pero durante ese tiempo Jillian sentía que su comunicación había empeorado. Me dijo: "No es mi intención provocarlo, pero hay veces en que parecería que todo lo que digo o hago lo hace estallar".

Marcel tuvo que sobrevivir a una infancia muy difícil. Jillian no conocía lo que le había sucedido a detalle y a Marcel no le agradaba hablar al respecto. Sin embargo, sí sabía que había sufrido de abuso y descuido, y lo último que deseaba era hacer o decir algo que empeorara su vida. Pero sentía que tenía que caminar de puntitas cuando estaba con él.

Siempre que ella trataba de sacar algún problema a la luz, de inmediato, él respondía: "¡Sabes que odio los conflictos!"; así que dejó de confrontarlo o de hablar de cualquier tema serio porque no quería alterarlo.

Pero Marcel hacía cosas que la alteraban a ella. Por ejemplo, se negaba a visitar a la familia de Jillian. Decía que su madre era demasiado directa. Esto le resultaba angustiante a Jillian; le gustaba pasar tiempo con sus padres y constantemente tenía que decidir si quedarse en casa con Marcel o asistir a las reuniones familiares sola.

Jillian explicó: "Paso mucho tiempo adivinando lo que Marcel quiere. No me lo dice, así que trato de predecir, por su estado de ánimo, si necesita espacio o si necesita que trate de convencerlo de hacer algo y salir de la casa".

Marcel afirmaba que las conversaciones telefónicas le provocaban ansiedad, de modo que Jillian se encargaba de hacer citas a su nombre. Sin embargo, lograr que asistiera resultaba complicado. Si no tenía ganas de ver al doctor o de acudir con el quiropráctico cuando llegaba el momento de hacerlo, le decía a Jillian que cancelara la cita por él.

Jillian no invitaba a gente a la casa con frecuencia porque nunca sabía el humor que tendría Marcel. Si sentía ganas de estar solo, era más que posible que se encerrara en la habitación en lugar de sentarse a cenar con sus invitados. O quizá se levantara de la mesa y saliera por la puerta sin decir palabra. A Jillian le tocaba explicar a sus invitados que Marcel estaba tratando de lidiar con algunos problemas, pero su conducta le resultaba vergonzosa.

"Supongo que no siempre adivino lo que necesita de manera tan precisa", afirmó Jillian. "El otro día, lo presioné demasiado para que se levantara del sofá y que saliera. Eso lo hundió en un estado de depresión por cerca de tres días".

No utilizan sus emociones como armas

La esperanza de Jillian era que la terapia pudiera ayudarla a comprender mejor los traumas y las necesidades de Marcel para encontrar formas de brindarle mayor apoyo. Sin embargo, yo no pensaba que el problema fuera que malinterpretara el comportamiento de Marcel. No era su responsabilidad dedicarse a satisfacer los constantes cambios en el estado de ánimo de Marcel.

Pero eso no se lo dije a Jillian de inmediato; quería que se diera cuenta por sí misma de que no era necesario que ajustara constantemente su comportamiento basándose en el humor de Marcel.

Con el tiempo, Jillian descubrió que Marcel estaba utilizando sus emociones para manipularla; cosa que explicaré con mayor detalle más adelante. Pero, antes, considera si hay veces en que tú has utilizado tus emociones para manipular a tu pareja o si sospechas que tu pareja te hace lo mismo.

CUESTIONARIO

Tómate un minuto para pensar qué tantas de estas afirmaciones te suenan conocidas.

- ○ Durante una conversación, me he puesto a llorar para hacer que mi pareja deje de hablar de un tema difícil.

- ○ Durante algunas conversaciones, le he expresado mi enojo a mi pareja porque quería que cambiara su punto de vista.

- He intentado utilizar la culpa como forma de hacer que mi pareja modifique su comportamiento.

- He acusado a mi pareja de ser egoísta para lograr que cambie su conducta.

- Le digo a mi pareja que no puedo discutir ciertos temas relacionados con nuestro vínculo porque me alteran demasiado.

- Trato de zafarme de hacer ciertas cosas diciéndole a mi pareja que me siento demasiado ansioso como para hacerlas.

- Cuando estoy enojado, utilizo la ley del hielo.

- Le recuerdo a mi pareja que soy demasiado frágil como para manejar algunas cosas.

Ahora, examina estas afirmaciones y ve si te parecen ciertas en el caso de tu pareja. Si estas afirmaciones te describen a ti o a tu pareja, es posible que haya ocasiones en que utilizan sus emociones como armas. Por fortuna, hay pasos que pueden dar para manejar y expresar sus sentimientos de manera sana, al tiempo que logran satisfacer sus necesidades.

PUNTO DE PARTIDA

Pasé las primeras sesiones con Jillian hablando sobre la cantidad de responsabilidad que quería asumir para ayudar a Marcel a manejar sus estados de ánimo y lidiar con sus traumas anteriores. De inicio, pensó que era su trabajo ase-

No utilizan sus emociones como armas

gurarse de que Marcel se sintiera bien todo el tiempo, pero también reconoció que se trataba de una tarea imposible. Por más que intentara ayudarlo, no siempre podía hacerlo feliz.

También hablamos de la salud mental de su esposo. Jillian se dio cuenta de que buscar hacerlo feliz todo el tiempo en realidad no significaba que le estuviera brindando su apoyo. En lugar de eso, podía apoyar sus esfuerzos por conseguir ayuda profesional. También aprendió que no era necesario permitir que las expresiones emocionales de su marido controlaran su propio comportamiento.

Pero es posible que la clave más reveladora se haya dado cuando dijo: "Estoy empezando a pensar que puede manejar sus emociones mejor de lo que me permite ver. Finge que no puede controlar ciertas cosas solo para que no tenga que hacer algo. Creo que me está manipulando". Una vez que llegó a esa conclusión, quiso aprender una forma de ser menos reactiva ante el comportamiento de Marcel.

Una relación sana te permite expresar tus sentimientos de manera apropiada, al tiempo que también muestras respeto por los sentimientos de la otra persona. Sin embargo, hay quienes utilizan sus sentimientos como armas.

Se muestran enojados porque quieren darle fin a alguna conversación. O lloran porque quieren que las cosas se hagan como quieren. Expresan sus emociones en un intento por manipular la situación.

Hay ocasiones en que esas emociones son por completo fingidas. Es posible que alguien no esté molesto en realidad, pero sabe que si levanta la voz y finge que lo está, la conversación terminará. En otras ocasiones, las emociones son genuinas, pero la expresión es exagerada.

Sin embargo, no son solo las expresiones emocionales las que se convierten en armas. Algunos individuos les inculcan sentimientos a sus parejas. Se esfuerzan por lograr que la otra persona se sienta culpable o egoísta y, después, aprovechan esas emociones en su beneficio.

Si analizamos el espectro de la expresión emocional, en un extremo encontrarás a las personas que ocultan sus emociones, cosa que tampoco es nada sana. Las investigaciones han mostrado que ocultar las emociones también resulta dañino para la relación.

Investigadores de la Universidad de Génova, Italia, encontraron que mientras más ocultaba sus emociones uno de los miembros de la pareja, el otro evitaba apegarse de manera cercana. Eso, a su vez, conducía a más emociones ocultas y reducía la satisfacción con la relación.

Sonreír cuando estás triste e insistir en que no estás molesta cuando sí lo estás es malo para tu relación. Sin embargo, también lo es exagerar lo mal que te sientes.

Las expresiones emocionales sanas son buenas para tu salud mental y para tu relación. Eso significa hablar de tus sentimientos y expresarte de una manera que sea congruente con la forma en que te sientes. Puedes hacer una pausa en la conversación si tus emociones se vuelven demasiado intensas o quizá ocultes tus emociones un poco cuando no sea socialmente aceptable exhibirlas (como no ponerte a brincar de alegría cuando trasladan a tu colega menos favorito a otro sitio).

Ahora que tienes una mejor idea de lo que significa evitar utilizar tus emociones como un arma, tómate un minuto para responder a las siguientes preguntas:

No utilizan sus emociones como armas

- ¿Hay ocasiones en que utilizas tus emociones como arma en contra de tu pareja?
- ¿Sospechas que hay ocasiones en que tu pareja utiliza sus emociones como arma en tu contra?

¿POR QUÉ UTILIZAMOS NUESTRAS EMOCIONES COMO ARMAS?

A medida que Jillian empezó a analizar la manera en que Marcel se expresaba y manejaba sus emociones, saliendo furioso de algún lugar, rehusándose a hacer llamadas telefónicas y aislándose cuando tenían visitas, se dio cuenta de que sus acciones eran métodos eficaces para lograr que ella satisficiera sus necesidades. Si hacía berrinches, ella le daba por su lado; si se enojaba, ella se echaba para atrás. Si decía que algo le resultaba demasiado difícil, lo hacía por él.

Jillian creció viendo a su madre tratar de apaciguar a su padrastro, que tenía un problema con el alcohol y un carácter terrible. Vio cómo su mamá hacía hasta lo imposible para tratar de evitar que estallara. Su mamá se esforzaba muchísimo por anticipar lo que lo haría explotar, pero no siempre lo lograba.

Aunque no conocía los detalles de la infancia de Marcel, Jillian sospechaba que había crecido rodeado de personas que convertían sus emociones en armas. Tal vez también fuera posible que sus comportamientos lo ayudaran a sobrevivir lo que tuvo que soportar de una manera u otra.

Por ejemplo, era probable que Marcel hubiera aprendido durante su infancia que sus expresiones emocionales eran una excelente manera de obtener lo que quería. Algunos niños aprenden a una corta edad que "Cuando muestro un enojo explosivo, la gente brinca para calmarme". O "Cuando les demuestro a las personas que no soy capaz de controlar mi malhumor, y ellas tampoco pueden controlar el suyo, tratan de controlarse a sí mismas para que yo no me enoje".

O también es posible que no haya sabido cómo manejar los conflictos o expresar sus sentimientos. Ni Jillian ni yo estábamos del todo seguras; Marcel no era mi paciente. Pero lo que sí sabíamos sin duda alguna era que Jillian podía modificar la dinámica de la relación mediante un cambio en su comportamiento.

No necesitaba andar de puntitas a su alrededor. Marcel podía enojarse sin actuar de manera agresiva. Podía sentirse triste sin hacer pucheros y podía manejar su ansiedad por medio de estrategias sanas de afrontamiento. Quizá si Jillian dejaba de permitir que las manipulaciones de Marcel surtieran efecto en casa, él buscaría nuevas estrategias de afrontamiento que le servirían de mejor manera.

Al igual que Marcel, muchas personas utilizan sus emociones como armas solo porque les funciona. Si tú insistes en que te sientes demasiado ansioso porque quieres zafarte de hacer algo o levantas la voz porque quieres que tu pareja deje de hablar, esas estrategias podrían funcionar para obtener lo que quieres.

Quizá también descubras que utilizas tus expresiones emocionales para controlar a otros porque sientes que tus emociones verdaderas están fuera de control. Tratar de controlar a los demás por medio de tus expresiones emocionales podría sentirse como una excelente manera de lograr controlar tu caos interno.

Las dificultades que tienes para manejar tus emociones podrán no ser tu culpa, pero es tu responsabilidad encontrar maneras sanas de expresar lo que sientes. Esas expresiones emocionales no deberían utilizarse para manipular el comportamiento de tu pareja. Por fortuna, puedes aprender formas más sanas de expresar tus emociones y de satisfacer tus necesidades.

EJERCICIOS DE FORTALECIMIENTO MENTAL

Al principio, Jillian dudó en hacer que Marcel se hiciera responsable de sus sentimientos. Pensaba que era frágil y que si le imponía expectativas más elevadas, se derrumbaría a causa de la presión.

Pero hablamos de la manera en que Marcel manejaba sus emociones en otras áreas de su vida, incluyendo el trabajo. Jillian reconoció que Marcel sin duda manejaba sus emociones correctamente mientras se encontraba en el trabajo porque llevaba cinco años colaborando en la misma empresa sin haber tenido ningún problema del que ella estuviera enterada.

También parecía manejar sus emociones de manera correcta alrededor de su madre y de sus hermanos, y a Jillian no le parecía que su familia le diera ningún tipo de trato especial. De hecho, era frecuente que su madre le pidiera su ayuda y Marcel siempre se la brindaba. Asistía a las reuniones familiares y, según Jillian, la familia de Marcel era disfuncional, pero él lograba manejarse bien dentro de la misma. Al parecer, regulaba sus emociones de mejor manera que sus hermanos y hermanas, y a menudo era la voz de la razón cuando lidiaba con su propia familia. Jillian afirmó: "Creo que la disfunción de su familia le parece conocida, de modo que casi siempre se convierte en el líder y se pone a la altura para asegurarse de que las cosas salgan bien cuando surge algún problema. Es como si fuera una persona diferente con ellos que cuando está conmigo".

Tenía pruebas de que era capaz de manejar sus emociones si elegía hacerlo. Lo que significaba que debía contar con ciertas habilidades de manejo de conflictos y para mantener sus emociones bajo control.

Eso no significaba que estuviera mintiendo cuando lidiaba con todas esas cosas en casa; más bien, podría significar que se había quedado atorado en patrones poco provechosos. Jillian tenía el poder para alterar esos patrones por medio de un cambio en su comportamiento.

Siempre que Marcel afirmara que no podía manejar algo, ella se lo creería; sin embargo, creerle no significaba permitirle que la tratara de mala manera.

Desarrolló un plan que implicaba estrategias como:

▶ Mostrarse proactiva cuando tuvieran visitas en casa. Le hizo saber a Marcel que si desaparecía mientras ella entretenía a sus amistades, supondría que necesitaba 10 minutos a solas. Si después de ese tiempo no regresaba, tocaría a su puerta y lo invitaría a unirse a la conversación.

▶ Asistiría a eventos familiares independientemente de que asistiera Marcel. Lo invitaría y lo alentaría a ir a las grandes reuniones familiares, donde el contacto con su madre sería limitado.

No utilizan sus emociones como armas

- Ya no caminaría de puntitas si algo le preocupaba y discutiría cada asunto con Marcel de manera regular. Estaba abierta a que estos temas se discutieran en el momento en que surgieran o que tuvieran una reunión semanal para discutirlos. Si Marcel se alejaba de alguna conversación, le daría una hora y después la resumirían.

- Dejaría que Marcel programara sus propias citas, a menos que le pidiera ayuda de manera específica. Dejaría que se hiciera responsable de sus llamadas y de llegar a sus citas, además de que tendría que aceptar las consecuencias de no presentarse.

Cuando Jillian empezó a hacer estos cambios, de inicio, Marcel insistió en que nada de esto era justo y que era evidente que no comprendía sus necesidades. Pero Jillian se mantuvo firme y le hizo saber que si no podía manejar su ansiedad o controlar su mal carácter, eso le daría la oportunidad de que buscara ayuda profesional. Al paso de varios meses, Jillian afirmó que Marcel había empezado a cambiar en la medida que ella cambió la forma en que respondía a sus demandas.

Para el final de nuestro tiempo juntas, me dijo que Marcel se estaba haciendo más responsable de sus emociones. Podía pedir ayuda cuando la necesitaba, pero ya no estaba utilizando su falta de estabilidad para manejar sus emociones como excusa para zafarse de hacer cosas que no quería hacer.

Crea reglas emocionales para tu hogar

Es probable que en casa tengas ciertas reglas tácitas en cuanto a la manera en que se pueden expresar emociones. ¿Está bien azotar una puerta si uno está enojado? Algunas familias azotan puertas todo el tiempo; en otras familias, hacerlo podría sentirse como una violación de algún tipo.

¿Y qué con la tristeza? Si alguien se marcha a su recámara para estar a solas, ¿se le alentaría a retirarse a su espacio propio para trabajar con sus emociones o ese aislamiento representaría una preocupación y a la persona no se le permitiría hacerlo? Algunas familias aceptan que las personas necesiten algo de espacio, mientras que otras insistirían en que la persona no se aislara.

Incluso es posible que la felicidad y la emoción tengan reglas. ¿Vitoreas con gritos cuando ves algún evento deportivo en televisión, o te muestras neutral incluso durante algún juego muy intenso?

Las personas expresan sus emociones de manera diferente y en intensidades distintas de acuerdo con factores como la cultura, la personalidad y la experiencia de vida. Cuando las parejas se juntan, averiguan la cantidad de emoción que la otra persona expresa y cómo lo hace.

No necesariamente tienen que coincidir. Es probable que uno de ustedes sea más exuberante que el otro, cosa que no tiene nada de malo. Pero sí es imprescindible saber lo que hace que cada quien se sienta cómodo dentro de su hogar.

No es necesario que le digas a tu pareja que muestre menos emociones, pero podrías decir algo como: "Cuando te emocionas mucho por un juego y empiezas a gritar, entro en pánico por un segundo. Voy a tratar de encontrar un terapeuta para que me ayude con eso, pero si pudieras avisarme cuando vayas a ver algún juego, te lo agradecería como no tienes idea. Así, puedo ponerme mis audífonos con cancelación de ruido y escuchar un pódcast en la otra habitación".

No utilizan sus emociones como armas

También podrías señalar las conductas que has tolerado y que quizá preferirías cambiar. Por ejemplo, podrías decir: "Me he dado cuenta de que, cuando nos enojamos, azotamos las puertas. ¿Me pregunto si podríamos encontrar otra manera de comunicarle al otro que estamos molestos sin crear tanto escándalo?".

Considera las reglas no oficiales que existen en tu hogar. ¿Te sientes cómodo con ellas? ¿Hay algunas que te gustaría cambiar? Si tu pareja está abierta a que lo discutan, hablen acerca de las reglas y si hay algunas que querrían cambiar.

Asume la responsabilidad de tus sentimientos

Tú afectas la forma en que se siente tu pareja. Tan solo el sonido de tu voz podría hacerla sentir mejor después de un largo día, o un abrazo de tu parte podría levantarle el ánimo. Sin embargo, es responsabilidad suya contar con habilidades de afrontamiento adicionales que también puedan ayudarla para que no dependa de que tú regules cómo se está sintiendo.

Es importante que asumas la responsabilidad de tus sentimientos al tiempo que permites que tu pareja se haga responsable de los suyos.

Respeta las emociones de tu pareja. Si una conversación se intensifica, tómense un descanso si lo necesitan. O, si se siente demasiado ansiosa o triste como para enfrentarse a algo, quizá tu papel sea que interfieras a fin de ayudarla. Es necesario que exista la confianza para saber que no solo está exagerando sus emociones para manipular tu comportamiento.

Lo último que debes hacer es considerar que en realidad no se siente así de mal. Invalidar los sentimientos de tu pareja podría ser muy dañino para la relación. Dale el beneficio de la duda.

Sin embargo, eso no significa que tengas que permitir que su conducta dicte tu propio comportamiento. Separa el comportamiento de los sentimientos. Tu pareja tiene el derecho a sentir cualquier emoción que esté experimentando. Sin embargo, tiene la responsabilidad de lo que haga con dicha emoción. Podrían crear reglas como las siguientes:

▶ No tiene nada de malo que te enojes, pero no está bien que me grites.

▶ No tiene nada de malo que te sientas triste, pero no está bien que me ignores.

▶ No tiene nada de malo que te sientas frustrado, pero no está bien que me insultes.

También es esencial que tú conozcas tus límites emocionales. Deja en claro cuando te estés acercando a ellos. Di algo como: "En este momento me siento muy estresado y no puedo hablar del tema. Estaré feliz de discutirlo de nuevo cuando sienta que tengo la capacidad emocional para hacerlo".

Si es frecuente que llegues a tu límite, es posible que necesites esforzarte por recargar tus baterías. Eso podría significar que inicies una nueva rutina por las mañanas a fin de que te sientas menos ansioso a lo largo del día. O quizá quiera decir que necesitas ir a terapia para sanar viejas heridas con el fin de que no estés tan limitado en cuanto a lo que eres capaz de manejar.

Desarrollen un plan de manera conjunta

Las emociones deberían incluirse dentro de las decisiones que tomen como pareja. Sin embargo, es importante que consideren los sentimientos de los dos en el momento en que discutan sus opciones.

Digamos que acabas de recibir una oportunidad de trabajo que requeriría que se mudaran a varias horas de distancia. Estás de lo más emocionado al respecto y estarías más que feliz de empezar a empacar ahora mismo. Pero tu pareja se siente triste ante la posibilidad de que se muden y quiere que rechaces la oportunidad. ¿Cómo deciden qué hacer? ¿Tu nivel de emoción necesita superar el nivel de tristeza de tu pareja en cuanto a que se muden? ¿Optarías por no mudarte porque jamás querrías hacer nada que tu pareja te diga que la hará sentir triste? ¿Llegan a una solución de compromiso de algún tipo en la que, por ejemplo, tú vas a trabajar a la nueva ciudad y regresas a casa todos los fines de semana?

Cuando se trata de tomar decisiones de este tipo en pareja, no existe una fórmula científica para lograrlo. Hay muchos factores a tomar en cuenta. Sin embargo, es importante que hables con tu pareja de manera abierta y honesta sobre tus sentimientos; y de la manera en que ambos piensan que deberían tomarse en cuenta las emociones al momento de enfrentarse a este tipo de situación.

13 cosas que las parejas mentalmente fuertes no hacen

¿QUIÉN SE SIENTE MOTIVADO?

Tómate un momento para pensar sobre quién piensa que existe un problema y quién se siente motivado a crear un cambio. Después, los dos pueden decidir la mejor manera de abordar la situación.

1. Utilizas tus emociones como armas

Si tú eres quien utiliza las emociones como arma, puede resultar difícil dejar de hacerlo. Sin duda, insistir de manera habitual que no puedes hacer las cosas porque te sientes estresado cuando en realidad solo no querías responsabilizarte de ellas, o actuar como si no pudieras manejar las cosas cuando lo que pasa es que no quieres hacerlo, te ha sido de utilidad; de lo contrario, no seguirías alimentando esa conducta.

No tiene nada de malo que digas que te vas a quedar en casa para cuidar de ti mismo. O que decidiste no hacer algo porque te sientes agotado. Pero el lenguaje exacto que utilizas tiene una enorme importancia. Hay una diferencia enorme entre "No puedo hacerlo" y "Decidí que no quiero hacerlo".

Tal vez sea necesario que abordes algunos temas subyacentes, como el temor al rechazo. Quizá te parezca más fácil insistir que no puedes hacer algo en lugar de pedir ayuda. Si pidieras apoyo, tu pareja podría decirte que no.

O quizá sientas que no mereces cuidar de ti mismo o te preocupe que cuidar de ti mismo sea egoísta. Entonces, en vez de decir que preferirías quedarte en casa, podrías insistir en que no puedes salir porque te sientes demasiado ansioso.

No utilizan sus emociones como armas

Si te cuesta trabajo experimentar y expresar tus sentimientos de manera genuina y auténtica, busca identificarlos y expresarte de otras maneras. A medida que vayas practicando, podrás ver que empieza a facilitarse. Si eso no sucede, hablar con un terapeuta, escuchar pódcasts de salud mental o aprender más acerca de capacidades de regulación emocional podría serte de ayuda.

2. Piensas que tu pareja utiliza sus emociones como armas

Cuando tu pareja expresa una emoción, valida la manera en que se siente. Incluso si sospechas que está exagerando o tendiendo un poco hacia el drama, no lo digas. Más bien, aclara que puedes ver que se siente enojado, ansioso o triste.

Bríndale tu apoyo para encontrar formas de que cuide de sí mismo en los momentos en que experimente emociones intensas. En lugar de convencer a la persona de que no se sienta mal (cosa que no funciona), aliéntala a encontrar alguna manera saludable para manejar sus emociones (como dar la vuelta a la manzana si se siente angustiado).

> No es tu trabajo rescatar a tu pareja de sentimientos que le producen incomodidad.

No es tu trabajo rescatar a tu pareja de sentimientos que le producen incomodidad. El otro es responsable de cómo se siente y no tienes por qué permitir que su comportamiento cambie lo que decidas elegir. Si tu pareja te levanta la voz, no estás obligada a cambiar de parecer respecto a lo que sea.

En lugar de eso, podrías pausar la conversación y, en alguna otra ocasión en que te sientas tranquila, menciona que notas que el tema lo altera, pero que de verdad quieres discutirlo.

O si su ansiedad es tan extrema que depende de ti para que hagas muchas cosas por él, ten una conversación acerca de cómo podrías serle de ayuda en su esfuerzo por tratar con su ansiedad. Aliéntalo a que acuda con un profesional y ofrece involucrarte en su tratamiento.

3. Tu pareja piensa que utilizas tus emociones como arma

Si tu pareja piensa que exageras tu dramatismo, tómate un momento y considera si esa es una posibilidad.

Además, piensa en si tu pareja y tú tienen ideas distintas en cuanto a cómo deberían expresar sus emociones. Quizá tú te alegres mucho cuando ves que el perro del vecino está sentado en su patio viéndose de lo más adorable, pero tu pareja podría ser el tipo de persona que con dificultad sonreiría si se acabara de ganar la lotería.

Así que podrían coincidir en que demuestran sus emociones de manera diferente; sin embargo, eso no significa que estés tratando de manipular a tu pareja.

Hablen de sus expectativas sobre cómo podrían manejar sus emociones. Si estás ansiosa porque necesitas asistir a una enorme reunión de la familia de tu pareja, ¿espera que vayas pase lo que pase, o entendería si le dijeras que simplemente te sientes muy nerviosa como para hacerlo?

Hablen de manera frecuente para comparar emociones. Identifica tus sentimientos y discútelos con tu pareja. Quizá pueda entenderte mejor cuando sepa que te sientes nerviosa o cuando esté al tanto de que te sientes triste. Ten en mente que es común que los sentimientos pierdan parte de su significado cuando se hablan. Lo que tu pareja está viendo podría no coincidir con la manera en que tú te sientes. Tu irritabilidad podría provenir de tu tristeza. O lo que parece impaciencia podría ser ansiedad. Así que, discutan sus sentimientos y resuelvan problemas de manera conjunta.

4. Los dos quieren dejar de utilizar sus sentimientos como armas

Si ya están compitiendo por ver quién está más herido o si los dos utilizan sus emociones como excusa para no tener que hacer algo, hablen al respecto. Asuman la responsabilidad de lo que les corresponda. Cuando asumas la responsabilidad de tu comportamiento, es más probable que tu pareja esté dispuesta a asumir la responsabilidad de lo que le corresponde.

Procuren discutir los temas difíciles en porciones pequeñas de tiempo. Por ejemplo, si no coinciden en cuanto a asuntos financieros, no esperen que cualquiera de los dos cambie de parecer con una sola conversación. Coincidan en que ambos pensarán en las opciones y que volverán a discutir el tema en algún momento que acuerden.

Acostúmbrense a hablar sobre lo que sienten. Quizá decidan hacerlo a diario durante el desayuno o cada noche antes de irse a la cama: cada uno debe hablar acerca de alguna emoción que experimentó ese día y dar la razón por la que sucedió. Esto podría ayudarlos a comprender las emociones del otro de mejor manera, al tiempo que ayudaría a desarrollar el vocabulario emocional de cada quién.

CÓMO ES QUE MANEJAR SUS EMOCIONES DE FORMAS SALUDABLES LOS AYUDA A FORTALECERSE

Cuando Jillian al fin se percató de que Marcel era competente y capaz de manejar sus emociones, su relación se fue hasta los cielos; sin embargo, les llevó un tiempo llegar a ese punto. De hecho, las cosas se pusieron mucho peores antes de que empezaran a mejorar.

En el momento en que Jillian dejó de consentir a Marcel, sus expresiones emocionales se intensificaron, pero con el tiempo, cuando se dio cuenta de que no iba a retroceder, aprendió nuevas maneras de manejar y expresar sus sentimientos, y a confiar en Jillian cuando de verdad se sentía abrumado.

Jillian también aprendió a hablar con Marcel acerca de sus emociones; ya no tenía que adivinar cómo se estaba sintiendo. Si le producía ansiedad que fueran personas a la casa para cenar, podían discutirlo de antemano y encontrar una estrategia con la que ambos estuvieran de acuerdo. Por ejemplo, decidieron que él se marcharía a su cuarto durante algunos minutos para recuperar fuerzas, pero que después regresaría para socializar con los invitados. Durante su última cita, Jillian me dijo: "Una vez que dejé de permitir que las armas de Marcel me lastimaran, cambió. Y me da la impresión de que se siente mejor acerca de sí mismo ahora que le he dejado muy en claro que yo creo que tiene la capacidad para hacer las cosas de manera diferente".

No utilizan sus emociones como armas

Un componente esencial dentro de una relación saludable es confiar en la otra persona. Eso significa que confías en que las palabras que están saliendo de su boca son ciertas y que su comportamiento coincide con lo que está diciendo.

Si tú y tu pareja dejan de utilizar sus emociones como armas, aprenderás sobre tu propia tolerancia, no solo de la de tu pareja. Sabrás cuándo desafiar al otro y decir: "Sé que esto te provoca mucho miedo, pero pienso que deberías hacerlo de todas maneras", contra los momentos en que deberías decir: "Esto es demasiado para ti en este momento. ¿Por qué no me dejas tratar de ayudarte?".

IDENTIFICACIÓN DE PROBLEMAS Y TRAMPAS COMUNES

No creer en la expresión genuina de emociones del otro

Acusar a tu pareja de que está siendo exagerada o dramática, o afirmar que sus emociones no son más que una evidente táctica de manipulación dañará tu relación casi más que cualquier otra cosa. Por ello, dale a tu pareja el beneficio de la duda de que sus emociones son genuinas. Eso no significa que tengas que tolerar cualquier conducta que esté fuera de lugar, pero sí puedes reconocer que las emociones que hay detrás podrían ser auténticas.

Confundir sentimientos con conductas

Las emociones no son malas. Solo recuerda que tienes opción en cuanto a la manera en que las expresas. De modo que, aunque no tiene nada de malo que te sientas enojado, comportarte de manera agresiva está mal. Y aunque no tiene nada de malo que te sientas ansioso, hablarle a tu pareja de manera incesante mientras está trabajando es incorrecto. Sin importar cómo te sientas o la intensidad con la que experimentes tus emociones, puedes elegir la forma en que respondes a las mismas y la manera en que las expresas.

Cómo lidiar con un asunto de salud mental

Si tú o tu pareja están lidiando con algún tema de salud mental, como depresión, ansiedad o trastorno por estrés postraumático, es posible que sea difícil manejar la expresión de sus emociones. Los trastornos de la personalidad, como el trastorno de la personalidad limítrofe, pueden aumentar las probabilidades de que alguien utilice sus emociones como arma. Si tu pareja padece alguna de estas dificultades, aliéntala a que consiga ayuda profesional si aún no lo ha hecho. Mientras tanto, sé paciente con tu pareja. Si sospechas que tú podrías estar lidiando con algún problema de salud mental, busca tratamiento. Controlar tus síntomas podría servir de mucho para hacerte sentir mejor.

TEMAS DE CONVERSACIÓN

Tómate un minuto para reflexionar sobre las siguientes preguntas. Si tu pareja también está interesada en averiguar más acerca de la fortaleza mental, utiliza estas preguntas para iniciar una conversación acerca de sus emociones.

- ¿Cómo sabes cuando me siento triste?
- ¿Cómo sabes cuando me siento enojada?
- ¿Cómo sabes cuando me siento feliz?
- ¿Cuál sería un ejemplo de alguna ocasión en que apreciaste que tomara tus sentimientos en serio?
- ¿Cuál sería un ejemplo de una ocasión en la que los dos manejamos nuestros sentimientos de manera saludable a pesar de la dificultad de las circunstancias?
- ¿Cómo crees que pudimos hacerlo?

ENTREVISTA CON ELI WEINSTEIN

La razón principal por la que la gente asiste a terapia individual o de pareja es porque tienen dificultades para manejar emociones incómodas, como ansiedad, tristeza o enojo. Por ello, quise hablar con Eli Weinstein acerca de la manera en que ayuda a las personas en su consultorio a aprender habilidades emocionales. Eli es un trabajador social clínico que trata individuos y parejas en su consultorio particular en Las Vegas. También es anfitrión de un pódcast llamado *The Dude Therapist* donde trata de ayudar a sus escuchas a comprenderse y a comprender a los demás un poco mejor. Me invitó a su pódcast y me encantó nuestra conversación, así que le pedí que compartiera la manera en que aborda las habilidades de regulación emocional en su consultorio.

¿Cuáles son algunas de las razones más comunes por las que acuden parejas a tu consultorio?
Uno de los temas más importantes es la dificultad que implica dejar de lado nuestra perspectiva para permitir que entren los

puntos de vista, ideas, valores y pensamientos del otro a nuestras propias vidas. Esto puede llevar a expectativas no cumplidas o a una falta de comunicación relacionada con las limitaciones en nuestra propia manera de ver las cosas, que ocasiona un bloqueo de la compasión que podemos sentir por las necesidades y deseos del otro. Se nos dificulta mantener nuestros propios asuntos en sincronía; necesitamos ayuda para equilibrar los del otro dentro de esa totalidad.

¿Qué cantidad del trabajo que haces con parejas implica ayudar a uno o a ambos a manejar sus emociones de mejor manera?
Esa es la mayor parte de lo que hago. Tenemos que aprender a regularnos a nosotros mismos para ser la mejor pareja posible para nuestros seres amados. Las emociones que luchamos por equilibrar y manejar pueden conducir a un dolor interno y a una narrativa de resentimiento, enojo y frustración. Eso puede derivar en una falta de afecto/compasión porque estamos obrando solo con base en nuestros sentimientos y estamos permitiendo que estos se desboquen y se salgan de control en nuestro interior.

¿Podrías compartirnos alguna historia o caso práctico de tu consultorio donde las dificultades de uno de los miembros de la pareja (o ambos) para manejar sus emociones afectaran la relación? ¿Cómo manejaste el tratamiento?
Una historia muy común es la diferencia en la manera en que alguien expresa sus emociones y cómo el otro miembro de la pareja puede percibirlo como un ataque o frustración personalizada cuando, de hecho, la otra persona solo está desahogándose o tratando de desestresarse de los sucesos de la vida diaria. Sin embargo, hay ocasiones en que la persona que se está desfogando no se da cuenta de la intensidad que parece estar

No utilizan sus emociones como armas

expresando, lo que hace que el otro miembro de la pareja se sienta en riesgo. Los dos no están del todo seguros de por qué se sienten alterados y ninguno sabe cómo expresarle esta dificultad al otro, lo que lleva a que ambos se guarden cosas y a que haya un sinfín de emociones arremolinadas a flor de piel que pueden explotar en agresión y toxicidad.

El enfoque del tratamiento fue que cada quien observara de sí mismo la manera en que sus acciones, comportamientos y palabras (incluyendo tono, lenguaje corporal y uso de palabras específicas) impactaban al otro y la percepción de su pareja de sentirse bajo ataque, con la finalidad de aprender a distinguir entre percepción/sentimientos y realidad (que viene a través de la concientización de las perspectivas y hábitos del otro), y para poder saber lo que le está sucediendo a esa persona.

¿Qué habilidades o estrategias utilizas para ayudar a las personas a manejar sus sentimientos de mejor manera?

1. Aprender a tener consciencia de ti mismo y del espacio que creas a través de tu poder, tu presencia y tu lenguaje. ¿Qué impacto estoy teniendo sobre mi espacio y mis alrededores?
2. ¿Puedo hacer pequeños ajustes para crear un entorno más seguro y efectivo para que mi pareja se exprese y se sienta cómoda sin juicios ni represalias? Si no puedo hacerlo, ¿qué otras opciones hay?
3. Hacer una pausa entre el estímulo (pensamiento + sentimiento) y mi expresión ante este. Si podemos tomar entre dos y cinco segundos antes de hablar, podemos añadir cuatro factores esenciales en la expresión de nuestras emociones (o de cualquier otro tipo de comunicación, por cierto).

Validar: ¿Puedo ayudar a mi pareja a sentirse comprendida y respetada en este momento? La escucho y entiendo sus preocupaciones, narraciones y afirmaciones.

Compasión: ¿Puedo asumir una actitud de compasión y afecto por la persona que amo y que me importa cuando hablo con ella?

Presente: ¿Esta afirmación, pregunta o pensamiento tiene un impacto en el ahora? ¿Tiene algún propósito dentro de esta conversación, o se asocia con sentimientos/situaciones que no servirán en este momento?

Consciencia: ¿Puedo centrarme en la persona que tengo frente a mí para realmente prestar atención a sus necesidades y deseos, y ver lo que me está pidiendo en este momento? Tengo que dejar de hacer interpretaciones o suposiciones con base en mis percepciones... más bien, necesito centrarme en mi pareja y darme cuenta de lo que está diciendo y de la forma en que puedo lograr dárselo o apoyarla al respecto.

Las personas crecen con ideas muy distintas en cuanto a las formas apropiadas de expresar sus emociones en casa. Uno de los miembros de la pareja pudo haber crecido en un hogar donde era normal que se azotaran las puertas o que sucedieran desacuerdos alzando la voz; el otro quizá no esté acostumbrado a esas expresiones de enojo. ¿Cómo ayudas a las parejas que tienen ideas muy diferentes acerca de la manera en que se expresan las emociones como el enojo?

Estás cien por ciento en lo correcto en cuanto a que todos tenemos diferentes antecedentes y precedentes que quizá se establecieron basándose en expectativas y percepciones sobre cómo debería ser el ambiente dentro del hogar y cómo debería llevarse una relación. De modo que es algo que se tiene que discutir muy al principio y muy a fondo. Algo que me ayudó a mí

No utilizan sus emociones como armas

cuando acababa de casarme y que traté de practicar (y de volver a hacer en cada aniversario) es lo que llamo la lista de "Exportaciones e importaciones".

El ejercicio es el siguiente:

Elijan un momento en que los dos estén en calma y relajados. Hablen acerca de sus expectativas, esperanzas y realidades sobre su relación, su hogar y su familia. Este no es el momento de juzgar o cuestionar al otro, ni a su pasado, pero discutan a fondo lo que quieren conservar de sus antecedentes (importaciones) y lo que no les gustaría y esperan evitar repetir (exportaciones).

Para mí, fue lo de azotar puertas y hacer el máximo intento por no gritarnos (exportaciones), pero quería que nuestro hogar estuviera lleno de diferentes personas y abierto a quien quisiera venir (importaciones).

Tómense una o dos horas para hacerlo y conviértanlo en una cita.

P. D.: Háganlo por escrito para que puedan editarlo, hacer ajustes y añadir o quitar elementos. La clave es no convertirlo en una biblia o en los diez mandamientos. Mi esposa y yo la revisamos en cada aniversario para ver si estamos cumpliendo con nuestra palabra y si nuestras vidas han cambiado (quizá incluso en relación con nuestros valores y perspectivas). Ahora que tenemos hijos, necesitamos editar la lista. Siéntanse en libertad de sacarla y de discutir cada cosa. Tienen que seguir evolucionando, hablando y creciendo juntos.

¿Cómo sabes si alguien debería buscar terapia individual para concentrarse en algún asunto emocional o si ambos deben asistir a terapia de pareja para trabajar esos temas de manera conjunta?

De entrada, todo el mundo se puede beneficiar de la terapia individual para tener un sitio donde aprender, crecer y poder hacer una reflexión e introspección de sí mismo. Todos tenemos cosas que necesitamos ajustar y pulir. Nadie es perfecto y todos merecemos una opinión objetiva alimentada de compasión y afecto sin juicios.

En cuanto a la terapia de pareja, siento que toda relación debería iniciarla lo más pronto posible; a veces, en las primeras etapas de una relación, empezamos a escribir cosas en piedra (hábitos, formas en que nos comunicamos, la manera en que lidiamos el uno con el otro, peculiaridades y comportamientos). Siempre sirve tener a alguien que desafíe los hábitos o comportamientos dañinos y que te enseñe herramientas y recomendaciones para que crezcan de manera conjunta a fin de tener una perspectiva más sana y más a largo plazo, con el objetivo de practicar todo eso dentro de la relación. Asegúrense de manejar las crisis antes de que sucedan o de que se sientan demasiado intensas como para gestionarlas porque, en mi experiencia, a veces puede ser demasiado tarde para alejarse de todas las cosas que ya se establecieron y que llevan años acumulándose.

6

No se tratan de arreglar el uno al otro

> Treinta y seis por ciento de las personas afirma que sus parejas tratan de arreglar las cosas que no les agradan de ellas.
>
> ENCUESTA *Couples by the Numbers*

Cuando Janice se presentó a su primera cita, me dijo: "¡Necesito ayuda para hacer que mi esposo, Ken, entre en razón!". Janice era una mujer sofisticada y bien vestida de 60 años de edad que dijo que se sentía aliviada de al fin tener a alguien con quien hablar. Estaba harta del comportamiento de Ken y necesitaba saber cómo lograr que cambiara.

Describió a Ken como un hombre obeso de 62 años que padecía diabetes. Durante los últimos seis meses o más, casi todas las noches iba a un bar después del trabajo. Le decía a Janice que era el único momento en que podía hablar con sus compañeros de trabajo acerca de los ridículos cambios que se habían implementado en la empresa donde laboraba. Estaban bajo una nueva administración y algunos de los "veteranos" detestaban las nuevas reglas.

A Janice le parecía excelente que Ken pudiera relajarse con sus amigos del trabajo, pero estaba preocupada por la manera en que el alcohol podía afectar sus niveles de glucosa. Cuando bebía, se cuidaba menos en cuanto a lo que comía y era menos probable que se midiera la glucosa.

Le recordaba que no debería beber, pero siempre la ignoraba. También le preocupaba que ahora también estuviera bebiendo los fines de semana; algo que jamás hizo durante la mayor parte de su matrimonio.

"Antes, solía beber de manera social", me dijo, "pero empezó a beber más en casa durante la pandemia. No me preocuparía tanto que bebiera si fuera una persona sana, pero con sus problemas de salud, ¡incluso una o dos copas son demasiadas!".

Cuando le pregunté a Janice qué medidas había tomado para tratar de abordar el asunto hasta el momento, me explicó: "Ya le dije que no beba tanto, tiré todo el alcohol que había en la casa por el fregadero y le dije que fuera a Alcohólicos Anónimos. Nada sirvió. Necesito otro plan para hacer que deje de beber antes de que esto se salga por completo de control". Me dijo que Kevin siempre la acusaba de sobrerreaccionar y que tenían peleas frecuentes en torno a este asunto.

"Tengo miedo de que afecte su salud de manera permanente si no puedo arreglar esto de inmediato", me explicó. Lo que todavía no entendía era que no podía "arreglar" a Ken. Lo que sí podía hacer era cambiar la manera en que respondía a que Ken bebiera y trabajar en su relación, incluso si Ken no estaba dispuesto a hacerlo.

Más adelante, te contaré más sobre la forma en que Janice trabajó en su relación, pero por ahora quizá puedas pensar

No se tratan de arreglar el uno al otro

en algunas de las maneras en las que tú también has tratado de arreglar a tu pareja en algún momento u otro. Quizá no haya tenido nada que ver con una situación de abuso de sustancias, pero sí hayas hecho el intento de arreglar algún hábito que te desagrada. O tal vez buscaste que tu pareja tratara de cambiar alguna característica de personalidad que pensaste que la estaba limitando. En cualquier caso, intentar componer a alguien más, incluso si es tu pareja, puede resultar contraproducente.

No obstante, lo bueno es que existen maneras sanas de manejar los hábitos que te disgustan de tu pareja y hay estrategias que pueden ayudarte a afrontar la situación cuando sientas que no está haciendo lo necesario para alcanzar su máximo potencial.

CUESTIONARIO

Tómate algunos minutos para ver cuántas de las siguientes afirmaciones te parecen ciertas.

- ○ Trato de engañar a mi pareja para que haga cambios en su salud (escondo verduras en su comida o escondo el alcohol).
- ○ A mi pareja le doy retroalimentación que no agradece en cuanto a su comportamiento.
- ○ Hay veces en que me siento más como su padre o entrenador que como su pareja.
- ○ Creo que he mejorado la vida de mi pareja porque le he ayudado a mejorar muchísimo.

○ Hay veces en que sermoneo a mi pareja por sus malos hábitos.

○ Invierto mucha energía tratando de convencer a mi pareja de que debe cambiar sus hábitos.

○ Paso mucho tiempo hablando con otras personas sobre cuánto me gustaría lograr que mi pareja cambie.

○ Hay veces en que mi pareja me da lástima.

○ Mi pareja tiene muchísimo potencial y quiero ayudarla a alcanzarlo.

Ahora que analizaste estas preguntas para ti, vuelve a leerlas y considera cuántas podrían describir la conducta de tu pareja. Si hay varias que te parezcan ciertas de ti o de tu pareja, es posible que estén invirtiendo mucha energía tratando de arreglarse entre sí.

PUNTO DE PARTIDA

Janice estaba desesperada por hacer que Ken dejara de beber. Se preocupaba por su salud y temía que empeorara su problema con el alcohol. Además, le preocupaba la manera en que su comportamiento estaba afectando su matrimonio.

Era frecuente que su ansiedad se convirtiera en enojo y entonces le gritaba a Ken cuando regresaba tarde a casa después del trabajo (lo que significaba que había ido al bar). Y aun cuando sus gritos y reproches no tenían efecto alguno en la forma en que bebía su marido, tampoco impedían que Janice tratara de utilizar las mismas tácticas una y otra vez.

No se tratan de arreglar el uno al otro

Al igual que Janice, es posible que hayas observado cosas en tu pareja que te has sentido tentado a arreglar. Quizá no fue algo tan grave como el tema de salud que preocupaba a Janice, pero es posible que te hayas sentido desesperado por hacer algo porque tu pareja estaba sufriendo, tomando decisiones inadecuadas o llevando a cabo comportamientos autodestructivos. Es difícil ver sufrir a alguien a quien amas.

Resulta saludable que quieras sacar a relucir lo mejor que hay en tu pareja. Quieres que se sienta feliz y realizada. Cuando ves áreas donde podría mejorar, es normal que quieras echarle la mano para ayudarla; sin embargo, es muy tentador pasarse de la raya y tratar de arreglar a la otra persona.

Es posible que desees motivarla o convencerla de que lo que está haciendo es mala idea. De hecho, quizá quieras hacer lo que se necesita por ella con tal de ahorrarle el dolor de tener que cambiar. Desde fastidiar a la persona hasta castigarla, tus esfuerzos por componer a tu pareja pueden dañar la relación e, incluso, podrían ser contraproducentes.

Es importante reconocer cuándo debes interferir para ayudar y cuándo no debes hacerlo.

¿Qué harías si tu pareja repentinamente acudiera a ti y te dijera que acaba de leer un artículo que afirma que comer solo zanahorias durante 30 días mejora la salud y que no puede esperar a empezar a hacerlo? Sería de esperar que le dijeras que eso suena muy riesgoso y que desalentaras que lo hiciera por las posibles graves consecuencias a su salud.

También es posible que intervinieras si tu pareja, por lo normal muy confiada en sí misma, te dijera: "Voy a tener que rechazar el ascenso que me van a dar porque soy demasiado tonto como para hacer el trabajo". De nuevo, cabría esperar que tuvieras una conversación respecto de sus temores.

13 cosas que las parejas mentalmente fuertes no hacen

Dentro de una relación saludable, tu trabajo es ofrecer apoyo emocional y tratar de introducir un razonamiento lógico cuando a tu pareja se le está dificultando pensar con claridad. Las emociones intensas podrían estar nublando su juicio incluso si la mayor parte del tiempo opera con mucha sensatez.

Sin embargo, tu labor no es "arreglar" a tu pareja. No eres un cirujano que va a reparar un daño. Tampoco eres un *coach* o entrenador que necesita educarla, motivarla o corregirla. No eres un padre o madre que necesite enseñarle algo, ni disciplinarla.

Arreglar al otro implica un patrón de comportamiento; no se limita a esos momentos en que estás ofreciendo un punto de vista alternativo. Rescatar constantemente a alguien de sus malas elecciones o tratar de salvarlo de sí mismo no es sano.

Encuentra ese equilibrio saludable en el que ofreces tu apoyo y compartes tu opinión, sin tratar de obligar a la otra persona a hacer cambios que no desea hacer. Tratar de componer a tu pareja cambia la dinámica de la relación y la daña. Tómate un momento para reflexionar a fondo las siguientes preguntas:

- ¿Hay cosas de tu pareja que tratas de arreglar?
- ¿Tu pareja trata de arreglar cosas que haces tú?

Si existen cosas que tratan de arreglar el uno del otro no estás solo, pero existen mejores maneras de influir en tu pareja y de obrar cambios sin que trates de componerla.

¿POR QUÉ TRATAMOS DE ARREGLAR A NUESTRA PAREJA?

La ansiedad de Janice era palpable en cada una de sus citas semanales. Amaba a Ken y la idea de que destruyera su cuerpo con alcohol era casi más de lo que podía tolerar. Me dijo: "Está lastimándose a sí mismo y a nuestra relación, y no puedo entender por qué no deja de hacerlo". Estaba aterrada de que Ken pudiera presentar otro problema de salud irreversible o, peor aún, que muriera. Pero sabía que estaban fracasando sus intentos por tratar de convencerlo de no beber.

Nadie quiere ver sufrir a su pareja, de modo que tiene todo el sentido del mundo que hagamos hasta lo imposible por evitar que haga cosas que pensamos que son autodestructivas. Podría tratarse de un suceso único. Quizá trates de convencer a tu pareja de no someterse a un procedimiento cosmético que piensas que es muy riesgoso.

O tal vez trates de evitar su muerte debido a algo gradual, pero letal. Fumar un cigarro no lo matará, pero fumar día y noche podría hacerlo. Es posible que te desesperes más y más al tiempo que trates de convencerla de no fumar más.

Y aunque no tiene nada de malo que hables con tu pareja sobre tus inquietudes, tus intentos por lograr que deje de fumar podrían volverse poco sanos si te obsesionas con lograr que lo haga.

Pero no solo se trata de salvar a alguien de un daño físico lo que conduce a intentar "arreglarlo". Quizá quieras componer la "timidez" de tu pareja; o tal vez te sientas tentado a arreglar la toma de decisiones inadecuadas, la impuntualidad crónica o las excentricidades que te avergüenzan de tu pareja. Si de manera constante ves que comete lo que tú consideras que son errores sociales, es posible que quieras ayudarla para que no se ponga en vergüenza u ofenda a otros de manera accidental.

También es posible que trates de arreglar las cosas que te afectan directamente. Si siempre van retrasados o toman malas decisiones financieras, esos hábitos van a alterar tu propia vida, de manera que sería comprensible que quisieras arreglarlos.

Para algunas personas, como en el caso de Janice, el deseo de arreglar al otro se centra alrededor de un solo asunto. En el caso de otras personas, el deseo por componer al otro es más generalizado. Estas son las personas que actúan como si fueran jefes de una construcción y su pareja fuera un trabajo más que necesitan llevar a cabo.

También hay personas que tienen un largo historial tratando de arreglar a todas sus parejas. Entablan relaciones con personas que tienen necesidades insatisfechas: problemas de abuso de sustancias, asuntos legales pendientes, problemas de salud mental, dificultades financieras y otras crisis crónicas. Encuentran un sentido de propósito al tratar de arreglar a personas que no necesariamente desean que alguien las "componga".

EJERCICIOS DE FORTALECIMIENTO MENTAL

Al inicio de la terapia de Janice, le pedí que identificara las medidas que podría tomar para lograr que Ken dejara de beber. Escribimos algunas de las ideas que se le ocurrieron y la alenté a que continuara sugiriendo soluciones potenciales, sin importar lo descabelladas que parecieran ser.

No se tratan de arreglar el uno al otro

Pensó que podría tratar de limitar el acceso de Ken a sus tarjetas de crédito o esconder su cartera para que no pudiera comprar alcohol, pero sabía que esas dos posibilidades no funcionarían a largo plazo. Dijo que podría comunicarse con los compañeros de trabajo de Ken para decirles que dejaran de invitarlo al bar después del trabajo. Sin embargo, eso solo alteraría a su marido y lo más seguro es que no le hicieran caso. Incluso se le ocurrió que podría presentarse en el bar cuando Ken estuviera allí para decirle a todo el mundo que dejaran de servirle bebidas porque lo estaban matando. No obstante, sabía que eso avergonzaría a Ken y que tampoco cambiaría su comportamiento. Con el tiempo, dijo: "Fuera de la posibilidad de que lo encierre en una habitación en la que no tenga acceso al alcohol, no puedo pensar en ninguna manera de lograr que deje de beber… ¡y no creas que no se me ha ocurrido hacerlo!".

La razón por la que quise que pensara en todas estas opciones extremas no fue porque quisiera que decidiera implementar alguna de ellas. Mi objetivo era que se diera cuenta de que la conducta de Ken no era algo que podía detener. Después de discutirlo, reconoció que incluso si lograba idear un plan enloquecido como de película para abordar su problema con el alcohol de manera extrema, Ken no iba a generar un cambio duradero en su conducta a consecuencia de ello.

Discutimos las tácticas que ya había intentado y el patrón de conducta presente en el que habían caído. Cuando Ken regresaba tarde del trabajo (a saber, después de visitar el bar), Janice empezaba a gritarle tan pronto como entraba por la puerta. Le decía que midiera sus niveles de glucosa y era frecuente que Ken se negara a hacerlo, justificando que era un hombre adulto y que no necesitaba que ella le recordara lo que tenía que hacer. A partir de allí, peleaban hasta que cada quien terminaba en habitaciones diferentes el resto de la velada.

Así que decidimos modificar las cosas. En las noches en las que Ken regresaba directo del trabajo (cosa que solía suceder alrededor de dos noches por semana), Janice lo recibía en la puerta con una enorme sonrisa, un abrazo y le decía lo feliz que estaba de verlo. Cenaban juntos y, después de comer, pasaba tiempo con su marido viendo sus programas de televisión favoritos y hablando acerca de su día. Al final de la noche, le decía a Ken lo mucho que había disfrutado su tiempo juntos.

En las noches en que Ken regresaba tarde después de lo que ella suponía que era una visita al bar, ella cenaba a la hora de siempre y, si él no estaba en casa, guardaba su comida en el refrigerador. Cuando entraba por la puerta, con toda tranquilidad le decía: "Hay sobras en el refrigerador; voy a leer un rato". Nada de gritos ni escándalos, aunque apestara a alcohol.

Para la enorme sorpresa de Janice, este nuevo abordaje rindió frutos. Ella y Ken dejaron de pelear y sintió que estaba haciendo algo más proactivo de lo que hacía antes, lo que le permitió relajarse un poco.

Al paso de varias semanas, Ken empezó a llegar a casa a tiempo para cenar un poco más a menudo y Janice sintió que el cambio en su comportamiento estaba mejorando las conductas de Ken sin que tuviera que mencionarle ni el alcohol ni su salud. Una vez que su relación prosperó un poco, discutimos cómo podría hablar con su esposo acerca de sus inquietudes.

Repasamos lo que le quería expresar y cómo quería hacerlo. Planeó la conversación para un momento en el que sintió que Ken se mostraría más receptivo. Una noche, después de cenar, le preguntó por su salud. Le dijo que sentía curiosidad por saber la manera en que el alcohol estaba afectando sus niveles de glucosa. Ken le dijo que no notaba grandes cambios con su diabetes, pero que sí había advertido que estaba subiendo un poco de peso y que tenía menores niveles de energía. Janice aprovechó la oportunidad para alentarlo a que hiciera una cita con su médico solo para asegurarse de que todo estuviera en orden. Ken acordó que, al menos, lo pensaría.

Janice no esperaba que Ken modificara su conducta de un día para otro, pero consideró que quizá había plantado una semilla que podría hacer que Ken pensara un poco más en su salud. No quería evitar que pasara tiempo con sus compañeros después del trabajo, pero sí esperaba que quizá empezara a optar por beber menos alcohol y más bebidas sin azúcar.

Una vez que Janice se dio cuenta de que no había manera de evitar que Ken tomara sus propias decisiones, pareció como si le hubieran quitado de encima el peso del mundo entero. En lugar de sentir que era su obligación cuidar de Ken, empezó a cuidar de sí misma. Durante su última cita, me dijo: "Vine aquí pensando que tenía que componer a Ken. Pensé que había algo más que debería hacer para intervenir. Ahora que estoy centrada en la manera en que debo responder a él en lugar de tratar de controlarlo, me siento mucho mejor".

Expresa tus inquietudes de manera amorosa

Sermonear, fastidiar, rogar y manipular no funcionan. De hecho, ofrecerle consejo a alguien que no está interesado en recibirlo suele conducir a respuestas defensivas. Cuando dices:

"¿Sabes lo que tienes que hacer? ¡Deberías dejar de ir a casa de tu madre!", tu pareja no está pensando en lo que le acabas de decir, está pensando en el argumento que utilizará para responder a lo que le dijiste.

Incluso es posible que refuerces su postura. Si le dices a tu pareja: "Deberías irte a la cama más temprano", de inmediato pensará en todas las razones por las que desea quedarse despierto más tarde: tengo muchas cosas que hacer, me gusta ver televisión antes de dormir, no necesito dormir tanto, etcétera. Mientras piensa en todas las razones por las que disfruta del hábito que sea (o que siente que necesita llevar a cabo), su deseo de seguir haciéndolo termina reforzándose.

> Las personas cambian por diferentes razones.

Las personas cambian por diferentes razones. Alguien podría verse motivado a dejar de fumar porque quiere ahorrar dinero; otros podrían querer dejar de hacerlo porque no quieren tener arrugas o porque no les gusta oler a humo de tabaco. Así que no gastes tus energías diciéndole a tu pareja las razones por las que tú piensas que debería dejar o cambiar un hábito.

Además, piénsalo de la siguiente manera: cuando eras un niño y un adulto te sermoneaba, ¿en qué pensabas durante su regaño? Lo más seguro es que no hayas pensado: "Esta persona es de lo más inteligente. Está presentando argumentos fabulosos y me está informando de cosas que jamás se me ocurrieron antes. Qué gusto da que me esté ilustrando. Voy a cambiar lo que estoy haciendo en este mismísimo instante".

Si eres como la mayoría de la gente, te pasabas la totalidad del sermón pensando en lo mucho que detestabas que lo hicieran. Incluso, es posible que hayas estado tramando tu siguiente jugada para que dejara de hacerlo; algo como: "Me disculpo y te prometo que jamás lo vuelvo a hacer", mientras ponías cara de perro apaleado y te quedabas viendo al piso. La verdad es que no estabas pensando en cómo cambiar tu conducta; solo estabas buscando alguna estrategia para que se acabara el regaño.

Entonces, déjate de sermones, pero sí comunica tu preocupación en una conversación cuidadosamente planificada. Intenta decir algo como: "Te amo y sabes que también hay veces en que me preocupo por ti. Desde hace poco, he notado que no quieres hacer cosas divertidas y que pasas más tiempo en la cama. Pienso que podrías estar lidiando con algo, como una depresión". No ofrezcas consejos, ni soluciones dado que eso sin duda conducirá a una respuesta defensiva. Más bien, empieza preguntando si tu pareja quizá comparte tu misma inquietud.

Después, limítate a escuchar. Si tu pareja te recalca que está bien, no insistas en proseguir con la conversación. Sin embargo, si está dispuesta a discutirlo un poco, practica escuchar y plantear algunas preguntas dirigidas a cómo piensa que podría manejar la situación. Es posible que ya haya pensado en ver a un médico o en unirse a un gimnasio, pero podría ser que se sienta culpable por gastar el dinero o que haya intentado convencerse de que el problema no era para tanto.

Es probable que tu pareja piense lo que le dijiste en otro momento o que tenga alguna conversación al respecto con otra persona (como su médico o alguien que tenga un problema parecido). Quizá no cambie de inmediato, pero podría decidir generar algún cambio a futuro.

13 cosas que las parejas mentalmente fuertes no hacen

Céntrate en influir y no en arreglar a tu pareja

¿Cuál fue la última vez en que llevaste a cabo un cambio radical en tu vida porque alguien te dijo que lo hicieras? No estoy hablando de una pequeña alteración en tus hábitos de trabajo o en tu rutina. Estoy hablando de algún cambio significativo.

Si eres como la mayoría de las personas, lo más probable es que respondas que nunca. En el caso de que en verdad hayas realizado un cambio radical con base en lo que te dijo alguien más, piensa qué fue lo que te inspiró a cambiar. ¿Tu médico te dijo que ibas a morir a menos que implementaras algún cambio importante? Es frecuente que esas palabras sí logren inspirar un cambio.

La amenaza de perder algo también puede inspirarte a cambiar. Si tu pareja amenazó con dejarte o tu jefe con despedirte, es más que posible que hayas hecho cambios de inmediato, pero, a menos de que se trate de un asunto de vida o muerte, de abandono o de desempleo, una breve conversación no suele conducir a cambios importantes inmediatos.

Más bien, tendemos a cambiar de manera gradual. Iniciar un nuevo hábito suele significar que tenemos que dejar otro de lado. Digamos que decides empezar a ir al gimnasio. Es posible que tengas que renunciar a pasar tiempo con tu familia o a ver la misma cantidad de horas de televisión que antes. Cuando dejas un hábito, esas son las cosas que tienes que tomar en cuenta. Hasta que no te convenzas de que los beneficios del nuevo hábito superan el dolor de renunciar al anterior, no querrás cambiar.

Una buena manera de ayudar a otras personas a ver los beneficios de adoptar un nuevo hábito es a través de la observación. Si tu pareja ve que mantenerte tranquilo te ha ayudado a triunfar, es posible que tenga menos probabilidades de perder los estribos. Pero es importante que no se lo restriegues en la cara. Decir algo como: "¿Viste cómo lo hice, cariño? Eso es lo que deberías tratar de hacer" suena condescendiente y sin duda llevará a que tu pareja se ponga a la defensiva.

Tendrás mayor influencia si solo permites que tus acciones hablen por sí mismas. Si te levantas a diario para ir al gimnasio con una actitud positiva, quizá tu pareja se sienta un poco más motivada a ejercitarse también. Tal vez nunca logre saltar de la cama al rayar el sol para hacer ejercicio, pero podría sentirse motivada a salir a caminar durante su hora de comida.

En lugar de criticar a tu pareja por algún comportamiento que no te agrada, ofrece elogios por las cosas que sí te gustan. Por ejemplo, si le dices a tu pareja: "Deberías dejar de trabajar tanto por las noches", podrían terminar peleando al respecto, pero en una noche en que están pasando tiempo juntos y disfrutando de su compañía mutua podrías decir: "Me encanta cuando podemos salir a caminar y hablar de nuestro día. Me gusta mucho poder pasar tiempo contigo".

Ni siquiera deberías mencionar la conducta que te desagrada porque podría parecer que tu cumplido es de dientes para afuera. Si dices: "Me da gusto que al fin te hayas tomado una noche libre", tus palabras podrían sentirse como una agresión y tendrían el efecto contrario. En lugar de ello, refuerza las conductas positivas que te gustaría que sucedieran más a menudo mostrando lo mucho que las aprecias.

Mantente atento a deseos y arrepentimientos

Es por completo normal sentir ambivalencia ante un cambio. Un día, tu pareja podría decirte: "De verdad necesito dejar de frustrarme tanto con los niños. Voy a procurar dejar de hacerlo". Pero dos días después, podría cambiar: "¡Pues como no me hacen caso a menos de que les alce la voz, supongo que esa será la única manera de lograr que se haga algo en esta casa!".

> La motivación no se da en línea recta.

La motivación no se da en línea recta; tiene altibajos. Aunque tu pareja de verdad desee hacer algo, como cuando parece decidida a iniciar un nuevo plan de ejercicio, siempre habrá días en que el cambio se sienta demasiado difícil.

Si tu pareja parece estar atorada en un círculo vicioso por demasiado tiempo, lo más probable es que de todas maneras exhiba deseos y arrepentimientos. A continuación, un ejemplo del aspecto que podrían tener:

- ▶ **Deseos:** es posible que tu pareja te indique que desearía que las cosas estuvieran mejor o que desearía poder contar con algo que su problema impide que obtenga en este momento. Por ejemplo, quizá te diga: "Cómo desearía bajar un poco de peso para que pudiera dejar de tomar este medicamento" o "Me encantaría poder tener el tiempo para solicitar nuevos empleos y encontrar algo que sí prefiera hacer".

- ▶ **Arrepentimientos:** cuando exprese arrepentimiento en relación con un hábito, quizá tu pareja diga algo como: "Si no gastara tanto dinero en vapear, no tendría tantos préstamos estudiantiles pendientes de pagar" o "Si redujera el tiempo que desperdicio en las redes sociales, tendría la oportunidad de lograr hacer algo más".

Los deseos y arrepentimientos se consideran "discurso de cambio". Indican que tu pareja está pensando en hacer alguna modificación en su comportamiento. Cuando escuches que habla de un deseo o de algún arrepentimiento, es tu oportunidad para mostrar curiosidad al respecto. Podrías plantearle alguna pregunta como: "¿Qué piensas que podríamos hacer para lograr que eso suceda?" o "¿Dónde podríamos empezar?". Después, ve si tu pareja tiene ideas o sugerencias en cuanto a cómo quiere proceder. Recuerda, no ofrezcas consejos y evita sermonear. Deja que tu pareja genere sus propias soluciones.

¿QUIÉN SE SIENTE MOTIVADO?

Tómate un minuto para pensar acerca de quién piensa que existe un problema y quién se siente motivado a crear un cambio. Después, pueden decidir la mejor manera de abordar la situación.

1. Tú tratas de arreglar a tu pareja

Solo porque tu pareja reconozca que tiene un problema, no significa que quiera arreglarlo y, mucho menos, que quiera tu ayuda para hacerlo.

Recordarle que su hábito está dañando su cuerpo, su salud psicológica o la salud de su relación probablemente no detone un cambio. Las personas saben que comer demasiada comida chatarra, no dormir lo suficiente y desperdiciar demasiado tiempo en las redes sociales es malo para ellas; pero eso no hace que se detengan. Estoy segura de que podrías pensar en un hábito propio que no es de lo más sano, pero que sigues llevando a cabo de todos modos.

Si tu pareja tiene un problema, tus palabras podrían no afectar lo que decida hacer. Si un médico, amigo o alguien más le señala lo mismo que a ti te inquieta, existe la posibilidad de que tu pareja les haga caso. Esto no significa que no hiciste lo suficiente, pero quizá necesitaba escuchar el mismo mensaje de alguien más por alguna u otra razón.

Mientras tanto, céntrate en todo lo que puedes hacer para ser la mejor persona posible y la mejor pareja posible. Cuida de tu salud, nutre tu vida espiritual, ten una vida social activa y haz cosas que sean buenas para tu bienestar psicológico.

Si tu pareja está lidiando con un asunto que te está pasando factura a ti, obtén ayuda profesional. Ya sea que se trate de un problema grave, como una adicción a los juegos de azar o que esté deprimido, o que tú no estés de acuerdo con su estilo de crianza o con la manera en que gasta el dinero, consigue apoyo para ti.

Si caes en el hábito de tratar de arreglar a los demás, necesitas ayuda profesional. Es un hábito difícil de dejar de lado; podrías darte cuenta de que tu propio valor depende de arreglar a otras personas, que quizá estés tratando de compensar algún error que cometiste o que, en secreto, te estés castigando por algo. Es frecuente que haya temas profundamente arraigados que conduzcan a un patrón de tratar de arreglar a los demás.

2. Tu pareja te trata de arreglar

Si tu pareja es la que trata de componerte a ti, puede hacer que te sientas frustrada y por completo descorazonada, de manera que es importante que discutan el asunto. Si no quieres que tu pareja siga tratando de componerte, levanta la voz.

Ten una conversación acerca de lo que observas. Habla de cómo te sientes y de lo que en verdad te sería de ayuda. Recuerda, tu trabajo no es arreglar su tendencia a tratar de arreglarte a ti. Sin embargo, no tienes por qué tolerar sermones o críticas.

Podrías decir algo como: "Cariño, sé que estás preocupado, pero tengo algunas dificultades con mi autoestima y tú me das consejos basados en lo que crees que debería hacer de manera diferente. Lo que pasa es que, en este momento, esos consejos no me están ayudando. Te agradecería que dejaras de intentar dármelos".

Existe la posibilidad de que tu pareja no reconozca lo que está haciendo. Si no coincide en que su intención es componerte, ofrece ejemplos cuando surjan. Después, cada vez que tu pareja trate de "corregir" tu comportamiento, di: "Ese es un ejemplo de por qué hay veces que siento que me estás tratando de arreglar".

Si está intentando abordar una conducta que la afecta directamente, escucha lo que tenga que decirte. Si, por ejemplo, está buscando arreglar la manera en que gastas el dinero, podría ser porque se siente estresada por el presupuesto y quiere que cambies lo que haces por estar sufriendo las consecuencias.

3. Tu pareja piensa que la estás tratando de arreglar

Había una pareja que solía vivir al lado de mí y con la que me topaba cuando paseábamos a nuestros perros. Cuando la mujer decía algo, como una broma o algún comentario relacionado con las noticias, su marido de inmediato decía cosas como: "Creció en un hogar sustituto, así que no siempre sabe que no deben decirse ese tipo de cosas" o "No lo tomes personal si de repente se aleja a media conversación. No aprendió muchas habilidades sociales de niña".

También era frecuente que la corrigiera diciendo cosas como: "Ay, mi vida, no dejes que el perro se acerque tanto al árbol porque su correa se va a enredar" o "Pudiste haber negociado una mejor prima para el seguro. Debiste decir...".

Cuando me tocaba hablar a solas con él, decía cosas como: "Necesito enseñarle acerca de la vida porque no tuvo la oportunidad de aprender muchísimas cosas esenciales mientras estaba creciendo". Mientras tanto, a solas, ella decía cosas como: "Piensa que soy incompetente y poco inteligente".

Resultaba incómodo ver que el hombre tratara de corregir casi cualquier cosa que hiciera su esposa; pero solo porque hacía las cosas de manera diferente a como las hacía él, no significaba que las estuviera haciendo mal.

Si tu pareja piensa que la tratas de arreglar, escucha con cuidado lo que tenga que decirte. Es posible que te estés entrometiendo en sus decisiones de maneras poco útiles, por más que estés de acuerdo o no con su valoración. Pídele que te indique ejemplos específicos de las cosas que haces o de los momentos en que tratas de componerla.

4. Los dos tratan de arreglarse

Tu pareja puede sacar a relucir lo mejor de ti y también puede enseñarte toda una nueva manera de pensar y un estilo de vida por completo novedoso; pero eso sólo sucederá si cooperan y trabajan juntos como equipo.

Si le dices a tu pareja que quieres tratar de enfrentarte a tu temor a hablar en público, puede pedirte que rindas cuentas, preguntarte por tu progreso, alentarte a que te desafíes y ayudarte a encontrar estrategias que quizá puedan funcionarte. Pero solo si estás abierta a esa ayuda. De la misma manera, tú puedes ayudar a tu pareja si ella desea que lo hagas.

Sin embargo, si se dedican a tratar de arreglarse uno al otro y ninguno de los dos está comprometido con cambiar, van a experimentar un sinfín de conflictos.

Ya sea que estés tratando de cambiar los hábitos alimenticios de tu pareja o que tu pareja te esté tratando de convencer de que actúes de manera más espontánea con mayor frecuencia, intentar forzar al otro a cambiar drenará sus energías y dañará la relación.

Hablen de la importancia de concentrarse en mejorar a nivel personal a su propio paso, así como de las áreas de sus vidas que deseen cambiar. Discutan la forma en que podrían brindarse apoyo entre sí para alcanzar sus metas y, si hay algo que tu pareja quiere que cambies y que tú no deseas alterar en este momento, dilo también. Sé claro al afirmar: "Mis hábitos de sueño no son una prioridad para mí en este momento, pero agradezco que te preocupes por mí".

CÓMO ES QUE ACEPTAR A TU PAREJA LOS AYUDA A FORTALECERSE

Inicialmente, Janice pensó que estaba tratando de salvar a Ken y a su relación al hacer que dejara de beber, pero mientras más alegaba, rogaba e intentaba cambiarlo, Ken más se resistía y más eran los problemas que afectaban a la relación.

Una vez que dejó de tratar de cambiar a Ken, Janice centró sus energías en responder a su comportamiento, no en cambiarlo. Mejoró sus habilidades de comunicación, lo que también fue de utilidad fuera del problema específico que tenían, e incluso más allá de su relación.

Cuando las personas intentan cambiar a su pareja, pasan de una relación de pareja a una dinámica de padre/hijo o de maestro/alumno. Así, cuando una persona actúa como padre o madre, o como maestro, la otra persona cae en el papel del niño o del alumno.

He visto que esto sucede una y otra vez en consulta. Uno de los miembros de la pareja trata de hacer que el otro cambie y, de manera repentina, el otro miembro empieza a actuar como adolescente rebelde. En lugar de dejar de fumar o de volverse económicamente responsable de un día para otro, la pareja empieza a ocultar lo que hace de la misma manera en que lo haría un adolescente.

Parte de desarrollar una relación sana significa aceptar que tu pareja es una persona independiente. No te corresponde arreglar las conductas que no te agradan. Tu papel es manejar la forma en que tú respondes a esas conductas.

Puedes seguir teniendo una buena relación con una pareja imperfecta y no es necesario que trates de convertirla en "mejor" persona. Puedes seguir teniendo la esperanza de que lleve a cabo ciertos cambios con el tiempo, a la par que aceptes que no te corresponde a ti tratar de cambiarla.

Resulta muy interesante que cuando el "componedor" decide que ya no es su labor tratar de arreglar al otro, es frecuente que la otra persona empiece a asumir la responsabilidad de sus acciones. Un resultado inadvertido puede ser que el otro mejore... al igual que la relación.

IDENTIFICACIÓN DE PROBLEMAS Y TRAMPAS COMUNES

El uso desmesurado de la etiqueta de "codependiente"

Es frecuente que se etiquete a alguien como codependiente si se involucra de manera exagerada en tratar de convencer a un ser querido de dejar de lado un hábito destructivo. Cuando se acuñó el término, se utilizaba de manera específica para denominar a las esposas de hombres con problemas de abuso de sustancias. Sin embargo, la codependencia no es una enfermedad mental.

A menudo, el tipo de conducta que exhiben las personas a las que se describe como codependientes es una habilidad de supervivencia. La madre de tres hijos que habla a la oficina de su marido (que está padeciendo los estragos de beber demasiado) para decir que está enfermo podría estar tratando de evitar las consecuencias a las que ella y sus hijos tendrían que enfrentarse si su marido pierde el empleo. Es posible que esté intentando ser una buena madre dadas las circunstancias en las que vive. La etiqueta de "codependiente" implica que padece alguna "enfermedad" que está alentando el uso de sustancias de su cónyuge.

Con el tiempo, el uso de la palabra "codependencia" se ha ampliado y a menudo se utiliza para describir un sinfín de síntomas o problemas. No obstante, dado que no es un problema de salud mental en sí, existe poca coincidencia en cuanto a lo que serían los signos y síntomas, o el tratamiento. De modo que aunque alguien no dude en tildarte a ti o a tu pareja de codependiente, utiliza el término con cautela. Podría reforzar la idea de que eres "codependiente" o no, o tal vez implique que padeces una enfermedad y que tu comportamiento no es culpa tuya. La verdad es que, con mucha probabilidad, puede que todos nos hayamos pasado de la raya al intentar arreglar a alguien en algún momento u otro, pero es una conducta que podemos elegir dejar de llevar a cabo.

Intentos sigilosos para tratar de arreglar a tu pareja

Si te preocupa la cantidad de sal que ingiere tu pareja y cambias a algún producto bajo en sodio sin decírselo, no necesariamente estás ocasionando un daño. Sin embargo, si te encuentras yendo a los extremos para tratar de ponerle trampas a fin de que deje algunos hábitos poco sanos, podrías empezar a consumir tu vida en ello.

He visto a personas desesperadas que llegan a esos extremos con tal de tratar de cambiar el comportamiento de sus parejas. En alguna ocasión, un hombre con el que trabajé trataba de diluir las bebidas alcohólicas de su pareja con la esperanza de que no bebiera tanto. Otra mujer con la que trabajé solía convencer a su familia de que hiciera comentarios acerca del número de horas que trabajaba su marido para tratar de hacerlo sentir culpable por trabajar tan tarde cada noche. Si encuentras que estás recurriendo a medidas drásticas y a engaños, habla con un profesional de la salud mental, ya que la situación tendrá repercusiones graves si sigue sucediendo.

No coincides con el abordaje

Hay ocasiones en que una pareja coincide en cuanto al problema, pero tienen ideas muy distintas sobre cómo implementar un cambio. Digamos que te preocupa la salud de tu pareja y piensas que la solución es que tome algún medicamento, cuando él solo quiere empezar a ir al gimnasio de manera más frecuente. No lo obligues a adoptar tu método para cambiar. Es posible que necesite experimentar con una variedad de cosas para tratar de averiguar qué es lo que mejor le funciona. Lo importante es que está intentando hacer algo y que tú le brindes apoyo en esos esfuerzos, aunque no creas que sea la mejor manera de llegar a la meta.

TEMAS DE CONVERSACIÓN

Tómate un momento para reflexionar las siguientes preguntas. Si tu pareja se muestra dispuesta a aprender acerca de la fortaleza mental, plantéense las preguntas uno al otro para lograr iniciar una conversación.

- ¿Cuál sería un ejemplo de algún momento o situación en que te viste tentado a arreglar algo en mí, pero en que no lo hiciste?
- ¿Cuál sería un ejemplo de algún momento en que agradeciste que no tratara de cambiarte?
- Si viera alguna conducta autodestructiva o problema con tu comportamiento del que tú no te percataras, ¿cómo esperarías que respondiera?
- ¿Cómo podemos garantizar que nos apoyemos uno al otro y que nos desafiemos a ser lo mejor que podamos sin tratar de obligarnos a cambiar?

ENTREVISTA CON JULIE HANKS

Es común que las personas acudan a terapia de pareja con la esperanza de que la terapeuta arregle a su pareja. De modo que decidí hablar con la doctora Julie Hanks acerca de cómo esto ocurre en su práctica profesional. La doctora Hanks es terapeuta certificada, *coach*, autora y experta en relaciones. También es directora ejecutiva y propietaria de Wasatch Family Therapy, en Utah, y cuenta con 28 años de experiencia orientando a mujeres, parejas y familias. Ha escrito dos libros: *The Burnout Cure* (La cura del desgaste) y *The Assertiveness Guide for Women* (Guía de asertividad para mujeres). Quise saber cuál es su punto de vista sobre la manera en que las personas tratan de arreglar a sus parejas.

¿Con qué frecuencia llegan a tu consultorio personas acompañadas de sus parejas que esperan que tú logres hacer que cambien?

No se tratan de arreglar el uno al otro

Rara vez he conocido a una pareja dentro de mi consultorio que no esperara lograr que su pareja cambiara. Es de lo más inusual que vea a una pareja en la que ambos miembros asumen la responsabilidad del papel que representan dentro de una dinámica relacional difícil.

¿Cuáles serían algunas de las cosas más comunes que las personas quieren que su pareja cambie?
Con mucha frecuencia, las cosas que las personas quieren que sus parejas cambien se relacionan con dinero, sexo, estilo de crianza infantil, familia política y conexión emocional. Sin embargo, también es frecuente que estas áreas sean temas que representen añoranzas emocionales más profundas o patrones de relación que son menos evidentes.

Es de lo más común que la gente piense que si su pareja tan solo hiciera ciertas cosas de manera diferente o si tan solo cambiara, la relación sería fantástica. Por ello, dedican muchísima energía tratando de arreglar a la otra persona o tratando de convencerla para que cambie. ¿Por qué crees que exista esa tendencia tan tentadora de pensar que todo es culpa de la otra persona?
Muchas personas se quedan atoradas en un tipo de pensamiento de "blanco o negro" o de "todo o nada". "Todo es mi culpa" o "Todo es culpa de mi pareja"; "Yo soy la persona sana" o "Él o ella es la persona enferma". Este modo binario de pensar conduce a que se protejan de las acusaciones o de ser malos, de estar equivocados o de estar enfermos para evitar sentimientos de vergüenza o pensar "Soy una mala persona".

Muchas personas no tienen un sentido lo bastante fuerte de quiénes son como para tolerar examinar honestamente la forma en que sus propios pensamientos, sentimientos o conductas están contribuyendo a la disfuncionalidad de la relación. Ver el papel que ellos representan dentro de la dinámica de la relación y no dirigirse de inmediato a la vergüenza requiere de un nivel de madurez emocional que muchas personas aún no desarrollan.

¿Qué consejos tienes para alguien que sabe que dedica demasiada energía a tratar de arreglar a su pareja en lugar de trabajar consigo misma?
Alentaría a la persona empecinada en tratar de arreglar a su pareja a que explorara sus propios temores. Le preguntaría: "¿Cómo crees que serían las cosas si abandonaras la idea de tratar de cambiar a tu pareja?" y "¿Cuál es tu temor más grande al verte a ti mismo y al papel que interpretas dentro de la relación?".

Ayudaría a la persona a explorar las razones por las que quiere que cambie su pareja y que comprendiera qué necesidades infantiles insatisfechas está buscando compensar a través de su pareja. Eso no significa dejar que su pareja se salga con la suya. Significa adueñarse de sus propias necesidades, aprender a realizar una autoreparentalización, y hacerle peticiones a la pareja (en lugar de demandar que la pareja cambie).

Otro consejo sería invertir la queja que se tiene contra la pareja y redirigirla hacia uno mismo para ver cómo aplicaría. Por ejemplo, la queja de "Mi pareja se aleja de mí en términos emocionales cuando tenemos desacuerdos acerca de cómo criar a nuestros hijos" se convertiría en "¿De qué forma me alejo de mi pareja cuando no estamos de acuerdo en algo?".

¿Y qué le dirías a la persona que está recibiendo ese trato? Si siente que su pareja está tratando de arreglarla, ¿qué puede hacer?
Las personas más cercanas a nosotros son las que más tienen que enseñarnos. Es frecuente que las personas con las que vivimos puedan ver lo que nosotros no podemos, o aquellas áreas en las que necesitamos madurar y de las que no estamos del todo conscientes. Si tienes una pareja que está tratando de cam-

biarte, considera si lo que te está señalando no es uno de tus propios puntos ciegos.

Le enseñaría a la persona a identificar y compartir con su pareja el impacto de que esté tratando de cambiarla. "Me hiere y me asusta cuando me repites una y otra vez que gaste menos dinero porque siento que estás tratando de controlarme. Significaría mucho para mí que pudiéramos sentarnos juntos a revisar nuestras finanzas y que pensaras más en la razón por la que este es un tema tan importante para ti".

7

No se comunican de manera irrespetuosa

> Treinta y seis por ciento de las personas afirma que hay ocasiones en que sus parejas las tratan de manera grosera, condescendiente o irrespetuosa.
>
> ENCUESTA *Couples by the Numbers*

Cuando Trevor y Haley acudieron a su primera cita juntos, era evidente que únicamente podían coincidir en una sola cosa: que peleaban de manera constante. "Ya no podemos tener una conversación normal", dijo Trevor. Haley coincidió, pero allí es donde terminó cualquier coincidencia.

Llevaban seis años de casados y sus peleas habían aumentado con el tiempo. Discutían por todo, desde las responsabilidades del hogar hasta el dinero, el estilo de crianza y la familia extendida.

Durante esa primera cita, su lenguaje corporal me comunicó muchísimo. Haley se quedó sentada en su silla con los brazos cruzados con fuerza sobre su pecho, mientras que Trevor se sentó en la orilla de su asiento durante toda la sesión.

Cuando les pregunté qué esperaban lograr por medio de la terapia, Trevor afirmó: "Necesitamos aprender a comunicarnos mejor. Haley no sabe cómo tener una conversación sin gritar".

Haley levantó sus ojos al techo con exasperación y respondió: "Tengo que gritar porque tú no sabes escuchar. Además, ya no necesitamos hablar más. ¡Lo que necesitas, es hacer más alrededor de la casa! Mientras más hablamos de nuestros problemas, menos tiempo tienes para hacer lo que se requiere".

Al avanzar por el conjunto de preguntas que solemos plantearles a todos los pacientes durante la primera cita, pude vislumbrar algunos de sus patrones de comunicación. Alzaban la voz, utilizaban el sarcasmo, se interrumpían, se culpaban uno al otro y se denigraban de manera repetida.

Antes de que terminara la primera sesión, les di una lista de verificación de hábitos comunes de comunicación irrespetuosa. Su primera tarea fue que cada quien llevara un registro de sus propias comunicaciones irrespetuosas. Le pedí a Trevor que marcara las conductas irrespetuosas que exhibiera a diario y a Haley que marcara las suyas.

De inicio, ambos insistieron en que querían llevar un registro de lo que hacía el otro cuando cometía una falta de respeto y no lo contrario, pero les aclaré que esa no era la tarea. Ni tampoco debían hacer ningún tipo de comentario sobre lo que el otro estaba incluyendo en su propia lista. No quería que ninguno de los dos le dijera al otro: "¡Y más vale que incluyas esto en tu lista!" durante algún conflicto.

A la semana siguiente, regresaron con sus listas. Los dos marcaron bastantes conductas irrespetuosas que exhibían a diario. Discutimos lo que sintieron al verlas y darse cuenta de las veces en que se faltaban al respeto el uno al otro. Haley

No se comunican de manera irrespetuosa

dijo que le sorprendió el número de veces en que se portaba de manera descortés, y Trevor dijo que fue "revelador" ver la lista plasmada en papel. Por fortuna, acordaron iniciar sesiones de terapia semanales para tratar sus patrones de comunicación. Más adelante en el capítulo, explicaré lo que sucedió dentro de su tratamiento.

Aunque quizá no tengas una larga lista de cosas irrespetuosas que le haces a tu pareja cada semana, es más que probable que le hayas faltado al respeto en alguna que otra ocasión. Quizá fue algo poco importante, como suspirar de manera audible mientras tu pareja te estaba explicando algo. O tal vez haya sido una agresión más pasiva, como no levantar la vista de tu teléfono la última vez que tu pareja te empezó a contar acerca de su día.

La comunicación respetuosa es esencial para una buena relación, pero es frecuente que sea lo primero que sale por la ventana cuando una pareja empieza a tener problemas, y la mala comunicación erosiona las conexiones con velocidad. Por fortuna, hay habilidades y estrategias que te pueden ayudar a satisfacer tus necesidades sin que dañes la relación.

Es esencial que distingas las conductas irrespetuosas del abuso. Estos son algunos ejemplos de abuso verbal, pero no es una lista exhaustiva. Si tú o tu pareja se tornan abusivos en ocasiones, busquen ayuda profesional. Esto es lo que constituye una conducta abusiva:

- Amenazas
- Intimidación
- Gritos
- Insultos
- Avergonzar/humillar

CUESTIONARIO

Toma un minuto para examinar las siguientes afirmaciones y ve cuántas de ellas te parece que llevas a cabo.

- ○ Levanto los ojos al techo cuando mi pareja dice algo.
- ○ Le digo cosas malintencionadas a mi pareja.
- ○ Insulto a mi pareja.
- ○ Hago comentarios despectivos acerca de mi pareja.
- ○ Cuando mi pareja me pide que no le diga ciertas cosas o que comente cosas sobre ella, lo hago de todas maneras.
- ○ Comparto cosas vergonzosas de mi pareja frente a otras personas aunque sé que le molesta.
- ○ Le pongo apodos burlescos a mi pareja.
- ○ Es frecuente que use sarcasmo con mi pareja.
- ○ Hay veces en que le alzo la voz.
- ○ Utilizo un tono de voz irrespetuoso.

Ahora, vuelve a analizar las afirmaciones y piensa cuántas de ellas te parece que hace tu pareja. Si tú o tu pareja utilizan una comunicación irrespetuosa, tomen medidas inmediatas antes de que sus esfuerzos por comunicarse se deterioren todavía más.

No se comunican de manera irrespetuosa

PUNTO DE PARTIDA

Durante la segunda cita de Trevor y Haley, establecimos algunas reglas básicas para sus sesiones de terapia. Tendríamos que discutir temas difíciles y enfrentar asuntos incómodos. El consultorio tenía que ser un espacio seguro, y sus patrones de comunicación irrespetuosa comprometerían las sesiones.

Estuvieron de acuerdo con las reglas. No podían gritar, insultarse, ni denigrarse. Si alguien se mostraba irrespetuoso, pausaríamos para enfrentar la situación de inmediato.

Si podían alterar la forma en que se comunicaban, aunque fuera dentro del consultorio, era posible que empezaran a llevar a cabo algunos cambios saludables dentro de su relación.

La forma en que se comunican como pareja a menudo refleja lo que sienten el uno por el otro. Los individuos que hablan de manera positiva de sus parejas tienden a sentir un profundo afecto por ellas. Por otra parte, los individuos que les faltan al respeto a menudo sienten un desdén subyacente por las mismas.

Claro que no siempre es así de sencillo. Por ejemplo, una persona con problemas para manejar su enojo podría mostrarse irrespetuosa cuando esté alterada. Sus palabras no reflejarían su sentir general hacia su pareja, sino más bien su incapacidad para regular sus emociones.

En ocasiones, el comportamiento irrespetuoso incluye conductas activas, como el uso de insultos. Sin embargo, también hay conductas irrespetuosas pasivas, como no levantar la vista de tu computadora cuando tu pareja te está tratando de decir algo.

Aunque todo comportamiento irrespetuoso puede dañar una relación, existen ciertos patrones que representan importantes señales de alarma. El investigador de relaciones, John Gottman, identificó cuatro estilos de comunicación que pueden predecir el fin de una relación. Los llama los "cuatro jinetes". Esta es la forma que asumen:

1. **Críticas:** mientras que puede ser de ayuda ofrecerle una retroalimentación constructiva a tu pareja, atacar su forma de ser no lo es. Por ejemplo, afirmar que tu pareja es egoísta o perezosa conducirá a un empeoramiento en el patrón de comunicaciones dañinas.
2. **Desprecio:** mientras que las críticas atacan la naturaleza de una persona, el desprecio implica una actitud de superioridad. A menudo, incluye sarcasmos y burlas, y es el principal factor de predicción del divorcio.
3. **Actitud defensiva:** en respuesta a las críticas, alguien bien puede empezar a culpar al otro. Si su pareja le pregunta si recogió la ropa de la tintorería, es más que posible que mencione la ocasión en que a ella se le olvidó pagar alguna cuenta. Eso hace que la situación escale.
4. **Bloqueo:** en respuesta al desprecio, algunas personas pueden retraerse para dar fin a los ataques. Quizá lleven a cabo alguna otra actividad o se alejen de su pareja para mostrarle que no quieren discutir con ella.

Aunque tu relación se haya deteriorado a tal grado que puedas reconocer a los cuatro jinetes, no desesperes. No es demasiado tarde y no estás predestinado a divorciarte. Puedes crear un cambio positivo si transformas la manera en que ambos se comunican.

No se comunican de manera irrespetuosa

Estos son algunos ejemplos más de comunicación irrespetuosa:

- Usar tu teléfono cuando tu pareja está hablando contigo
- No consultar a tu pareja cuando tomas una decisión importante
- Interrumpir
- Insultar
- Burlarte de tu pareja cuando te ha pedido que no lo hagas
- Hacer uso de la ley del hielo
- Mentir
- Hacer bromas insensibles

Estos son algunos ejemplos de comunicación saludable:

- Escuchar de manera activa
- Conservar un tono casual
- Disculparte
- Utilizar el humorismo de manera apropiada
- Mantener la calma

Tómate unos momentos para pensar sobre cómo te comunicas con tu pareja y, después, responde a las siguientes preguntas:

○ ¿Te comunicas con tu pareja de manera irrespetuosa?

○ ¿Tu pareja se comunica contigo de manera irrespetuosa?

Si tu pareja o tú se faltan al respeto, es esencial dejar de lado ese hábito, ya que tratarse mal uno al otro es una de las maneras más rápidas de dañar una relación.

¿POR QUÉ NOS FALTAMOS AL RESPETO CUANDO NOS COMUNICAMOS?

Trevor y Haley eran amables entre sí cuando estaban saliendo, y se llevaban mejor durante los primeros años de su matrimonio. Sin embargo, a medida que su vida se volvió más ajetreada, empezaron a impacientarse cada vez más entre sí. Sus comunicaciones irrespetuosas crecieron con el tiempo y, cuando uno de ellos se mostraba desagradable, el otro respondía a la agresión de igual manera.

Seguramente debes haber visto la velocidad con la que una conversación puede ir de mal en peor. Ya sea que se trate de un malentendido durante una junta de trabajo o de un comentario sarcástico durante una reunión familiar, un comentario irrespetuoso puede llevar a un desacuerdo importante.

Cuando ese tipo de conversación se repite en casa entre parejas sentimentales, la comunicación irrespetuosa puede convertirse en la norma en muy poco tiempo y es difícil darle la vuelta a las cosas para empezar a comunicarse de maneras más saludables.

Siempre que pasas mucho tiempo con alguien, es muy fácil que te molesten sus hábitos. Cualquier cosa, desde masticar de manera ruidosa hasta repetir la misma anécdota por enésima vez, puede sentirse como tortura china.

Esa molestia puede evidenciarse en las comunicaciones. Quizá suspires de manera evidente, levantes tus ojos al techo y digas: "¿De verdad siempre tienes que hablarme cuando estás en el coche? ¡Gritas como si el teléfono fuera una lata con un hilo!".

Las palabras que utilizas, el lenguaje corporal que exhibes y tu tono de voz son, en conjunto, solo algunas de las maneras en que te comunicas con tu pareja.

No se comunican de manera irrespetuosa

Pero ¿cuál es la razón por la que la persona más cercana a nosotros es a la que terminamos hablándole de la manera más irrespetuosa? Un estudio del 2014, publicado por la Association of Psychological Science examinó este hecho. Los investigadores acuñaron el término "agresión cotidiana" después de confirmar que es más probable que desquitemos nuestras agresiones con las personas con las que nos topamos en nuestra vida cotidiana. Este estudio llegó a tres conclusiones:

1. Las personas con las que más interactuamos son aquellas con las que es más probable que nos enojemos.
2. Tenemos el poder de herir a las personas mediante una acción directa (como un ataque verbal) o una acción indirecta (como la ley del hielo).
3. La manera en que lastimamos a las personas dependerá de la relación que tengamos con ellas.

Es probable que nos enojemos con las personas con las que más tiempo pasamos. También puede suceder que nos sintamos demasiado cómodos al saber que alguien cercano a nosotros no nos abandonará si nos mostramos groseros con él o ella. Con el tiempo, las faltas de respeto se vuelven más comunes a medida que cada miembro de la pareja hiere los sentimientos del otro y esas cuestiones quedan sin atenderse.

EJERCICIOS DE FORTALECIMIENTO MENTAL

Abordamos la comunicación entre Trevor y Haley desde dos direcciones diferentes. Tratamos los temas no resueltos que contribuían a su comunicación irrespetuosa y también buscamos mejorar su comunicación para que pudieran manejar su dolor no resuelto de mejor manera.

Mientras discutíamos la forma en que el resentimiento entre los dos había crecido con el tiempo, empezaron a emerger historias de sentimientos heridos. Haley se quedó en casa sin trabajar durante alrededor de seis meses después del nacimiento de su hija. El plan era que ella se dedicara al hogar hasta que su hija empezara a ir a la escuela, pero Trevor empezó a preocuparse de la situación financiera de la familia y alentó a Haley a buscar un empleo. Haley regresó a trabajar a regañadientes, pero se sintió molesta con Trevor por no respetar el plan.

Haley jamás le dijo a Trevor que se sentía resentida por esto. Así que él pensó que estaba de acuerdo con el cambio de plan desde el principio.

Dos años después, cuando Trevor empezó a hablar sobre tener otro bebé, Haley le dijo que no estaba lista para hacerlo. Quería seguir trabajando un par de años más para ahorrar dinero suficiente y poder quedarse en casa más tiempo con su nuevo hijo. Trevor se sintió resentido porque quiso esperar, pero tampoco dijo nada.

Descubrimos varios ejemplos más de las heridas sin resolver que cada uno sintió que el otro le había ocasionado durante los últimos años. Aunque jamás verbalizaron sus sentimientos, resulta evidente que exhibieron cómo se sentían el uno por el otro.

Durante nuestras sesiones, compartieron la presión que sentían, sus temores y sus frustraciones. Se dieron cuenta de que temían desilusionar al otro y que ninguno de los dos pedía lo que necesitaba.

No se comunican de manera irrespetuosa

Mientras discutimos estas heridas no resueltas, también analizamos los patrones de comunicación en los que quedaron atrapados y las formas más saludables con las cuales podían expresarse. Las cosas empezaron a marchar mejor una vez que pudieron empezar a expresar lo que estaban sintiendo sin temor de alterar al otro.

A medida que fue mejorando su relación y que su comunicación se volvió más respetuosa, decidimos programar una cita de refuerzo a los tres meses. Sabíamos que habría veces en que se impacientarían y ocasiones en que se sentirían estresados; y que eso podría conducir a que recurrieran a sus viejos patrones si no se cuidaban. Necesitarían practicar su nueva forma de comunicarse de manera consistente y si no tenían cuidado, podrían volver a los patrones irrespetuosos de antes.

Reflejar y validar

Escuchar a tu pareja es la mejor manera de tranquilizar casi cualquier situación. Muchas de las conductas irrespetuosas que la gente exhibe durante un altercado (levantar la voz, interrumpir, denigrar) se presentan porque alguien no siente que se le está escuchando. Cuando esto sucede, es frecuente que las personas recurran a tratar de mostrar lo alteradas que están porque no sienten que las están comprendiendo por medio de sus intentos verbales por comunicarse.

Una de las mejores maneras de mejorar tu comunicación es que te conviertas en un mejor escucha. Sin embargo, escuchar a alguien de mejor manera no implica solo quedarse callado. También significa que demuestres una mejor comprensión.

Escuchar de manera reflexiva muestra que estás esforzándote por tratar de entender. En esencia, implica resumir lo que la otra persona dijo y pedirle que confirme lo que entendiste.

Imagina que tu pareja te está contando lo frustrada que se siente con su trabajo. En lugar de ofrecerle recomendaciones sobre lo que debería hacer, o insistir en que está reaccionando de manera exagerada, refleja lo que acabas de oír sin incluir tus propias opiniones.

Di: "Solo quiero estar seguro de que te entendí. Tu jefe te está diciendo que tienes que participar en juntas semanales para darle actualizaciones del proyecto y tú no solo no tienes tiempo para terminarlo, sino que piensas que añadir más juntas a tu horario de trabajo no es justo porque te está generando todavía más cosas que hacer. ¿Así es?".

Si añade información adicional, también debes reflejarla. Cuando coincida con que entendiste lo que te dijo, valida lo que está sintiendo. Di: "Es comprensible que te sientas frustrada" o cualquier otro sentimiento que te haya dicho que está experimentando. Cuando expresas: "Es comprensible que te sientas así", estás validando que es correcto que sienta cualquiera que sea la emoción que está viviendo.

Si te dice que está molesto contigo, di que eso también lo puedes entender. No tienes que estar de acuerdo con los sentimientos de tu pareja para validarla. Después de que la escuches y la valides, habla de cómo es que tú ves las cosas. Si escuchas primero, es mucho más probable que te escuche a ti una vez que termine de hablar.

No se comunican de manera irrespetuosa

Aborda tus heridas no resueltas

Si tu pareja y tú tienen un patrón poco sano de comunicarse, es probable que ambos tengan heridas no resueltas y también es casi seguro que lleven mucho tiempo hiriéndose.

Por supuesto, algunas de tus heridas no resueltas podrían no provenir de tu pareja, pero tu dolor emocional podría terminar por extenderse a la persona más cercana a ti.

> Quizá estés experimentando algún dolor emocional que simplemente se esté extendiendo a la persona más cercana a ti.

Por fortuna, pueden esforzarse por sanar lo que sea que los esté lastimando. Si tienes un asunto no resuelto con tu pareja, habla al respecto. Aunque hablar acerca de algo que sucedió en el pasado no logrará cambiar las cosas, el que tu pareja te escuche puede servir de mucho para hacerte sentir mejor. Sin embargo, si no piensas que puedes tener una conversación productiva con tu pareja, deberías considerar acudir a terapia de pareja (a solas o con el otro). Un terapeuta podría ayudarte a encontrar maneras de comunicarle tu dolor a tu pareja de maneras sanas y productivas.

Aborda el tema explicándole a tu pareja que quieres cambiar la manera en que se comunican. Céntrate en ti y en lo que planeas hacer de manera diferente. Aquí hay algunos componentes que quizá quieras incorporar en tu conversación:

- ▶ Expresa tus sentimientos.
- ▶ Acepta tu responsabilidad.

- ▶ Discúlpate.
- ▶ Explica lo que vas a hacer de manera diferente.

Todo esto unido podría parecerse un poco a lo siguiente:

"Me siento triste cuando llegas tarde a casa y hay veces en que me frustra que no estés aquí para ayudarme con diferentes quehaceres. Pero cuando al fin llegas, te ataco y digo cosas muy desagradables. Me disculpo por ser grosera contigo. Voy a esforzarme por cambiar, porque lo último que quiero hacer es tratarte mal".

Cuando Haley decidió discutir sus heridas emocionales pasadas, dijo algo parecido a esto:

"Me frustró tener que regresar a trabajar después de tener al bebé. Me decepcionó que no pudiera quedarme en casa más tiempo, pero no te lo dije en ese momento. En lugar de ello, regresé a trabajar a regañadientes porque sabía que te preocupaba el dinero. Discúlpame por no hablar contigo en el momento. Quiero estar segura de que, a futuro, te diga cómo me estoy sintiendo para que trabajemos el asunto juntos y no se convierta en un rencor en tu contra".

Cuando estás experimentando un dolor emocional intenso, es difícil pensar de manera racional y tener una conversación delicada. Si pasas cierto tiempo planeando la manera en la que puedes hablar acerca de ello, aumentarás las probabilidades de poder expresarte de maneras provechosas.

Quizá te haga sentir un poco tonto practicar una conversación con tu pareja, pero es casi seguro que hayas practicado otras conversaciones importantes en tu vida, como una entrevista de trabajo o el brindis que pronunciaste en una boda. Así que, ¿por qué no habrías de practicar una conversación importante con tu pareja?

No se comunican de manera irrespetuosa

Dilo con respeto

Hay infinidad de maneras de decir lo mismo, y un pequeño cambio en las palabras que uses podrían hacer toda la diferencia del mundo.

Si quieres que tu pareja saque la basura, podrías pedirlo de diferentes formas:

- "¿Crees que al fin logres sacar la basura esta noche?".
- "¿Puedo interrumpir tu programa de televisión un brevísimo minuto para recordarte que saques la basura más tarde?".
- "¿Te mataría sacar la basura al rato?".
- "Ya hice todo lo demás hoy. ¿Crees que, por lo menos, te puedas dignar a sacar la basura?".

Pedir algo de estas maneras podría no darte buenos resultados. Aunque tu pareja termine por sacar la basura, es posible que pases una velada de tensión o, incluso, que terminen peleándose. Tal vez obtendrías una mejor respuesta si utilizas alguna de las siguientes peticiones:

- "¿Podrías sacar la basura esta noche?".
- "Me estarías haciendo un enorme favor si sacaras la basura".

Claro que incluso los ejemplos anteriores, con las palabras más adecuadas, pueden expresarse de manera irrespetuosa. Si hablas con un tono de voz condescendiente o suspiras de manera exagerada y levantas los ojos al techo de forma irónica, estarás enviando un mensaje por completo diferente que si lo haces de forma respetuosa.

Antes de que digas algo, o que respondas a alguna petición, pausa un momento y piensa en lo que vas a decir y la manera en que lo vas a hacer. Si tus emociones están demasiado a flor de piel como para que digas cualquier cosa de manera educada, espera hasta que puedas mostrarte más respetuoso.

Tómate algunos momentos para pensar en qué radica la diferencia entre los siguientes ejemplos de comunicación respetuosa e irrespetuosa:

- ✘ **Falta de respeto:** Ya deja de repetir lo mismo una y otra vez. Te oí a la primera.
- ✔ **Respeto:** Esto debe importarte mucho porque me lo has dicho más de una vez. ¿Sientes que quizá no te estoy entendiendo?
- ✘ **Falta de respeto:** ¿Por qué demonios comprarías ese número de cajas de cereal al mismo tiempo? Las cajas por todas partes nos hacen parecer acaparadores.
- ✔ **Respeto:** Hay veces en que me frustra que tengamos tanta comida que ya no cabe en la despensa y que termine amontonada en los muebles de la cocina; siento que hace que la cocina se vea desorganizada.
- ✘ **Falta de respeto:** ¿De verdad no puedes hacerme este favorcito cuando yo hago tanto por ti? Jamás te pido que hagas nada y siempre que lo hago, actúas como si estuviera intentando hacer que muevas montañas, cuando se trata de algo que no te va a llevar más de

No se comunican de manera irrespetuosa

dos minutos. ¡Pero qué perezoso eres! Ese es el verdadero problema.
- ✔ **Respeto:** Me encantaría que pudieras hacerme este favor. Sé que estas ocupadísimo con muchas cosas, pero no voy a poder hacerlo y significaría mucho para mí si lo hicieras.

La buena noticia es que la comunicación es una habilidad que se sigue aprendiendo y refinando con el tiempo. Tendrás amplias oportunidades para practicar esas habilidades a diario y las buenas habilidades de comunicación en casa también se extenderán a todas las demás áreas de tu vida.

¿QUIÉN SE SIENTE MOTIVADO?

Tómate un momento para pensar acerca de quién cree que existe un problema y quién se siente motivado a cambiar. Después, podrán decidir la mejor manera de abordar la situación.

1. Tú te comunicas de manera irrespetuosa

Si sabes que te has estado comunicando de manera irrespetuosa, tienes el poder para darle la vuelta a las cosas de inmediato y crear una relación mucho más saludable.

Tómate unos momentos para considerar cuáles fueron las últimas ocasiones en las que le faltaste al respeto a tu pareja. ¿Le faltas al respeto de manera habitual, por enojo o por ambas razones?

Si lo haces cuando te sientes enojada, aprende a reconocer los momentos en que empieza a aumentar tu enojo. En la clase de manejo de la ira que solía conducir, era frecuente que las personas me dijeran: "Paso de estar en absoluta calma a explotar en cinco segundos". Sin embargo, ese no suele ser el caso. Lo que sucedía es que todavía no aprendían a reconocer el momento en que empezaba a crecer su enojo para que lograran tomar las medidas adecuadas antes de experimentar una explosión de ira.

Cuando tu enojo y frustración empiezan a aumentar, tu cuerpo responde. Es más que probable que experimentes síntomas físicos, por ejemplo, si tu rostro se siente caliente o tu corazón empieza a latir con más rapidez. También es posible que empieces a suspirar con fuerza. Todas estas son señales de que deberías hacer algo para calmarte de inmediato, antes de que digas o hagas algo que pueda dañar tu relación.

Algunas parejas crean un plan; por ejemplo, se dan la oportunidad de pedir un tiempo fuera cuando una conversación se intensifica. La persona que necesita hacer una pausa podría utilizar alguna señal que indique que las cosas se están acalorando demasiado en ese momento, para salir a caminar y serenarse. Una vez que se sienta más tranquila, se puede reanudar la conversación.

Si tus comunicaciones irrespetuosas son cuestión de hábito, necesitas empezar a concientizarte más sobre cuáles son los momentos en que eres irrespetuoso. Siempre que te descubras haciendo o diciendo algo desagradable, detén la conversación y reconoce lo que acabas de hacer. Di algo como: "Eso fue una falta de respeto. Perdón. Déjame empezar de nuevo".

No se comunican de manera irrespetuosa

Al final de cada día, anota las maneras en que te comunicaste con faltas de respeto. La lista no tiene la intención de hacerte sentir avergonzado, sino de concientizarte y ayudarte a desarrollar un plan para tener un mejor desempeño mañana.

Busca patrones en tus comunicaciones. Es posible que te muestres irrespetuoso cuando hieran tus sentimientos, cuando te estreses o siempre que salga a relucir el tema de tu familia. Una vez que reconozcas esos patrones, desarrolla un plan para comunicarte con respeto de manera proactiva.

2. Tu pareja se comunica de manera irrespetuosa

Si tu pareja hace algo que percibes como una falta de respeto, señálaselo de manera delicada y saludable. Empieza con lo positivo. Identifica el problema específico y, después, muestra tu disposición a escuchar.

Di algo como: "Disfruto mucho de nuestras conversaciones. Sé que lo más seguro es que me estás escuchando aunque sigas viendo tu laptop, pero siento que estás distraído. Eso hiere mis sentimientos porque me hace pensar que no quieres escucharme".

Es posible que tu pareja minimice tus sentimientos o que insista en que tu interpretación de los hechos ni siquiera es veraz. Incluso, existe la posibilidad de que afirme que el asunto que estás mencionando no es un problema en absoluto y te diga algo como: "Lo que pasa es que soy excelente para hacer varias cosas a la vez. Puedo responder mis correos electrónicos y prestarte atención al mismo tiempo".

También es probable que tu pareja identifique algún problema que tú quizá puedas resolver. Por ejemplo, tal vez pierda su tren de pensamiento si lo interrumpes mientras está trabajando. Podrías pedirle si puede brindarte un minuto de su tiempo (en vez de empezar a hablar sin más) y, después, esperar a que esté listo para escucharte.

Si tu conversación inicial no sale bien, señala tus inquietudes con delicadeza en tiempo real. Si tu pareja toma su teléfono mientras estás diciéndole algo, haz una pausa y di: "¿Me puedes dar tu atención plena un minuto? Esto es importante para mí".

De manera alternativa, podrías señalar otros comportamientos en el momento, como: "Noté que levantaste los ojos al techo cuando mencioné que fuéramos a casa de mi mamá. Eso es algo que me lastima. Me encantaría saber lo que estás pensando".

Ese tipo de respuesta tiene mayor probabilidad de obtener mejores resultados que si gritas: "¡No te atrevas a voltear los ojos al techo cuando te estoy hablando!". Siempre que te sea posible, señálale lo que notaste e invita a tu pareja a que te explique lo que está sucediendo.

3. Tu pareja piensa que te comunicas de manera irrespetuosa

Es común que una persona piense que se está mostrando cortés y respetuosa, pero que su pareja interprete su tono de voz como condescendiente y desdeñoso, de modo que es muy importante que cuides que tu pareja escuche lo que le acabas de decir de manera muy distinta a tu intención.

Conversen abierta y francamente acerca de las cosas específicas que a tu pareja le parecen irrespetuosas. Recuerda que no tienes que coincidir con su opinión para que aceptes cambiar tu comportamiento de todas maneras.

Es posible que sonrías cuando estás comunicando malas noticias y que lo hagas en un intento por suavizar lo que estás diciendo, pero podría interpretarse como que estás obteniendo algún tipo de placer de la miseria de tu pareja.

O tal vez bajes la voz cuando ofreces alguna crítica. En tu opinión, lo haces para sonar calmado, pero tu pareja podría sentir que estás hablándole como si fuera un niño, con cierto aire de superioridad.

Toma en serio las inquietudes de tu pareja. Agradécele que te haya compartido ejemplos específicos de las veces en que sintió que le estabas faltando al respeto. Eso resulta difícil de hacer. Podrías sentirte tentado a inventar alguna excusa, a señalar que tu comportamiento estuvo justificado o simplemente a darle vuelta a la situación y reclamarle que hay veces en que tú también sientes que se muestra irrespetuoso, pero todas estas respuestas no son de ninguna utilidad.

Respira hondo y limítate a reconocer cómo se siente. Recuerda, escuchar a tu pareja es una primera señal de respeto. Valida a tu pareja y discute qué planes tienes para cambiar.

Este es un ejemplo: "Discúlpame si recojo mi teléfono para responder a mis mensajes cuando me estás hablando. Ni siquiera me doy cuenta de que lo estoy haciendo, pero sé que es una grosería. Voy a esforzarme por dejar de hacerlo".

Por supuesto, nunca digas que vas a tratar de cambiar algo si no tienes intención de hacerlo; sin embargo, si haces un esfuerzo genuino y concertado por cambiar tus patrones de comunicación, tu pareja lo notará y la relación mejorará.

4. Los dos se comunican de manera irrespetuosa

Es común que, con el tiempo, ambos miembros de la pareja se falten al respeto. A menudo, empieza con pequeños problemas de comunicación que crecen hasta hacerse más grandes.

Es frecuente que la actitud sea: "Si tú no me tienes respeto, no esperes que yo te lo tenga a ti". Esa mentalidad hace que la comunicación se deteriore, puesto que cada persona se niega a ser la primera en comunicarse con respeto.

La clave para crear cambios es que te enfoques en comunicarte de manera respetuosa, independientemente de lo que haga o diga tu pareja. Cuando cada quien se comprometa a hacerlo, empezarán a suceder cambios positivos de manera casi inmediata.

Podrían generar algunas estrategias para romper el patrón antes de que se presente un deterioro en cada conversación. Pedir un tiempo fuera, respirar hondo o, incluso, decir: "Empecemos de nuevo", podría ayudarlos a recuperar el buen camino. Cuando las emociones empiecen a intensificarse, pueden pausar la conversación. Esa es una excelente manera de practicar el uso de los límites que establecieron.

Si arruinas las cosas y la conversación no termina bien, vuelvan a discutir el tema en un momento en que los dos estén listos para hablar. Asume la responsabilidad de lo que te corresponda y piensa en lo que podrías hacer de manera distinta en la siguiente ocasión para hacer que las comunicaciones sean más eficaces.

CÓMO ES QUE LA COMUNICACIÓN RESPETUOSA LOS AYUDA A FORTALECERSE

Cuando Haley y Trevor acudieron a su cita de refuerzo, los dos consideraron que las cosas iban mucho mejor. Trevor dijo: "Ahora, me doy cuenta de que nos estábamos portando como dos niños de primaria arguyendo sobre quién era más probable que se convirtiera en astronauta. Nuestras peleas no nos llevaban a ninguna parte".

No obstante, una vez que encontraron formas provechosas y eficaces de comunicarse, se dieron cuenta de que los conflictos no eran algo malo. Podían trabajar de manera conjunta para satisfacer las necesidades de los dos. Su resentimiento mutuo disminuyó y fueron capaces de cooperar. Sin embargo, no llegaron a ese punto de la noche a la mañana. Tuvieron que hacer el trabajo necesario para crear un cambio positivo.

Cuando Trevor y Haley cambiaron la forma en que se comunicaban, todo mejoró; incluyendo los sentimientos de uno hacia el otro. Crearon un patrón que incluía empatía, compasión y ternura. Pudieron mostrarse asertivos entre sí a fin de poder satisfacer sus necesidades sin cruzar la línea hacia las faltas de respeto.

Al final de la sesión de refuerzo, Haley dijo: "Me siento mejor respecto de nuestra relación, pero también me siento mejor conmigo. Es como si también me sintiera más empoderada en otras áreas de mi vida".

No fue de sorprender que Haley afirmara que optimizar su comunicación mejoró su bienestar general. El desprecio no solo es perjudicial para la persona que lo recibe; también es dañino para la persona que lo expresa. Hay estudios que demuestran que sentir desprecio es un síntoma de enfermedades y de reducciones en el bienestar. Aprender a dejar el desdén de lado y empoderarte para que te comuniques de forma saludable sirve mucho para ayudar a convertirte en una versión más fuerte y mejor de ti mismo.

IDENTIFICACIÓN DE PROBLEMAS Y TRAMPAS COMUNES

Comunicación pasivo-agresiva

Sin duda, habrá momentos en que te comuniques más por medio de tu conducta que de tus palabras y es más que posible que lo hagas de forma deliberada.

Pero azotar las cosas solo para mostrarle a tu pareja lo frustrado que te sientes sin decir palabra no sirve de nada. Ni tampoco sirve que pases la mitad de la noche limpiando la casa solo para demostrarle que es una persona perezosa.

Cuando te percates de que te estás comportando de manera pasivo-agresiva, pregúntate qué es lo que estás sintiendo y qué es lo que quieres comunicar en realidad. Después, pregúntate cómo podrías comunicarte de mejor manera sin esperar que tu pareja entienda tus insinuaciones o que se sienta mal por ti y cambie la forma en que actúa. Si necesitas algo, alza la voz y pídelo.

Refunfuñar entre dientes

Si tratas de sonreír para ocultar tu enojo subyacente, tu pareja lo sabrá. No importa cuáles sean las palabras que salgan de tu boca si, en esencia, estás "refunfuñando entre dientes". No es buena idea decir: "¡No, no hay problema! ¡Todo está bien!" cuando lo que en realidad quieres expresar es: "¡No te importa un comino cómo me siento porque, de lo contrario, no me harías esto!". Si te sientes alterado, haz algo para serenarte un tiempo y, después, retoma la conversación. No tiene nada de malo que digas: "Me voy a tomar un minuto para pensar esto", antes de ofrecer una respuesta.

Mantente atento a las comunicaciones electrónicas

He trabajado con parejas que se comunican mejor por correo electrónico o a través de mensajes de texto porque eso les da tiempo de pensar lo que quieren decir y la forma en que desean responder. Para ellos, la comunicación electrónica podría significar que se muestren menos reactivos en términos emocionales y que pueden tener discusiones serias mejor que cuando se encuentran cara a cara.

Sin embargo, para otras parejas, comunicarse a través de mensajes les ocasiona mucho estrés adicional porque malinterpretan el tono de las palabras o porque tienen expectativas diferentes; una persona espera respuestas inmediatas a los mensajes de texto, mientras que otra no lo hace. Así que piensen en cómo utilizar los medios electrónicos para enriquecer su comunicación y establezcan límites en cuanto al tipo de conversaciones que quieran tener en directo si los mensajes de texto les están ocasionando problemas.

Incluso una pregunta como: "¿Se te olvidó comprar la leche?" se puede interpretar de diversas maneras. ¿Estás enojada? ¿Me estás acusando de que soy olvidadiza? ¿Estás tratando de lograr que vuelva a la tienda de manera pasivo-agresiva? ¿O solo estás preguntándote si de verdad se me olvidó hacerlo? Trabaja con tu pareja para que averigüen la mejor manera de comunicarse y si tienen dificultades con los medios electrónicos, quizá decidan que las llamadas telefónicas y las conversaciones cara a cara son las que mejor funcionan.

TEMAS DE CONVERSACIÓN

Tómate algunos instantes para reflexionar las siguientes preguntas y respóndelas. Si tu pareja está abierta a tener una conversación, invítala a responder a las preguntas también. Es una excelente oportunidad para poner en práctica sus habilidades de conversación respetuosa.

- ¿Cuáles serían algunos ejemplos en los que me comuniqué de manera respetuosa aun cuando quizá haya estado alterada?
- ¿Cuáles serían algunos ejemplos de situaciones en las que te esforzaste al máximo para no faltarme al respeto cuando te estabas comunicando conmigo?
- ¿Cuál sería una ocasión en la que te quedaste impresionado por nuestra capacidad para comunicarnos bien sobre un tema delicado?
- ¿Qué piensas que puede ayudarme a comunicarme de manera respetuosa?
- ¿Qué te ayuda a comunicarte con respeto cuando te resulta difícil hacerlo?

No se comunican de manera irrespetuosa

ENTREVISTA CON EL DOCTOR MARK GOULSTON

Hay veces en que un pequeño cambio en la comunicación puede hacer una enorme diferencia en la salud general de una relación. Nadie lo sabe mejor que el doctor Mark Goulston, uno de los mejores expertos en comunicación que conozco. Es un psiquiatra que pasó más de 25 años como catedrático de psiquiatría en UCLA. También fue negociador de rehenes policiaco y del FBI, quienes recurrieron a él en algunas situaciones de alto riesgo que necesitaron de un experto en comunicación.

El doctor Goulston ha escrito varios libros, incluyendo *Just Listen* (Solo escucha), *Talking to Crazy* (Cuando hablas con locos) y *Get Out of Your Own Way* (Deja de autosabotearte). Es anfitrión del pódcast *My Wakeup Call* y ha estado en mi propio pódcast como invitado en diferentes ocasiones. Tiene una capacidad increíble para ayudar a la gente a sentirse comprendida y sabe a la perfección la manera de enseñar nuevas habilidades de comunicación, así que quise escuchar lo que pensaba en cuanto a las maneras en que las parejas pueden comunicarse mejor.

¿Cuáles piensas que son algunas de las ideas falsas más importantes que las parejas tienen respecto de la comunicación?
Que tu pareja es capaz de leerte la mente, que debería poder anticiparse a tus necesidades, que si de verdad te quisiera, debería comprenderte mejor de lo que lo hace y que cuando tu pareja te ofrece retroalimentación o una sugerencia, te está diciendo que estás equivocado o que eres un idiota.

¿Cuáles son algunas de las formas más comunes de comunicación irrespetuosa que has visto entre parejas?
Cuando se gritan uno al otro, cuando no dejan de hostigar a la persona si no está haciendo lo que quieren que haga, bloquearse uno al otro, utilizar las palabras "siempre" y "nunca" de manera frecuente y no disculparse, darse las gracias, ni felicitarse entre sí.

¿Tienes algún estudio de caso breve o un ejemplo de alguien que se comunicaba de manera irrespetuosa con su pareja que nos puedas compartir? ¿Qué sucedió? ¿La persona logró cambiar sus hábitos de comunicación?

En el caso de una pareja, la mujer pensaba que su pareja masculina le estaba diciendo que él tenía la razón y que ella estaba equivocada.

Cuando le pregunté al hombre: "¿Estás diciéndole que ella está mal y que tú estás bien?", me respondió: "Para nada. ¡Lo que le estoy diciendo es que no *siempre* estoy equivocado! ¡No soy un idiota! ¡No soy incompetente! No sería tan exitoso como lo soy en este mundo si siempre estuviera mal".

Le pregunté: "¿Qué es lo que está pasando en realidad?". Al fin, me dijo: "Hubo un tiempo en que ella me tenía confianza, que tenía fe en mí, que me respetaba, e incluso, que le caía bien. Obtengo todas esas respuestas de las personas de mi trabajo y de mis amigos, pero la persona de quien lo necesito, de quien más lo quiero y de quien menos lo recibo es de ella. Sé que parezco frustrado e incluso enojado, pero eso no es lo que siento en realidad. Me siento herido y me da miedo que lo sepa porque temo descubrir algo que creo muy en el fondo, y eso es que simple y sencillamente no le importo".

Cuando le pregunté a ella qué era lo que estaba pasando en realidad, me contestó: "Sí, me siento frustrada con él, pero lo que en realidad me preocupa es que, muy en el fondo, debajo de su actitud malhumorada y taciturna cuando está conmigo, lo que siente es desprecio por mí y que nuestra relación terminó. No tenía idea de que se sintiera herido porque nuestra comunicación es así de terrible".

Él le respondió: "Eso lo puedo entender y, si sirve de algo, *es cierto* que puedo comportarme de manera muy infantil y entiendo que eso provoca algunas de las maneras en que me tratas".

—Entonces, ¿qué quieren hacer los dos en adelante? —les pregunté.

No se comunican de manera irrespetuosa

—¿Cómo sería que ella y yo nos preguntáramos de manera regular, sin que se nos olvide hacerlo, cada semana, si sentimos que seguimos haciendo lo que deberíamos para que las cosas entre los dos estén bien y no horribles, y que cada quien saque a relucir cualquier cosa que hayamos hecho para descarrilar la relación? —explicó él. Ella estuvo de acuerdo y los dos acordaron dejar que yo les hiciera una sugerencia.

—Los dos van a tener retrocesos de vez en cuando —les dije—. ¿Cada uno promete no reaccionar echando por la borda todo el progreso que hayan alcanzado? ¿Y pueden hacerlo deteniéndose y disculpándose o haciendo alguna pausa después de que la otra persona haya dicho algo desagradable para mencionar: "Oh, creo que acabas de tener un resbalón", para después reconocer cuando así sea y responder: "Pienso que tienes razón. Lo siento"?

¿Cuál sería una o algunas de las estrategias más eficaces que utilizas para ayudar a las personas a tener una comunicación más efectiva?
Una de las mejores estrategias para cortar una pelea de inmediato es detenerse y, en lugar de empeorar las cosas, preguntarse "¿Qué está experimentando el otro en este momento?". Lo que vas a descubrir es que puedes sentir curiosidad y enojo al mismo tiempo. Además, también vas a descubrir que a la otra persona tampoco le gusta para nada la dirección que está tomando la conversación.

Hace muchos años, hice justo eso con mi esposa, con la que llevo 44 años felizmente casado. Me detuve y me di cuenta de que a ella tampoco le gustaba la dirección que estaba tomando nuestra conversación. Así que le dije: "¿Te gusta a dónde nos está llevando esto?".

Se detuvo al instante y me contestó: "No soporto cuando pasa esto". Ante ello, le expliqué: "Yo tampoco. ¿Tienes alguna idea de cómo podemos evitar que pase?". En ese momento, me sonrió y me dijo: "No, pero vas por buen camino".

Hablas mucho de la importancia de escuchar y de que escuchar es mucho más que "quedarse callado". ¿Cómo es que las personas pueden escuchar mejor a sus parejas?
Una actividad que les sugiero que intenten a diario durante una semana y que cambiará por completo la manera en que escuchan es el ejercicio ECVA. Todos los días, selecciona alguna conversación en la que quieras ser una mejor escucha. Después de que termine, califícate en una escala del 1 al 10 desde el punto de vista de tu pareja en términos de ECVA:

1. E – qué tanto se sintió ESCUCHADA por ti, contra que la hayas interrumpido o que te hayas distraído.
2. C – qué tanto se sintió COMPRENDIDA por ti por pedirle que te dijera más acerca de temas con los que te pareció que tenía alguna conexión emocional.
3. V – qué tanto se sintió VALORADA por ti porque de manera sincera hayas encontrado algo positivo sobre lo que dijo y que se lo hayas hecho saber.
4. A – qué tanto sintió que AÑADISTE valor a lo que te dijo, quizá porque viste incluso algo más que podrían hacer con lo que hablaron.

No te castigues si al principio no te sale bien. Esto no es algo que surja de forma espontánea, pero te ayudará a desarrollar tus músculos de escucha y de presencia.

8

No se culpan el uno al otro por sus problemas

> Sesenta y cuatro por ciento de las personas culpa a sus parejas por su infelicidad.
> ENCUESTA *Couples by the Numbers*

Cuando Casey entró al consultorio, dijo: "Ni siquiera estoy segura de por qué estoy aquí. Mi esposo es quien necesita ayuda, pero se rehúsa a venir, así que pensé que me presentaría yo, aunque pienso que no tiene gran caso". Ella y su esposo, Andy, llevaban cuatro años de casados. Tenían un hijo de dos años y Andy tenía otro hijo de 12 años de una relación anterior.

Cuando decidieron estar juntos, Casey le dijo a Andy que quería tener dos hijos. En ese momento, Andy estuvo de acuerdo. "Pero ahora ya cambió de parecer", me explicó Casey. "Dice que ya no quiere más hijos, así que mis únicas opciones son obligarlo a tener otro hijo, aunque no quiera hacerlo, o divorciarme para que pueda tener un hijo con alguien más. No me estoy haciendo más joven, por ello tengo que decidir lo que voy a hacer lo antes posible".

Cuando le pregunté sobre su relación con Andy, me dijo que "no era mala". En términos generales, se llevaban bien y Andy era un buen padre, así que no podía entender por qué ya no estaba interesado en tener más hijos.

Ya había pasado cerca de un año desde que habían empezado a discutir el deseo de Casey de embarazarse de nuevo; ahora, el tema consumía su relación… y la vida de Casey.

"No podemos discutir el tema porque solo terminamos peleándonos, pero el asunto surge de manera constante. O me mintió cuando dijo que sí quería tener hijos o es una persona que no cumple con su palabra. Entonces, lo que me pueda decir ahora en realidad no importa".

Cuando le pregunté a Casey qué esperaba obtener de la terapia, respondió: "Quizá hablar de todo esto me ayude a ordenar mis pensamientos para que así pueda decidir lo que haré en el futuro".

Durante las siguientes citas, Casey me aclaró que sentía que si se quedaba con Andy, iba a tener una vida infeliz. No podía estar feliz solo con un hijo. Sería culpa de Andy que se sintiera miserable y pasaría el resto de su vida recordando que su marido era una persona "egoísta". Sin embargo, no estaba del todo segura de que tuviera la energía suficiente para empezar de cero con alguien más; esa opción también le parecía abrumadora.

Le pregunté si existía la posibilidad de una tercera opción. Que pudiera aceptar la idea de que Andy no quisiera otro bebé, y al mismo tiempo tener una vida maravillosa y feliz con él y con el hijo que habían tenido, y con el hijo de Andy de su relación anterior.

Al principio, se resistió a esa posibilidad. Si se quedaba con Andy, significaría que no estaba viviendo la vida de en-

No se culpan el uno al otro por sus problemas

sueño que deseaba. Me dijo: "No estoy segura de que esté dispuesta a conformarme con eso".

Al igual que muchas personas que acuden a mi consultorio, Casey estaba convencida de que su felicidad dependía de que tuviera dos hijos. Si Andy tomaba decisiones que no coincidían con lo que ella pensaba que la haría feliz, pasaría el resto de su vida sintiéndose miserable, lo que sería culpa absoluta de su esposo.

Te explicaré lo que Casey decidió hacer un poco más adelante en el capítulo, pero antes de hacerlo, tómate algunos momentos y piensa qué tanta responsabilidad asumes por tu propia felicidad y cuánta responsabilidad aceptas por tu relación.

CUESTIONARIO

Lee las siguientes afirmaciones y ve cuántas de ellas te parece que sean ciertas.

- ○ Culpo a mi pareja por mi infelicidad.
- ○ Culpo a mi pareja por obligarnos a hacer algo que yo no quiero hacer.
- ○ Los problemas que tenemos en nuestra relación son principalmente culpa de mi pareja.
- ○ Sería más feliz si mi pareja hiciera las cosas de manera diferente.
- ○ El comportamiento de mi pareja hace difícil que yo disfrute de la vida.

○ Mi pareja tiene un hábito o manera de pensar dañino que hace imposible que nos llevemos bien.

○ Casi todas nuestras peleas son culpa de mi pareja.

○ Nuestra relación podría ser mucho mejor si no fuera por los asuntos que aquejan a mi pareja.

Ahora, vuelve a leer las afirmaciones y piensa con cuántas de ellas estaría de acuerdo tu pareja. Mientras más afirmaciones te parezcan verdaderas, mayores probabilidades habrá de que se culpen entre sí por sus problemas.

PUNTO DE PARTIDA

Casey aprovechaba cualquier oportunidad para mostrarle a Andy lo infeliz que se sentía con su indisposición a tener otro bebé. Era frecuente que convirtiera momentos felices en oportunidades para recordarle a Andy lo mucho que se estaban perdiendo por no tener otro hijo. Cuando su pequeño de dos años decía algo gracioso o aprendía algo nuevo, decía: "Ojalá y lo hubiéramos grabado con la cámara dado que ya jamás experimentaremos cosas como esta".

Resulta tentador convertir a tu pareja en el chivo expiatorio. Cuando la culpas por tu estrés, tu infelicidad o los problemas de la relación, tú no tienes que asumir responsabilidad alguna por lo que te corresponde. Sin embargo, cuando decides que absolutamente todo está fuera de tus manos, tampoco puedes hacerte responsable de mejorar las cosas.

Aunque culpar a tu pareja por todo lo que sucede es una mala idea, tampoco es nada saludable que tú te culpes de la misma forma. Esto es algo que también veo en mi consultorio.

No se culpan el uno al otro por sus problemas

Algunas personas se flagelan por los errores del pasado y suponen que todos los problemas que hay en la relación se derivan de las decisiones que tomaron.

De modo que no es nada sano encontrarse en cualquiera de los extremos de cada conducta, negar toda responsabilidad o culpabilizarse demasiado; pero también es importante que asumas cierta responsabilidad por tu felicidad y por la salud de tu relación.

Tómate un minuto y piensa en lo que responderías a las siguientes preguntas:

- ¿Te culpas demasiado por los problemas que tienen tu pareja y tú?
- ¿Culpas a tu pareja de manera excesiva por los problemas que tienen?
- ¿Tu pareja se culpa demasiado?
- ¿Te culpa a ti de manera exagerada?

Por fortuna, puedes tomar medidas para aceptar la responsabilidad adecuada de lo que te corresponde, al tiempo que llamas a tu pareja a cuentas por lo que le toca.

¿POR QUÉ NOS CULPAMOS UNO AL OTRO POR NUESTROS PROBLEMAS?

Casey tenía un plan de vida y sentía que cualquier cambio significaba una infelicidad inevitable. Culpaba a Andy por destruir el futuro feliz que imaginaba con una familia cada vez más amplia. Pensaba que su marido estaba mostrándose egoísta por no hacer algo que la haría feliz a ella.

No estaba pensando en las cosas desde el punto de vista de Andy. De hecho, cuando le pregunté cuáles eran sus razones por no querer tener más hijos, no podía darme ninguna otra que no fuera "porque es egoísta". No estaba segura de si estaba preocupado por las implicaciones económicas, por la pérdida de libertad o por el hecho de que se estaba haciendo mayor y ya no tenía la energía para criar a otro niño. Sin que importaran los razonamientos de su esposo, estaba convencida de que iba a ser infeliz y que todo sería culpa de Andy.

A todos nos gusta pensar que los problemas que tenemos en la vida son culpa de alguien más. En varios sentidos, pensarlo nos libra de mucho. Decirte: "Podría tener una carrera fabulosa, pero mi pareja hizo que nos mudáramos tantas veces por su trabajo que para mí fue imposible hacerlo", significa que tienes la excusa perfecta para la falta de progreso en tu trayectoria profesional.

También es posible que exista una explicación biológica ante la facilidad con la que culpamos a otros. Investigaciones imagenológicas de la Universidad de Duke muestran que los sucesos positivos y negativos se procesan en áreas diferentes del cerebro. La corteza prefrontal es la que procesa los sucesos positivos. Lleva cierto tiempo que dichos recuerdos se procesen y es frecuente que nuestro cerebro concluya que las cosas buenas suceden de manera casual.

La amígdala, que es la que controla la respuesta de lucha o huida, es la que procesa los sucesos negativos. La amígdala procesa estos datos más rápido y es frecuente que concluya que las cosas malas suceden de forma intencional. Sucede con tal velocidad, que a menudo no notamos la suposición automática de que la persona más cercana al problema debió haber ocasionado que sucediera algo malo.

No se culpan el uno al otro por sus problemas

Si llegas tarde, es más probable que culpes a algo que está fuera de tu control... como el tráfico. Sin embargo, si tu pareja llega tarde, es más probable que lo culpes por marcharse sin la debida anticipación.

Así que es posible que culpes a tu pareja de manera automática cuando los niños se portan mal, cuando las declaraciones de impuestos tienen errores o cuando se vence el seguro del auto. Si no evalúas la veracidad de tus pensamientos y no le ofreces el beneficio de la duda a tu pareja, empezarás a resentirla por todos los errores que parece que no deja de cometer.

La culpa es un mecanismo de defensa excelente. Si culpas a alguien más por el hecho de que tú has metido la pata o porque eres infeliz, logras proteger a tu ego. Si no aceptas la responsabilidad por lo que te corresponde en el proceso, es posible que termines convenciéndote de que no deberías sentirte mal por alguna equivocación cometida.

> La culpa es un mecanismo de defensa excelente.

EJERCICIOS DE FORTALECIMIENTO MENTAL

Después de varias semanas de reunirme con Casey, le pedí que considerara si había cualquier forma en que pudiera tener una vida feliz con Andy y con un solo hijo biológico. De inicio, afirmó que no; siempre imaginó que tendría dos hijos.

Así que le pregunté: "¿Y qué pasaría si tener un solo hijo fuera tu única opción? ¿Qué sucedería si Andy o tú tuvieran algún problema de fertilidad o algún otro asunto que hiciera imposible que tuvieran otro hijo biológico?". Afirmó que si esa fuera su única opción, la aceptaría. Invertiría toda su energía en disfrutar de su vida mientras criaban a su hijo y a su hijastro juntos.

Indicó que la diferencia principal entre esa situación y que Andy eligiera no tener otro hijo era que siempre sentiría que él había evitado que tuvieran la mejor vida posible. Pensaba que el hecho de que la persona que se suponía que debía amarla más que nadie se rehusara a darle lo que más quería era una ofensa imperdonable.

Sin duda, esa era una opción. Podía decidir pensar que Andy estaba causando su sufrimiento, pero también podía dejar ir esa creencia y asumir la responsabilidad de su propia felicidad.

Tuvimos una discusión algo filosófica sobre la vida y las cartas que nos toca jugar. Además, entablamos una conversación científica relacionada con la felicidad y con la probabilidad de que otro bebé realmente fuera lo único que determinaría su capacidad para tener una buena vida o no. Gran parte de las investigaciones muestran que la felicidad tiene muy poca correlación con los sucesos de la vida y mucha más con la manera en que respondemos a estos.

No obstante, si elegía creer que Andy haría que su vida fuera miserable, bien podría provocar que eso sucediera. Si esperas que pasen cosas terribles y que tu vida sea de lo peor, tus creencias podrían convertirse en profecías autocumplidas.

Le pregunté cómo su enojo hacia Andy podría afectar su capacidad para disfrutar la crianza de su hijo en este momento. Reconoció que se estaba privando de algunas alegrías de ser madre por estar tan obsesionada con tener otro bebé.

También discutimos cómo sería su vida si se divorciaba de Andy; lo que eso significaría para su hijo, para su hijastro y para su futuro. Dijo: "Tampoco estoy del todo convencida

No se culpan el uno al otro por sus problemas

de que esa alternativa me lleve a ser feliz, pero hay veces en que siento que me encuentro entre la espada y la pared".

Discutimos las consecuencias de obligar a Andy a tener otro bebé si no se sentía cómodo con hacerlo. ¿De verdad quería amenazarlo con el divorcio? ¿Se sentiría feliz si la única razón por la que Andy accediera a sus deseos fuera por darle un ultimátum?

Casey tenía opciones para responder a la negativa de Andy de tener otro hijo. Podía sacarle el mejor partido a la situación o podía hacer que todos a su alrededor se sintieran miserables mientras seguía culpando a su esposo. No lo dije de manera tan directa, pero pasamos muchas sesiones hablando de los diferentes resultados y opciones hasta que llegó a esa conclusión por sí misma.

Después de varias semanas y de muchas discusiones sobre la vida, la felicidad y la responsabilidad personal, el idioma que Casey utilizaba para hablar acerca de Andy empezó a cambiar. En lugar de afirmar: "Andy es egoísta", decía cosas como: "Andy es muy gracioso". Y en lugar de insistir en que estaba arruinándole la vida, pasó más tiempo describiéndolo como un padre amoroso. Así también, comenzó a hablar de su relación en términos más positivos.

Durante una sesión, le señalé lo que estaba observando y me dijo: "Empecé a ver las cosas desde el punto de vista de Andy. Hablamos de las razones por las que no quiere tener más hijos y ahora lo entiendo mejor. Me doy cuenta de que yo no quería que nada fuera culpa mía, incluyendo mi infelicidad. Pero ya no voy a seguir culpando a Andy y me voy a centrar en ser la mejor persona que puedo ser para mi familia, aunque esta no sea tan grande como alguna vez esperé que fuera".

Casey estaba tratando de evitar la tristeza. Prefería estar enojada con Andy que sentir pesar por no tener otro hijo. Sin embargo, una vez que se permitió experimentar esa tristeza, pudo asumir la responsabilidad de su propia felicidad de allí en adelante. Ya no quiso desperdiciar el tiempo que tenían juntos sintiéndose miserable y, en lugar de ello, eligió sentirse agradecida por la vida que tenían.

Detén la espiral descendente de la culpa

Si te alteraste por algo menor que te dijo tu pareja solo para encontrar que a los 10 minutos terminaste convencido de que no le importas, no estás solo. Una pequeña falta u ofensa percibida se puede convertir en culpabilización extrema si no tienes cuidado.

Los pensamientos negativos conducen a una espiral descendente, y la culpa no es la excepción. Es probable que le asignes un significado a la conducta de tu pareja que te lleve a concluir que no le importas de un momento para otro.

Este es un ejemplo. Bill va a jugar golf con sus amigos, pero le promete a Sam que regresará con tiempo para asistir al día de campo de su familia. Bill llega tarde y no llama para avisar.

Sam está furiosa y piensa:

Bill prefiere pasar el día con sus amigos que conmigo y con mi familia.
Bill es insensible.
A Bill no le importan mis sentimientos.
A Bill nunca le importa lo que siento.
A Bill no le importo para nada.

No se culpan el uno al otro por sus problemas

En cuestión de minutos, la respuesta de Sam a la impuntualidad de su pareja conduce a que concluya que a Bill ella no le importa en absoluto. Aunque esa puede ser una posibilidad, también hay muchísimas más. Es probable que el juego de Bill se haya alargado y que no pudiera encontrar la manera de salirse de la situación con sus amigos. O quizá el tráfico fue terrible y Bill no calculó bien el tiempo que le llevaría conducir hasta el día de campo. O existe la posibilidad de que haya subestimado lo importante que esto le parecía a Sam. Hay un sinfín de opciones, pero al estar alterados, es fácil que nuestros pensamientos se vuelvan catastróficos en cuestión de minutos.

Cuando empiece la espiral, pausa un minuto y detente. Respira hondo y pregúntate si lo que estás diciendo es realmente cierto. Si tu pareja dejó los zapatos a mitad del suelo, ¿significa que no te ama? Si tu pareja no te compró el regalo que tú querías, ¿significa que no le importas? Cuando te planteas esas preguntas, suele volverse evidente que tu cerebro está recurriendo a conclusiones irracionales y culpando a tu pareja por más de lo que implica su responsabilidad.

Acepta parte de la responsabilidad

Los problemas de relación nunca son culpa de una sola persona. Quizá no hayas ocasionado el problema, pero sí tienes cierta responsabilidad por la manera en la que respondes. Sin em-

> Aunque el desastre en el que te encuentres no sea tu culpa, salir de él podría seguir siendo tu responsabilidad.

bargo, más o menos en este momento, es posible que estés pensando: "¡Es que no entiendes! ¡El problema *es* culpa de mi pareja!".

Aunque el desastre en el que te encuentres no sea tu culpa, salir de él podría seguir siendo tu responsabilidad. Asumir parte de la responsabilidad del problema te empodera para que formes parte de la solución.

A continuación, encontrarás algunos ejemplos de la manera en que puedes asumir la responsabilidad de los problemas que experimentas y que, al inicio, podrían parecer ser culpa exclusiva de tu pareja:

▶ La adicción a los juegos de azar de tu pareja no es tu culpa; sin embargo, es tu responsabilidad decidir cómo responderás ante ello. Tu parte del problema podría ser que has estado gritando, discutiendo e, incluso, tratando de ocultar su dinero en lugar de conseguir ayuda para ti misma. Es difícil vivir con alguien que tiene una adicción, y tu parte de responsabilidad podría ser que obtengas apoyo para ti. Ese apoyo podría significar cualquier cosa, desde un terapeuta hasta un asesor financiero que te pueda ayudar a tomar decisiones saludables.

▶ La infidelidad de tu pareja no es culpa tuya; sin embargo, si pasas años gritándole, acusándolo, vigilándolo y espiándolo, no vas a hacer ningún bien para ti ni para tu relación. Podrías decidir que tú eres responsable de sugerirle a tu pareja que vaya a tratamiento y que, a la larga, los dos acudan a terapia si decides que quieres tratar de rescatar su vínculo.

No se culpan el uno al otro por sus problemas

▶ Los problemas de conducta de tus hijos no son culpa de tu pareja. Quizá no estés de acuerdo con sus estrategias de disciplina, pero tú también eres responsable de la crianza de los niños. Tu responsabilidad podría consistir en dejar de gritarle a tu pareja enfrente de ellos. En lugar de eso, podrían esforzarse por desarrollar un plan de crianza con el cual puedan coincidir los dos.

Como lo discutimos en el capítulo 6, tu pareja no siempre tiene que estar por completo comprometida con cambiar para que tú prepares el camino para poder hacer las cosas de manera diferente. Con solo aceptar algo de responsabilidad, puedes reducir la actitud defensiva de tu pareja y aumentar las probabilidades de que esté dispuesta a crear un cambio. Cuando no tiene que invertir todas sus energías en defenderse, queda en libertad para esforzarse en resolver el problema.

Por ello, dedica un tiempo a pensar sobre lo que deseas responsabilizarte. Quizá necesites trabajar con eso un rato antes de que digas algo en voz alta. Cuando sientas que puedes mantenerte en calma y tener una conversación productiva, habla con tu pareja acerca de la parte de responsabilidad que aceptas.

Adopten una mentalidad de "nosotros contra el problema"

Van a enfrentarse a los problemas en pareja. Cuando lo hagan, tienen dos opciones: pelear entre sí o unir fuerzas para luchar contra el problema de manera conjunta.

13 cosas que las parejas mentalmente fuertes no hacen

Hay ocasiones en que la adversidad destroza a las parejas. Ya sea que se trate de problemas económicos o de la muerte de un ser querido, los tiempos difíciles pueden despertar emociones intensas. Hay muchos malentendidos y sentimientos heridos que se agravan durante las malas épocas. Cuando ambos miembros de la pareja se enfrentan a este tipo de situaciones, resulta desafiante ofrecerse apoyo mutuo e, incluso, es posible que terminen por enfrentarse uno con el otro.

He visto que esto sucede en mi consultorio en el caso de parejas que están pasando por un duelo. Por un lado, uno de los miembros de la pareja estaba esforzándose al máximo por "seguir adelante" después de la muerte de uno de sus hijos. Él quería que la vida regresara a la normalidad lo más rápido posible. Su pareja se sintió confundida por su comportamiento e interpretó que eso significaba que no estaba triste, por lo que empezó a aislarse de él. Mientras más lo hacía, más obligado se sentía él a tratar de hacer que las cosas marcharan mejor y terminaron atascados en un ciclo que solo agravó sus sentimientos. Es común que las parejas entren en ese tipo de patrón cuando se enfrentan a situaciones trascendentales.

Sin embargo, cuando las parejas trabajan de manera conjunta para lidiar con sus problemas, la adversidad puede hacer que se unan más. De hecho, hay investigaciones que muestran que los desastres naturales pueden acercar más a las parejas. Unos investigadores analizaron lo que les sucedió a 231 parejas que vivían en el condado de Harris, Texas, en 2017, cuando el área sufrió el embate de un huracán categoría 4 que ocasionó inundaciones catastróficas. Las parejas informaron de aumentos significativos en la satisfacción con sus relaciones, cosa que empezó antes de la llegada del desastre natural y que duró hasta poco tiempo después del paso del huracán.

No se culpan el uno al otro por sus problemas

Es probable que las parejas se sientan más felices con su relación cuando tienen un enemigo en común... como un huracán. Pueden percibir el fenómeno como un problema en el que tienen que trabajar juntos para resolverlo, por ejemplo, tapando sus ventanas o evacuando a la familia del área. Después, una vez que pasa la tormenta, pueden trabajar de manera conjunta en ideas y estrategias de limpieza o para abordar los problemas ocasionados por el huracán (como encontrar un refugio temporal o lidiar con las aseguradoras en caso de haber sufrido algún daño).

Cuando percibimos los problemas como algo que podemos enfrentar como equipo, podemos crecer juntos, además de desafiarnos a nosotros mismos para crecer como individuos. Sin embargo, si culpas a tu pareja por el problema, no sentirás que tienen ningún tipo de poder para trabajar juntos.

¿QUIÉN SE SIENTE MOTIVADO?

Tómate un momento para reflexionar sobre quién piensa que hay un problema y quién se siente motivado para crear un cambio. Después, pueden decidir la mejor manera de abordar la situación.

1. Tú quieres dejar de culpar a tu pareja

Presta atención al tipo de lenguaje que utilizas. Cuando empieces a pensar o a decir que algo es *por completo* culpa de tu pareja, detente un minuto para replantear tus ideas.

Así también, mantente atento a los pensamientos o afirmaciones que empiecen con "Si tan solo...". Es posible que insistas que si tu pareja tan solo dejara de comer fuera durante su hora de comida, solucionarían sus problemas financieros. O que si tu pareja tan solo te ayudara a limpiar la casa por las noches, se llevarían mejor.

Cuando te sientas insatisfecho con el comportamiento de tu pareja, detente un momento y pregúntate: "¿Cómo quiero responder a esto?". Después, busca la manera en que puedan tomar un enfoque de equipo para que ambos lidien con el problema.

Es posible que hayas cometido errores en el pasado, como acceder a hacer cosas que no pensabas que fueran buena idea porque querías que tu pareja se sintiera apoyada, pero ahora te sientes resentido y culpas a tu pareja. No puedes cambiar el pasado, pero sí puedes cambiar la forma en que respondes a él.

Tal vez tú no seas responsable del problema; pero también es posible que lo hayas agravado peleando al respecto. Quizá hayas fastidiado a tu pareja en exceso, lo hayas sermoneado de manera crítica o le hayas respondido con un "¡Te lo dije!", cosa que empeoró la situación aún más. Asume la responsabilidad por las cosas que hiciste y que contribuyeron al problema.

Empieza la conversación reconociendo lo que hiciste. Di algo como: "Sé que nos hemos estado peleando mucho recientemente y quiero cambiar eso. Me disculpo por decir cosas desagradables cuando me siento frustrado. No quiero contribuir a más problemas y voy a hacer mi máximo esfuerzo por controlar mi carácter de mejor manera".

2. Quieres que tu pareja deje de culparte

Si tu pareja te culpa, es probable que hayas dicho "¡Pero no todo fue mi culpa!" en más de una ocasión. Sin embargo, insistirle a alguien que deje de culparte no servirá de nada.

Si quieres que tu pareja asuma parte de la responsabilidad, primero acepta el papel que tú representaste en el problema. Después, utiliza un enfoque de colaboración para la solución del problema. Por último, ofrece una explicación, no una excusa. Por ejemplo, podrías decir algo como: "La razón por la que llego tarde a cenar es porque estoy tratando de terminar lo que tengo que hacer en la oficina para que no tenga que traer trabajo a la casa". Demuestra que comprendes la razón por la que esto podría resultar estresante y di: "Entiendo que los niños necesitan cenar más temprano para que puedas llevarlos a la cama. ¿Cómo podemos resolverlo?".

Tal vez decidan que es mejor que lleves algo de trabajo a la casa o quizá tu pareja les dé de cenar temprano a los niños para que ustedes dos puedan cenar juntos durante las noches que tengas que llegar tarde. Hay infinidad de maneras para resolver un mismo problema y una vez que aceptas que sí, que parte del problema es tu culpa, estarán un paso más cerca a encontrar la solución.

> Cuando te sientas culpado de manera injusta, evita destacar los defectos de tu pareja.

Cuando te sientas culpado de manera injusta, evita destacar los defectos de tu pareja. Si te reclama que gastas demasiado dinero, no le recuerdes que tampoco es perfecto señalándole que rompió su teléfono el mes pasado y que fue necesario comprar uno nuevo. De lo contrario, se meterán en una competencia para ver quién comete las peores infracciones.

3. Tu pareja quiere que dejes de culparla

Si tu pareja piensa que la culpas demasiado, escucha sus inquietudes. No tienes que coincidir con que, en efecto, la culpas de manera excesiva, pero sí puedes estar de acuerdo con que no es sano que así lo perciba.

¡Es posible que incluso tu pareja te esté culpando de culparla! Y eso no significa que, en realidad, la estés culpando de forma exagerada; es probable que solo lo sienta así. A veces, la gente se siente culpable por ciertas cosas aunque no haya hecho nada mal.

Este es un ejemplo. Alguien le dice a su pareja: "Vamos retrasados". Ese es un hecho y solo tiene la intención de hacer una observación, pero la pareja lo interpreta como: "Me está culpando de que vayamos retrasados". Piensa que el comentario es un intento pasivo-agresivo por hacer que se apure y surge una discusión porque siente que se le está culpando.

No eres responsable de hacer que tu pareja se sienta feliz en todo momento, pero sí es importante entender si tu pareja está interpretando lo que dices como una crítica o culpabilización. Discutan la forma en que el mensaje podría interpretarse de manera diferente a la que fue tu intención y aliéntala a que te plantee una pregunta como: "¿Estás diciendo que esto es culpa mía?". Por otra parte, asegúrate de no utilizar sarcasmos ni comunicaciones pasivo-agresivas que impliquen que tu pareja sea la responsable. Si quieres discutir la responsabilidad de tu pareja en relación con algún asunto, sé directo al planteárselo.

4. Los dos quieren dejar de culparse tanto

Como sin duda lo has notado, las conversaciones no pueden ser productivas cuando incluyen afirmaciones del tipo: "¡Es tu culpa!" o "¡No, es culpa tuya!".

Si tu pareja y tú tienen desacuerdos que suenan así, enfócate en ti por un momento. Tómate un tiempo y anota algunas cosas que tú estás haciendo para contribuir al problema. Pídele a tu pareja que haga lo mismo. Resiste la tentación de anotar lo que crees que tu pareja está haciendo mal. Después de unos minutos, discutan sus listas entre los dos.

Si sientes que tu pareja omitió algunas cosas, no es necesario que se las señales. Solo escucha lo que tiene que decir y compártele aquello por lo que estás dispuesto a responsabilizarte.

Tampoco es necesario que declares qué porcentaje del problema es culpa tuya. Asume la responsabilidad de las cosas específicas que tú hiciste y que condujeron al problema, contribuyeron al mismo, lo exageraron, o lo empeoraron después de lo que sucedió.

Inicia la conversación aceptando tu parte, en lugar de acusar a tu pareja de hacer algo mal. Podrías empezar explicando: "He estado empeorando las cosas al quejarme de lo mucho que estás trabajando. Siento haber iniciado tantas peleas. Quiero mejorar la manera en que me comunico contigo". Es probable que eso inspire a tu pareja a aceptar parte de la responsabilidad, a diferencia de cuando inicias la conversación diciendo algo como: "No deberías trabajar tanto".

CÓMO ES QUE ACEPTAR SU RESPONSABILIDAD LOS AYUDA A FORTALECERSE

Una vez que Casey dejó de pensar en Andy como un enemigo que estaba intentando hacerle la vida pedazos de manera intencional, pudo enfocarse en trabajar en su relación. Tenían un problema en el que no era posible llegar a una solución intermedia: o tenían otro hijo o no lo tenían. Pero ella necesitaba dejar de darle el poder de determinar si iba a vivir una vida feliz.

Una vez que dejó de culparlo y se empoderó lo suficiente para retomar el control de su vida, pudo empezar a sanar. Durante un tiempo, pasó por un periodo de duelo por el hecho de que no iba a tener la vida que alguna vez soñó con dos hijos biológicos, pero no necesitaba pasar el resto de su vida culpando a Andy por tratar de hacerla miserable. Todavía podía tener una vida fantástica si así lo deseaba.

Una vez que hizo ese cambio, su relación con Andy empezó a mejorar, hubo una mejoría en su bienestar psicológico y, sin duda, su relación con su hijo y con su hijastro también se benefició.

Cuando aceptas la responsabilidad de lo que hiciste, quedas en libertad para tomar medidas. Con el tiempo, te sentirás cada vez mejor cuando aceptes la responsabilidad de tu vida y de tu felicidad.

IDENTIFICACIÓN DE PROBLEMAS Y TRAMPAS COMUNES

Pensamiento de todo o nada

Con mucha frecuencia, las personas asumen que todo es culpa suya o que todo es culpa de su pareja. Es la clásica pelea infantil de "¡Tú empezaste!". Sin embargo, gran parte de los problemas puede rastrearse en una serie de sucesos diferentes. Una cosa sale mal, la otra persona responde de manera poco provechosa y, con frecuencia, las cosas empiezan a deteriorarse desde ese momento. No obstante, es imposible hacer que las cosas mejoren cuando están demasiado ocupados señalándose uno al otro para decidir quién "tuvo la culpa".

Búsqueda de aliados

Es tentador buscar a otras personas que puedan avalar que algo no es culpa tuya. Y la mayor parte del tiempo es muy fácil convertir a los amigos y miembros de la familia en aliados que nos aseguren que tenemos poca o nula responsabilidad en una situación. Sin embargo, reclutar aliados solo empeorará las cosas. Esta no es una guerra y lo último que querrás hacer es convertir tu relación en una batalla sin cuartel a medida que cada quien busque ganarse a otros. No importa que tu madre esté de acuerdo contigo o que tu mejor amiga esté de tu parte. Esto es cosa entre tu pareja y tú, y las opiniones de personas externas no deberían tener peso alguno.

TEMAS DE CONVERSACIÓN

Tómate algunos momentos para reflexionar sobre las siguientes preguntas y sobre la manera en que la culpa tiene un papel dentro de tu relación. Si tu pareja está dispuesta a discutirlas contigo, revisen las preguntas juntos.

- ¿Cuáles serían algunos ejemplos de ocasiones en que he asumido la responsabilidad que me corresponde por los problemas que compartimos?

- ¿Cuál sería un ejemplo de alguna vez en que asumiste la responsabilidad que te correspondía por un problema?

- ¿Cuál sería un ejemplo de un momento en que los dos aceptamos lo que nos tocaba de responsabilidad por un problema?

- ¿Qué piensas que fue de utilidad durante los momentos en que cada uno asumió su responsabilidad de manera adecuada?

ENTREVISTA CON ELLIOT CONNIE

Aunque ciertas formas de terapia ahondan en sucesos de la infancia y en sanar heridas añejas, la terapia centrada en soluciones es un tratamiento breve que se enfoca en el aquí y ahora. Es una magnífica estrategia para lidiar con la culpabilización porque no puedes excusar tu comportamiento con base en algo que hizo tu pareja si estás centrándote en lo que está sucediendo en este preciso momento. Esa es la razón por la que

No se culpan el uno al otro por sus problemas

quise hablar con Elliot Connie, terapeuta enfocado en soluciones, sobre la manera en que maneja las culpas en su consultorio. Elliot tiene una maestría en orientación profesional y ha escrito cuatro libros acerca del método de la terapia centrada en soluciones. Sabía que tendría estrategias para ayudar a las personas a dejar de culparse de manera inmediata.

¿Cuáles son algunas de las cosas más importantes por las que ves que la gente culpa a sus parejas?
Por todo. Es común que, de inicio, las parejas se culpen una a la otra por el hecho de que son infelices, por los problemas que tienen y por sus propias equivocaciones, como cuando se dicen "Cometí este error porque tú hiciste tal y cual". Creo que en la experiencia humana la gente busca culpar a otros por sus propias dudas, sus propios problemas y sus propios síntomas.

Si a alguien lo culpan así, ¿qué le recomiendas que haga ante la tendencia a que lo culpen por una infinidad de cosas adicionales?
Cuando se culpabiliza a alguien, lo primero que pienso es: "¿Qué tanto de eso es verdadero y qué tanto de eso podrías compensar?". Lo que significa que si mi pareja me culpa por su infelicidad, puedo estar en desacuerdo. Yo no soy responsable de que seas infeliz, pero también es cierto que puedo hacer cosas que provoquen tu felicidad.

Pienso que hay veces en que dentro de las parejas existe la idea distorsionada de que solo soy responsable por los problemas que yo haya generado, lo que en realidad no es cierto. Te aliaste con esta persona, lo que significa que tienes que ser una fuerza positiva que contribuya a su felicidad, aunque sea en el caso de problemas que tú no creaste. Es común que caigamos en esa trampa.

Cuando alguien dice "X, Y o Z es tu culpa", lo primero que pensamos es: "Pero ¿de verdad es mi culpa?". Si la respuesta es no, es como si me alejara del proceso de sanación. Creo que eso es algo que debemos evitar y en cambio pensar: "¿A qué responsabilidad puedo contribuir?" o "¿A qué puedo contribuir en el proceso de sanación?". Esto, en realidad, es lo único que importa.

Cuando trabajas con una pareja y se culpan de manera exagerada por toda serie de cosas, ¿por dónde empiezas o cómo trabajas con ellos?
Les pregunto cuál es el desenlace que quieren lograr a partir de su terapia, que es la base del tratamiento breve centrado en soluciones. Lo que estén haciendo, hasta ese momento, incluyendo su participación en el problema, no es pertinente. Solo quiero saber: "¿Qué es lo que quieren obtener de la terapia?".

En realidad, los seres humanos somos bastante tontos. Hacemos cosas que no funcionan porque no nos acercan al desenlace que deseamos. Es como decir: "Voy a hacer esto y si no obtengo el desenlace que quiero, lo voy a hacer de nuevo".

Antes de que te des cuenta de ello, estás haciendo mil reiteraciones diferentes de lo mismo y que no te están llevando a lo que deseas, cuando en realidad lo único que necesitabas era hacer algo de manera diferente desde un principio. Lo primero que les pregunto a las personas es: "¿Qué esperas lograr al venir a hablar conmigo?". De inmediato, eso hace que cambie la conversación y que se centre en la eficiencia; que se dirija hacia la transformación que en realidad buscamos. Yo soy como un perro con un hueso. Eso es lo único de lo que estoy dispuesto a hablar; es lo único que me interesa.

Entonces, ¿qué haces cuando tienes a una pareja que trae a colación heridas pasadas? Hay veces en que atiendo a parejas en las que uno de los miembros cometió un error hace años, ya sea que haya gastado de más en la tarjeta de crédito o que haya hecho algo para lastimar al otro y vuelven a surgir estas heridas del pasado. Dado que tú te

No se culpan el uno al otro por sus problemas

enfocas en un tratamiento centrado en soluciones, ¿qué haces con esas heridas antiguas?
Les hago preguntas que permitan que la herida pasada se mantenga cerrada. Digo algo como: "Debió haber sido terrible que te dieras cuenta de que gastó de más en la tarjeta de crédito o lo que sea que haya sido su error. ¿Cómo lo superaste para seguir dentro de la relación?". Hago preguntas de ese tipo porque lo que quiero es que se centren en que quizá se haya cometido un error, pero se quedaron en la relación y debe haber razones por las que lo hicieron.

Y también les preguntaría: "¿En qué momento te sentiste feliz de haberte quedado en la relación? Porque no solo debió haber razones para que lo hayas hecho, sino que también debió haber momentos en que te dio gusto que lo hicieras".

¿Cómo ayudarías a una pareja que dice que quiere mejorar la manera en que se retroalimentan entre sí sin recurrir a la culpa?
Esa también es una excelente pregunta. Es muy difícil porque, en realidad, yo no pienso en las culpas. Si alguien me dijera: "Queremos mejorar la manera en que nos damos retroalimentación sin culpabilizarnos", yo les preguntaría: "Si se descubrieran haciéndolo, ¿qué aspecto tendría?". Y ellos responderían: "Haríamos esto, esto y esto otro, y no diríamos esto, esto y esto", y yo solo los ayudaría a describir la manera en que les gustaría hacerlo.

Si una pareja te dice: "Oye, queremos empezar a tener conversaciones más positivas o productivas", dentro del enfoque centrado en soluciones, ¿cómo los ayudarías?
Les diría: "Si se encontraran teniendo conversaciones más positivas y productivas, ¿cómo notarían que lo están haciendo?". Haces preguntas muy detalladas. "¿Qué mostrarías a tu pareja que le haría saber que están teniendo conversaciones positivas

y productivas? ¿Cómo le mostrarías a tu pareja que te agrada tener este tipo de conversación con ella? Si tu pareja cometiera un error y de manera accidental empezara a hablarte de forma culpabilizadora y problemática, ¿cómo le demostrarías que la honras pero que no vas a entrar en ese tipo de patrón? ¿Cómo le harías saber que tiene un espacio de plena seguridad para recuperarse de lo que hizo?". Les plantearía todas las preguntas que destacaran que A) nadie es perfecto y que B) todos podemos hacer algo diferente.

Sé que puedes tener un impacto negativo importante en el día de tu pareja y sé que también puedes tener un impacto positivo y significativo de la misma forma. Esa es simplemente la manera en que funcionan las relaciones.

Si en este momento te dijera que te daré un millón de dólares si te vas a casa e inicias una pelea de esas álgidas y terribles con tu pareja, sabes justo qué hacer para que eso pase. Dirías algo como: "Uuuy, ya sé cómo obtener ese millón de dólares. Voy a llegar a la casa y voy a decir esto, esto y esto más".

También sé que si te diera un millón de dólares si vas y tienes un momento de genuina felicidad con tu pareja, de igual forma sabrías qué hacer. Dirías: "Uuuy, ya sé. Quiero ese millón de dólares. Voy a llegar a casa y voy a hacer tal cosa". Creo que parte de la terapia, ya sea que esté centrada en soluciones o no, se deriva del proceso terapéutico, es decir, de poder llevar a cabo las cosas que van a desencadenar resultados positivos.

9

No olvidan por qué se enamoraron

> Treinta y seis por ciento de las personas afirma
> que ni siquiera se preguntan por qué siguen con sus parejas.
> ENCUESTA *Couples by the Numbers*

Sabía muy poco acerca de Mindy y de Paul antes de su primera cita. Mi recepcionista contestó la llamada de Mindy, y la anotación en mi calendario solo decía: "Mindy está molesta porque Paul no limpia la casa".

Cuando llegaron a su primera sesión, los recibí en la sala de espera. Los dos me sonrieron y me siguieron al consultorio, pero antes de que siquiera pudieran sentarse, Mindy exclamó: "¿Podría decirle, por favor, que nadie quiere estar casado con un cerdo? Piensa que solo soy yo, pero, en serio, ¿quién quiere estar en una relación con alguien que no puede hacerse cargo de su propio desorden? ¿A usted le gustaría?".

Le aseguré que jamás me había topado con alguien que dijera: "Lo que de verdad me atrajo de mi pareja fue lo desordenada que es", pero también añadí que dejar los calcetines tirados en el piso tampoco debía ser una razón para terminar con una relación.

Paul se rio un poco y reconoció que no le gustaba limpiar la casa. No le importaba que las cosas estuvieran fuera de lugar. Dijo: "Cuando la casa está demasiado desordenada, me pongo a recoger cosas. Hasta ese momento, me relajo".

Mindy suspiró con fuerza y expresó: "Paul, tenemos tres hijos. Si no recoges las cosas a lo largo del día, ¡la casa parece un desastre total para cuando los niños se van a la cama!".

Tanto Paul como Mindy trabajaban de tiempo completo y sus hijos tenían un sinfín de actividades que los mantenían ocupados. Mindy sentía que necesitaba dedicar cada segundo libre a la limpieza de la casa. Le parecía que los montones de trastes, montañas de ropa sucia y equipo deportivo regado por doquier eran un trabajo que jamás se acababa.

Ella afirmó que el desastre de la casa estaba afectando casi todos los aspectos de su vida. En general, se sentía estresadísima, tenía menos tiempo para pasar con los niños y el caos constante estaba teniendo un impacto sobre su vida social. "No dejo que los niños inviten a nadie porque la casa es un desastre perpetuo. Me moriría de la vergüenza si los padres de los niños pasaran a recogerlos y vieran el caos en el que vivimos". Tampoco invitaba a sus propias amistades, ni a los miembros de su familia, y era frecuente que rechazara invitaciones sociales porque se sentía culpable de salir con la casa hecha un desastre.

Paul sentía que su falta de pulcritud era un inconveniente menor, pero Mindy estaba a punto de enloquecer. Explicó: "Siento que Paul no me tiene respeto. Paso todo mi tiempo libre recogiendo la casa mientras él ve televisión o se divierte con los niños, cosa que no parece importarle en absoluto".

No olvidan por qué se enamoraron

Por el contrario, Paul sentía que Mindy se estresaba demasiado. Quería que se relajara, que se divirtiera más, que dejara de pelearse con él y que dejara de "hostigar" a los niños sobre su desorden.

Para el final de la primera consulta, resultó evidente que Paul ya había decidido que Mindy era una "histérica" y que Mindy estaba convencida de que Paul era un "cerdo desconsiderado".

La división de labores era un problema que se podía solucionar, pero hasta que no enfrentaran la manera en que se sentían el uno con el otro, era poco probable que llegaran a cualquier tipo de solución. Así que no iniciamos la terapia discutiendo la división de labores; en lugar de ello, empezamos hablando de las razones por las que se habían enamorado en un principio.

Explicaré a detalle lo que pasó con Mindy y Paul más adelante en el capítulo, pero antes de que lleguemos a eso, tómate algunos minutos para pensar en tu propia relación y si recuerdas qué hizo que tu pareja y tú se enamoraran.

CUESTIONARIO

Revisa las siguientes afirmaciones y ve cuántas de ellas te suenan conocidas.

- ○ A veces me pregunto por qué estoy en esta relación.
- ○ En ocasiones, sueño despierto sobre cómo mi vida podría ser mejor si tuviera otra pareja (o si no tuviera una en absoluto).

- Me pregunto en qué estaba pensando cuando empecé mi relación con mi pareja.
- Perdemos de vista las razones por las que nos enamoramos.
- Nos perdemos tanto en lo que está sucediendo en el momento que nos olvidamos de ver la imagen más amplia de lo que es nuestra relación.
- Paso mucho tiempo pensando en las cosas que desearía que mi pareja hiciera de manera diferente.
- Me siento irritado por muchas de las cosas que mi pareja dice o hace.

Ahora, piensa en lo que tu pareja respondería a estas mismas afirmaciones. Si algunas de ellas te parecen ciertas, no te preocupes. Hay muchas cosas que puedes hacer para ayudarte a recordar por qué te enamoraste en un inicio, y que pueden renovar el compromiso que tienen entre ustedes.

PUNTO DE PARTIDA

Cuando Paul y Mindy acudieron a su segunda cita, no les pregunté cómo les había ido la semana anterior... ya conocía la respuesta. Habían pasado la semana entera peleándose por las condiciones de la casa. De modo que inicié la sesión preguntándoles qué fue lo que los había atraído el uno del otro al inicio. Los dos pausaron y lo pensaron un momento.

Mindy dijo que se sintió atraída a Paul porque era agradable y gracioso. Paul dijo que se enamoró de Mindy porque le

No olvidan por qué se enamoraron

parecía fascinante. Tenía un punto de vista divertido en torno a la vida y una sonrisa que le derretía el corazón. Ambas descripciones distaban de las etiquetas de "cerdo" e "histérica" que estaban atribuyéndose ahora.

Las relaciones cambian con el tiempo y es fácil perder de vista las razones por las que nos enamoramos. No estoy hablando de que olvides tu historia de amor de manera literal, sino más bien de perder de vista el hecho de que alguna vez te sentiste tan enamorado que decidiste entablar una relación.

Esos sentimientos de euforia que con toda seguridad experimentaste al inicio de la relación hacían que fuera fácil cooperar. Cuando uno se enamora, de entrada supone que la pareja tiene las mejores intenciones. Es frecuente que sus peculiaridades nos parezcan adorables y divertidas e, incluso, es posible que nos atraigan más al sentirnos cautivados por las mismas.

Sin embargo, diez años más tarde, las conversaciones nocturnas sobre nuestros sueños futuros podrían ser reemplazadas por peleas relacionadas con las cuentas y con desacuerdos sobre dónde debemos pasar las siguientes vacaciones.

Y esas historias que antes te hacían reír podrían irritarte después de escucharlas incontables veces. Las mismas peculiaridades que antes disfrutabas podrían parecerte hábitos terribles que te retrasan, detestas o se interponen en tu camino. Es posible que te preguntes si tomaste la decisión adecuada o, incluso, que sueñes despierto sobre cómo podría ser tu vida si hubieras elegido a otra pareja.

La buena noticia es que puedes volver a experimentar esos sentimientos positivos si recuerdas las razones por las que te enamoraste de entrada. De hecho, recordar por qué elegiste a tu pareja podría ser una de las herramientas más poderosas que tengas para seguir enamorada.

Tómate un momento para responder a las siguientes preguntas:

- ¿Algunas veces olvidas por qué te enamoraste de tu pareja?
- ¿Crees que tu pareja pierda de vista las razones por las que se enamoró de ti?

¿POR QUÉ OLVIDAMOS LAS RAZONES POR LAS QUE NOS ENAMORAMOS?

Al igual que muchas parejas, durante sus primeros días, Mindy y Paul sentían que su relación era mágica; pero eso fue antes de que tuvieran que compartir las responsabilidades de la vida real. Las noches románticas se vieron reemplazadas por ayudar a los niños con su tarea. Las noches de cenas y películas ahora consistían de palomitas y películas de Marvel en la sala. Aunque su relación tenía bases sólidas, el estrés de la vida cotidiana estaba mermando su conexión.

Es posible que puedas relacionarte con esta historia en cierto nivel. Te enamoraste durante un determinado momento de tu vida: cuando estabas en la universidad, antes de tener hijos o cuando vivían en alguna ciudad en particular. Con el tiempo, cambiaron sus circunstancias y también tus sentimientos.

Es posible que olvides que las cosas de las que más te quejas en la actualidad sean justo las mismas que te atrajeron

No olvidan por qué se enamoraron

de tu pareja en un principio. Quizá te enamoraste de la capacidad de tu pareja por disfrutar de la travesía de la vida y por saborear cada momento. Eso pudo haber funcionado de maravilla cuando estaban saliendo juntos y no les faltaba el tiempo. Pero ahora, esa misma tendencia a disfrutar de cada momento podría irritarte cuando estás apuradísimo por salir de la casa para llegar a tiempo a una cena con los amigos o si necesitan estar en el aeropuerto para tomar un vuelo.

Es mucho más fácil pensar en la manera en que tu pareja hace ruidos cuando mastica, se queja demasiado, es exageradamente demandante y no logra terminar de hacer las cosas que tiene que hacer, que en lo increíble que es como ser humano. Cuando estás ocupado, estresado y esforzándote por alcanzar tus metas, quizá te enfoques más en los defectos percibidos de tu pareja o en las conductas que te desagradan.

Una de las razones por las que sucede esto es que nuestras emociones van cambiando a medida que pasan los años. No se supone que las emociones intensas que sentimos al inicio de una relación sigan siendo igual de intensas.

Los investigadores han encontrado que cuando nos enamoramos, nuestros cerebros responden de manera similar al de personas que tienen alguna adicción. En distintos momentos de esa atracción, se liberan químicos como dopamina, oxitocina, adrenalina y vasopresina en el cerebro para ayudar a que formes un vínculo con tu pareja.

Desde los pensamientos obsesivos y las ansias de pasar más tiempo juntos hasta la euforia que experimentan cuando lo están, esas experiencias son las mismas que le suceden a alguien con un trastorno por abuso de sustancias. Sin embargo, con el tiempo, nuestro cerebro desarrolla una tolerancia, al igual que sucede con las drogas. Si tu pareja le da fin a la relación, experimentas síntomas parecidos a aquellos de las personas que padecen un síndrome de abstinencia: irritabilidad, alteraciones en los hábitos de sueño, cambios de apetito, letargo y soledad.

Saber que tu cerebro se encontraba "drogado" cuando empezaron a relacionarse podría hacer parecer todavía más sorprendente que hayan logrado hacer que la relación perdurara. Todas esas emociones van cambiando con el tiempo, lo que no tiene nada de malo. Es difícil funcionar de manera adecuada cuando estás en las primeras etapas del amor. A medida que esas emociones se estabilizan, es probable que podamos pensar de manera un poco más racional. También es posible que te sientas menos obsesionado con pasar cada momento del día con tu pareja.

A medida que varían nuestras emociones, hay veces en que nuestros pensamientos y conductas cambian también. Es posible que empecemos a centrarnos en todas las cosas que nos desagradan de nuestra pareja y en satisfacer nuestras propias necesidades, más que en trabajar en equipo para solucionar las necesidades de ambos de forma conjunta.

Mientras cambian las circunstancias y nuestra química cerebral se adapta, es normal pasar a una nueva etapa de la relación que hace que mantenerse conectados sea un poco más desafiante. Esa es la razón por la que es tan importante recordar los motivos por los que nos enamoramos de inicio. Hay una razón por la que elegimos a esta persona como pareja y tenerla en mente nos puede ayudar a permanecer comprometidos mientras transitamos por los inevitables altibajos de la vida.

EJERCICIOS DE FORTALECIMIENTO MENTAL

Al final de la segunda sesión, les di una tarea a Mindy y a Paul: crear una lista de todas las cosas que amaban del otro. Les dije que no compartieran el contenido de sus listas entre sí durante la siguiente semana. Además, los alenté a que pensaran en la lista a lo largo de la semana en lugar de apresurarse a escribir cualquier cosa justo antes de la siguiente sesión.

A la semana siguiente, regresaron con sus listas y las analizamos. A ninguno de los dos les faltaban razones para amar al otro. Mindy empezó primero. Su lista incluyó cosas como: "Me fascina que Paul insista en leerle un cuento a cada uno de nuestros hijos a la hora de dormir". Paul sonrió mientras su esposa leyó su lista. Cuando él leyó la suya, a Mindy se le llenaron los ojos de lágrimas al escucharlo decir cosas como: "Me encanta que Mindy esté al pendiente de su mamá a diario". Después de que leyeron sus listas, les pregunté cómo se habían llevado a lo largo de la semana anterior. Los dos coincidieron en que se habían peleado menos que de costumbre.

Discutimos el hecho de que pensar sobre lo que amaban el uno del otro a lo largo de la semana despertó más sentimientos de cariño y redujo los conflictos.

Aprovechamos la oportunidad para empezar a discutir sus discordias en cuanto a la división de labores. Fue un momento excelente para hacerlo porque ya se estaban sintiendo más conectados después de compartir sus listas. En esta ocasión, fueron capaces de sostener una conversación mucho más productiva.

Los alenté a que comunicaran lo que necesitaban de la otra persona. Mindy dijo que necesitaba más ayuda con las cosas de la casa. Paul dijo que necesitaba cierto tiempo para relajarse y la oportunidad de limpiar de acuerdo con sus propios horarios.

Repasamos lo que acababa de suceder; se posicionaron en un mejor sitio en términos emocionales al recordar las razones por las que se habían enamorado y, como por arte de magia, pudieron tener una conversación mucho más productiva respecto a los quehaceres del hogar.

Como es evidente, esa única conversación no solucionó sus problemas de relación, ni sus diferencias en cuanto a lo limpia que debía estar la casa. Pero sí les mostró que evocar sentimientos de amor era posible y que, cuando sentían mayor afecto entre sí, quedaban en una mejor posición para resolver sus problemas.

Desarrollamos estrategias que los ayudaran a sentirse conectados en términos emocionales y reducir sus conflictos a futuro. Algo importante era que recordaran las razones por las que se habían enamorado al inicio. Ese no era un tema que abordaran con frecuencia. Era mucho más probable que hablaran de lo mucho que sus vidas habían cambiado desde la llegada de los niños o de cómo eran diferentes las cosas desde que se habían mudado a una casa más grande, a que recordaran la forma en que su amor los había unido y los había ayudado a permanecer juntos con el paso de los años.

Así, decidieron organizar actividades divertidas que hacer juntos sin que estuvieran los niños. Necesitaban programarlas con antelación, de modo que eso les daba algo que anticipar. El solo hablar de una posibilidad futura podía darles una oportunidad para vincularse. Hacer cosas divertidas de manera conjunta también crearía más recuerdos positivos de sí mismos como pareja. Con el paso de los años, tendrían más recuerdos felices en los cuales pensar a 20 años de distancia. Después de todo, muchos de los días en su rutina actual tendían a entremezclarse, pero jamás olvidarían hacer montañismo, visitar un museo especial o explorar una nueva ciudad entre los dos.

También apartaron un horario para cenar solos algunas noches de la semana. En lugar de comer deprisa con los niños, les darían de cenar, los mandarían a la cama y pasarían un tiempo juntos... los dos solos. Y no utilizarían ese tiempo para discutir el ajetreo de la vida. En lugar de eso, lo usarían para compartir cosas que afectaran sus vidas en términos más generales: cómo se estaban sintiendo, los planes que querían hacer a futuro y lo mucho que se apreciaban uno al otro.

También lograron acordar un plan para dividir las responsabilidades de la casa. En lugar de limitarse a insistir en que Paul fuera más ordenado, Mindy especificó las diferentes tareas que ocupaban mucho de su tiempo y Paul afirmó que podría satisfacer su necesidad para relajarse apartando un momento diario para sí mismo, al tiempo que seguiría ayudando con las labores del hogar.

Ve una fotografía de tu pareja

La gran mayoría de los terapeutas no exhibe fotografías de su familia en sus consultorios: tratamos de convertirnos en una especie de página en blanco para nuestros pacientes. Tener la fotografía de algún niño sobre el escritorio podría ocasionarle tristeza a algún paciente que acabara de perder a uno de sus propios hijos, o ver alguna fotografía familiar podría causar que algún cliente hiciera suposiciones que podrían afectar la relación terapéutica. Pero uno de mis colegas siempre tenía la fotografía de su esposa junto al monitor de su computadora.

Un día me comentó: "Tener la foto de Debbie allí me ayuda a mantener las cosas en perspectiva. Sin importar lo difícil que pueda ser mi día, solo saber que voy a verla después del trabajo hace que todo parezca mejor". Hablaba de manera amorosa de Debbie y de las cosas que hacían juntos durante su tiempo libre, y siempre que surgía algún evento de trabajo que sucediera fuera del horario habitual, jamás se comprometía a asistir a menos que hablara con su esposa primero.

No tengo duda alguna de que la fotografía de Debbie lo hiciera sentir bien sobre sí mismo y de su relación. Hay investigaciones que muestran que solo ver una imagen de nuestra pareja puede ser una de las cosas más sencillas, pero eficaces, que se pueden hacer para mantener viva la chispa de la relación.

Un estudio de 2022 encontró que ver la imagen del cónyuge aumentaba el enamoramiento, apego y satisfacción marital en comparación con ver imágenes agradables o de naturaleza neutral. Al final, los autores del estudio concluyeron que: "Ver imágenes del cónyuge es una estrategia sencilla que puede utilizarse para estabilizar matrimonios en los que el problema principal es la reducción de los sentimientos de amor con el tiempo".

De modo que algo tan simple como ver la fotografía de tu pareja podría ayudarte a mantener una perspectiva saludable de tu vida y de tu relación. La tecnología lo hace más fácil que nunca, dado que puedes guardar fotografías en tu teléfono, el cual es probable que lleves contigo todo el tiempo.

Incluso, podrías crear una carpeta especial dentro de tu teléfono que contenga las imágenes favoritas de tu pareja. Trata de incluir imágenes de vacaciones, de momentos especiales que pasaron juntos o fotos en las que tu pareja te parezca especialmente atractiva. Verlas podría aumentar tus sentimientos positivos.

Hablen de su historia de amor

Recuerden las primeras veces en que empezaron a salir juntos o el momento en que se dieron cuenta de que deseaban entablar una relación a largo plazo. Rememoren los obstáculos que tuvieron que superar para mantenerse juntos o para hacer que la relación funcionara.

Algunas parejas tienen historias de amor increíbles de cómo supieron, desde el instante mismo en que se vieron a los ojos, que estaban destinadas a estar juntas. Otras personas tienen historias relacionadas con los increíbles desafíos a los que tuvieron que enfrentarse juntos, como en casos de amores prohibidos o separaciones ocasionadas por guerras.

Si tu historia no es igual de emocionante, no desesperes. De todas maneras tienen una historia de amor que condujo a que los dos se eligieran uno al otro, y recordar los primeros días de su romance puede servir de mucho para reavivar su pasión.

Pasen un tiempo respondiendo preguntas que les recuerden las razones por las que se enamoraron. Aquí hay algunos ejemplos de las preguntas que pueden hacerse:

- ¿Qué fue lo primero que te atrajo de mí?
- ¿Cuándo supiste por primera vez que querías una relación a largo plazo?
- ¿Quién fue la primera persona a la que le contaste de mí y qué le dijiste?
- ¿Qué hizo que me eligieras a mí?
- ¿Qué me hace diferente de los demás?
- ¿Cuáles fueron los momentos en que tu amor por mí creció todavía más?

Si tu pareja no desea responder las preguntas, respóndelas por ella para tu propio beneficio. Recordar las razones por las que la elegiste es un ejercicio eficaz, aunque no llegue a escuchar tus respuestas. Si contarle lo que respondiste te parece un poco forzado, ponte creativo. Regálale una tarjeta o una carta o, incluso, mándale un correo electrónico de vez en cuando donde compartas algunos de tus sentimientos como: "Las cinco principales razones por las que te elegí".

Si tienen una canción especial, escucharla puede ser una manera poderosa de conectarse. Ya sea que se trate de una canción que escucharon cuando salieron por primera vez y que siempre han considerado como "nuestra canción", o que se trate de la primera melodía con la que bailaron en su recepción de bodas, las investigaciones muestran que las parejas que cuentan con "canciones definitorias de la pareja" tienden a tener relaciones más íntimas. Escuchar estas canciones se asocia con emociones más positivas como felicidad y amor. También despiertan recuerdos felices, como el día de su boda o alguna vacación memorable.

Pasen tiempo escuchando "su canción" juntos y, si todavía no cuentan con una, no hay nada que indique que no puedan conseguirla en la actualidad.

> Pasen tiempo escuchando "su canción" juntos.

Supón que hay buena voluntad

En los primeros días de su relación, una vez que te sentiste segura de ella, es probable que hayas supuesto que las intenciones de tu pareja eran buenas. Si llegaba tarde, sin duda te decías que no representaba ningún problema o que solo se había topado con tráfico. O, si no estaba interesada en acompañarte a algún sitio, quizá concluyeras que solo no le interesaba esa actividad. Sin embargo, después de estar juntos por años, es más que posible que interpretes su comportamiento de manera algo distinta.

Como lo discutimos en el capítulo anterior, es posible que ahora estés más inclinada a culpar a tu pareja de irresponsabilidad cuando llega tarde, o quizá incluso te convenzas de que nunca quiere pasar tiempo juntos si rechaza la oportunidad de hacer algo contigo.

Sin embargo, ¿qué sucedería si te comprometieras a suponer que tu pareja tiene buenas intenciones (al menos la mayor parte del tiempo)? Suponer que hay buena voluntad puede ayudarte a ser más tolerante cuando tu pareja olvida algo, cuando dice algo que te desagrada o cuando hace algo que no te gusta.

Tu pareja es un ser humano imperfecto que te lastimará en algunas ocasiones. Te fallará, te decepcionará, herirá tus sentimientos y te sorprenderá de maneras desagradables. Dirá y hará cosas que no te agradan. Eso es algo que pasa cuando estás en una relación. Sin embargo, es posible que no haga todas esas cosas de manera intencional, y suponer que hay buena voluntad te puede ayudar a dar un paso atrás y a mantener la totalidad de la relación en una perspectiva más sana.

Cuando tu pareja haga algo que te disgusta, observa tus suposiciones. Si estás asumiendo algo malo, detente y piensa: "¿Qué concluiría si supongo que hay buena voluntad?". En lugar de tildar a tu pareja como poco considerada, podrías recordarte que está cuidando de sí misma. O, en vez de decir que es perezosa, podría servirte que recuerdes que está agotada porque trabaja arduamente. Suponer que hay buena voluntad te puede ayudar a ser más compasivo, así como a responderle de manera más amable.

¿QUIÉN SE SIENTE MOTIVADO?

Tómate algunos instantes para reflexionar acerca de quién piensa que existe un problema y de quién está motivado a generar un cambio. Después, decidan la mejor manera de abordar la situación.

1. Tú pareces olvidar por qué se enamoraron

Cuando te ves atrapado por el ajetreo de la vida y olvidas las razones por las que te enamoraste, o los dos empiezan a tratarse más como socios de negocios, sé proactivo y recuerda las razones iniciales por las que te enamoraste.

Aparta un tiempo para pensar en lo que amas de tu pareja y lo que hizo que te enamoraras. Solo unos minutos al día pueden servir para sentirte más conectado.

Puedes llevar un diario en el que escribas las razones por las que amas a tu pareja. O establece el hábito de decirle una de las razones por la que la amas día con día. Convierte un "Te quiero" en algo más significativo.

Incluso, podrías crear una lista de las diez razones principales por las que te enamoraste de tu pareja y podrías volver a leerla siempre que necesites un pequeño recordatorio.

2. Tu pareja parece olvidar por qué se enamoró de ti

No tomes personal que tu pareja se porte un poco más irritable o menos amorosa en épocas recientes. Es posible que tenga más que ver con algo que le está sucediendo que con cualquier cosa que tú hayas hecho o con lo que siente por ti.

Eso tampoco significa que tengas que quedarte sentado esperando que las cosas mejoren. Puedes tomar algunas medidas afectuosas y amorosas que podrían agitar las cosas y mejorar la relación.

Detente y muéstrale tu aprecio a tu pareja. Menciona algunas de las razones por las que te enamoraste de ella. Di algo como: "Hay veces que nos enredamos tanto en los problemas del día a día que se me olvida tomarme el tiempo para decirte por qué te amo tanto".

Primero, céntrate en modelar este comportamiento para tu pareja en lugar de exigirle que ella también te enliste todas las razones por las que se enamoró de ti.

3. Tu pareja piensa que se te olvidó por qué te enamoraste

Los tiempos cambian y es posible que tu relación se haya transformado. Así que, aunque te sientas igual de enamorada que antes, es posible que tu pareja no se sienta amada la mayor parte del tiempo. Ya sea que estés ocupada con tu profesión, con criar a tus hijos o que tengas algunos pasatiempos que te fascinan, compartir tus sentimientos de amor el día entero podría no encontrarse hasta arriba de tu lista de prioridades.

No obstante, es importante que ayudes a tu pareja a sentirse amada. Esa es la clave para construir una relación segura. Tómate el tiempo necesario para hablar de tus sentimientos y señala de manera exacta lo que te hace amar a tu pareja. Dale tu atención completa y pregúntale qué la ayudaría a sentirse más amada.

Resiste el impulso de ponerte a la defensiva y decir algo como: "¡Pero eso ya es algo que hago!". Más bien, limítate a oírla y muéstrale que estás interesado en escuchar lo que te quiere decir. A veces, el simple hecho de sentirse escuchado puede servir de mucho.

4. Hay veces en que los dos parecen olvidar por qué se enamoraron.

Si los dos coinciden en que hay ocasiones en que pierden de vista las razones por las que se enamoraron, tienen que darle prioridad al cambio. Lo último que quieren es esperar otros cinco años antes de tratar con la situación. Empiecen a enfrentarla desde este instante.

Conversen acerca de lo que los unió de entrada y trabajen de manera conjunta para ver si pueden encontrar formas de reavivar esos sentimientos o experiencias de vida en la actualidad.

Por ejemplo, si te enamoraste de lo mucho que a tu pareja le encantan las aventuras, hablen acerca de la manera en que podrían encontrar algunas aventuras nuevas.

Trabajen juntos para revitalizar su relación. Podría ser lo que sea, desde apartar una noche por mes para ver fotografías viejas hasta planear una aventura anual con algunas parejas con las que se llevaban cuando eran universitarios. Un poco de nostalgia puede despertar recuerdos relacionados con lo que hizo que se unieran en un principio.

CÓMO ES QUE RECORDAR POR QUÉ SE ENAMORARON LOS AYUDA A FORTALECERSE

Para el momento en que Mindy y Paul terminaron su terapia, se sentían más confiados en que podrían enfrentar sus problemas de manera conjunta. Sabían que lo más seguro era que jamás coincidirían en cuanto a qué tan limpia debía estar la casa o la frecuencia con que debía asearse. De todas maneras, se sintieron más confiados en que podrían elaborar un plan con el que ambos pudieran vivir.

Claro que habría días en que volverían a discutir acerca de su división de labores, pero ahora contaban con más estrategias a las cuales recurrir para recordar la imagen más amplia y general de su amor al centro de todo, lo que hacía que las peleas relacionadas con las tareas de la casa les parecieran mucho más manejables.

Antes de que pudieran resolver el problema principal, los temas relacionados con los quehaceres del hogar, tenían que recordar la razón por la que resolverlo era de tanta importancia para ellos de entrada. Se amaban y querían crear una vida excelente juntos.

Simon Sinek destaca esto último en su libro *Empieza por el por qué*, que ha vendido más de un millón de ejemplares. En él, alienta a los líderes a compartir las razones por las que hacen las cosas. Cuando todos comprendemos la visión global por la que estamos haciendo algo, nos sentimos motivados a hacer lo que nos corresponde y a darle nuestro mejor esfuerzo.

Lo mismo puede decirse en el caso de las relaciones. Necesitas recordar por qué estás dentro de una relación. Cuando rememores cuánto amas a tu pareja, también recordarás que es importante esforzarte lo más posible para resolver conflictos, superar obstáculos, llegar a soluciones intermedias y hacer sacrificios.

No harías todas esas cosas por cualquiera. El profundo amor que le tienes a tu pareja te puede motivar a encontrar las formas de hacer que tu relación funcione. También te puede ayudar a mantener la vista fija en el panorama más general. Tal vez te moleste lo que tu pareja esté haciendo en este justo instante, pero no es más que una pequeña pieza en el rompecabezas gigante que conforma la historia de amor entre los dos.

La vida es difícil, pero cuando sabes que tienes a alguien que está dispuesto a perseverar contigo y por quien estás feliz de perseverar, la vida se hace mejor.

Recordar las razones por las que se enamoraron despierta la nostalgia, y hay investigaciones que indican que la nostalgia por las relaciones se asocia con mayor satisfacción en las mismas. Así que recordar las razones por las que se enamoraron podría ayudarlos a sentirse mejor en cuanto a la longevidad de su relación.

Los dos tienen una nutrida historia como pareja. Las emociones, recuerdos y experiencias de vida que comparten entre ustedes son únicas en su relación; jamás tendrás las mismas experiencias con alguien más. Tener en mente lo especial que es eso y lo sorprendente que resulta que se hayan cruzado en el camino del otro para unir fuerzas puede acercarlos a medida que siguen su camino juntos para enfrentar los retos que la vida pueda ponerles.

IDENTIFICACIÓN DE PROBLEMAS Y TRAMPAS COMUNES

No exijas demostraciones públicas de amor

Hay veces en que las personas piensan que anunciar en redes sociales lo mucho que aman a sus parejas es un indicador de la cantidad de amor que comparten. Pero en realidad no es así. De hecho, algunas investigaciones muestran que mientras más presumes de tu relación de manera pública, menos probable es que tengas una relación feliz a nivel privado. Aunque no es en absoluto enfermizo que compartas cosas positivas sobre tu relación si los dos están de acuerdo, solo asegúrate de que no estés buscando que otras personas validen que se ven felices.

No compartas más de lo que tu pareja está dispuesta a hacer público. Si estás en una relación con alguien que no quiere que todo el mundo se entere de la manera en que se conocieron, no tienes que entrar en detalles si alguien te lo pregunta. Recuerda que la salud de tu relación no depende de lo mucho que les presumas a otros acerca de ella; depende de lo mucho que los dos hablen al respecto en privado.

No utilices los viejos recuerdos como arma

Traer el pasado a colación como forma de insulto a tu pareja puede ocasionarle graves daños. Comentarios sarcásticos como: "Antes querías cambiar al mundo, pero ahora ni siquiera puedes cambiar las sábanas" son hirientes y contraproducentes.

Es injusto decir cosas como: "Me enamoré de ti porque te apasionaban muchísimas cosas increíbles. Ahora eres de lo más aburrido y lo único que quieres hacer es trabajar o quedarte en casa". No tiene nada de malo que tu pareja crezca y cambie (algo que discutiremos en el siguiente capítulo), pero solo porque altere su comportamiento, no significa que haya cambiado la esencia de quien es.

TEMAS DE CONVERSACIÓN

Tómate algunos momentos para analizar las siguientes preguntas. Si tu pareja está interesada en aumentar su fortaleza mental y está dispuesta a responderlas, utiliza estas preguntas para iniciar una conversación.

- ¿Sabes por qué me enamoré de ti en un principio?
- ¿Qué de lo que hago te recuerda que te amo?
- ¿Qué hizo que te enamoraras de mí?
- ¿Cuáles son algunas de tus maneras favoritas de mostrarme lo mucho que me amas?
- ¿Cuáles son algunas de las ocasiones en que más te has sentido amado por mí?

> **ENTREVISTA CON LORI GOTTLIEB**
> ------------------------------------
>
> Las historias que nos contamos a nosotros mismos acerca de nuestras relaciones afectan nuestra conducta cotidiana de manera importante y, por fortuna, tenemos el poder de cambiar la forma en que percibimos esa narrativa. Alguien que entiende esto a la perfección es Lori Gottlieb. Es psicoterapeuta y autora de éxito del New York Times de *Deberías hablarlo con alguien*. Su libro ha vendido más de un millón de ejemplares y, en la actualidad, se está adaptando como serie de televisión. Además de su trabajo en Los Ángeles, es una de las anfitrionas del popular pódcast llamado *Dear Therapists*. También escribe la columna de consejos "Querida terapeuta" en el *Atlantic*. Admiro su trabajo y quise que me diera su opinión en cuanto a la manera en que las parejas podían mantener una relación saludable.
>
> **Desde que empezaste a trabajar como terapeuta hace 15 años, ¿han cambiado los problemas de relación con los que te topas de alguna manera, o, en esencia, sigues viendo los mismos problemas ahora que los que veías antes?**

En términos fundamentales, yo diría que son los mismos. Solo diría que la forma en que se presentan ha cambiado un poco. Las cosas han cambiado con la tecnología.

Y con la tecnología, ¿qué tipos de cambios estás observando en el tipo de problemas que están teniendo las parejas, ya sea a través de redes sociales, de aplicaciones de citas o al enviarse mensajes de texto en lugar de hablar?
Creo que en el caso de las parejas que están casadas, hay muchas diferencias en términos de cuánto quieren estar en contacto durante el día. Cuando se trataba de hablarle a alguien, la gente hacía su vida cotidiana y tal vez se llamaban para decirse "Hola", pero no se enfocaban en mandarse textos de manera constante el día entero. Pienso que las personas no se dan cuenta de que tienen diferentes preferencias en cuanto a la cantidad de espacio que necesitan y, con la tecnología, no tienes mucho espacio que digamos. Así que de verdad tienen que hablar al respecto y comunicarse sobre eso.

Pienso que otras cosas que parecen un poco más evidentes son las formas en que las personas están en contacto, de manera inapropiada, con otras personas por medios tecnológicos y que los miembros de la pareja podrían tener definiciones distintas acerca de lo que está bien o no en el sentido de "Ah, vaya, ¿ustedes dos se comunican por Instagram?" o "¿Ustedes discuten todo esto con mensajes de texto?", cosa que simplemente no sucedía antes. No tenías tantísimo acceso a tantas y diferentes personas siempre que querías tenerlo, así que las parejas realmente necesitan discutir qué significa pasarse de la raya en ese sentido.

¿Y qué has visto desde la pandemia? ¿Notas cambios en los temas que les ocasionan problemas a las parejas desde entonces?
Creo que la pandemia causó una de dos cosas. Las parejas a las que les estaba yendo bien se acercaron todavía más porque

creo que encontraron que la forma en que interactuaban podía aplicarse a la situación. De manera que si tenían alguna ruptura, podían repararla, o si pasaban por alguna dificultad, podían hablar al respecto.

A las personas a las que no les estaba yendo tan bien antes de la pandemia y que podían distraerse de alguna manera con otras cosas, incluso con el simple ajetreo de la vida, cuando se vieron enfrentadas una con otra y ya no tuvieron a dónde ir, empezaron a batallar porque sencillamente no contaban con esas otras herramientas. No había precedente ya establecido dentro de su relación.

¿Cuáles son los principales conceptos erróneos que la gente tiene en cuanto a lo que es o debería ser una relación sana?
El malentendido más grande es pensar que jamás podemos estar en desacuerdo acerca de nada. La otra persona está pensando: "Si de verdad me amara, haría X... La razón por la que no puedo estar presente para ti es que necesito que tú tomes el primer paso... Quiero que la otra persona haga... Si tú cambias, yo cambiaré", en lugar de darse cuenta de que cuando tú cambias, influyes en la otra persona para que cambie. Además, otras ideas erróneas que tiene la gente son: que se conocen tan bien como se imaginan, que pueden leerse la mente y que ya deberían saber ciertas cosas. "¿De verdad no sabes que prefiero esto o lo otro?" o "¿En serio no sabes que quería que doblaras la ropa recién lavada? Simplemente deberías saber lo que quiero que hagas". Ese tipo de cosas.

¿Cuáles son las cosas más importantes que piensas que debería hacer una pareja para mantener sana su relación?
Creo que deberían asegurarse de no solo depender de su matrimonio para obtener apoyo, sino de tener un círculo de amigos u otras personas con las que puedan salir a divertirse. Entonces, cuando se reúnan, podrán hablar de sus diferencias en lugar de

evitarlas. También, que no tengan miedo de sacar a relucir cosas que piensen que serían conversaciones difíciles o temas complicados.

¿Tienes algún consejo para aquellas parejas que se hayan distanciado?
Yo diría que si estuviste conectado en algún momento, ¿cuáles son los motivos que te parecía que los conectaban y qué está evitando que se conecten ahora? ¿Qué versión de esos motivos podrían seguir llevando a cabo?

En mi trabajo con parejas, les digo: "Lo que quiero que hagan es que, después de la sesión, cuando terminemos aquí, solo vayan y bailen juntos durante 10 minutos. No tiene ningún punto, ni nada. Solo bailen juntos por 10 minutos y solo bailen en la misma habitación, sin importar qué aspecto tenga". Y la gente reacciona: "¡Vaya, eso es algo que jamás hacemos!", o dicen: "Bailo muy mal; no quisiera hacerlo", o bien: "Es muy vergonzoso". Y, después, lo hacen y me dicen: "Nunca hacemos cosas así". Y lo único que se necesita son 10 minutos.

Así que, cualquiera que sea la versión de bailar para una pareja, suelen terminar por averiguarlo. A veces sigue siendo bailar, pero en otras ocasiones se convierte en: "Oye, vamos a caminar por 10 minutos" o "Vamos a tomarnos 10 minutos para hacer galletas" o cualquier otra actividad, pero ¿exactamente cuáles son los momentos en los que no estás hablando de nada importante y solo te estás divirtiendo? Creo que a la gente se le olvida divertirse. Se les olvida el aspecto que tiene divertirse.

Así que pienso que la gente necesita integrar más diversión en sus relaciones. Puede ser algo rápido. No es como: "Tenemos que incluir una noche de citas" o "Necesitamos iniciar esta aventura gigante. Tenemos que irnos a un viaje o tenemos que irnos de fin de semana". Esto es solo dentro de sus vidas cotidianas; encuentren 5 o 10 minutos al día para divertirse juntos.

10

No esperan que la relación satisfaga todas sus necesidades

> Treinta y nueve por ciento de las personas indica que sus parejas esperan más apoyo emocional del que les pueden ofrecer.
> ENCUESTA *Couples by the Numbers*

Cara habló al consultorio y pidió una cita en cuanto fuera posible. Llevaba cierto tiempo lidiando con depresión y ansiedad, y ahora se sentía ansiosa por enfrentar sus problemas. Estaba a mitad de sus treinta, tenía un buen trabajo y llevaba tres años de casada.

Durante su primera cita, me contó que su esposo, Ben, no entendía lo que estaba sucediéndole y que se sentía más sola que nunca. Describió la relación con Ben como buena en términos generales, pero que él parecía indiferente a sus problemas de salud mental.

El trabajo de Cara en un centro médico la mantenía tan ocupada que decía que no tenía tiempo para sentirse deprimida o ansiosa cuando estaba trabajando, pero que los fines de semana eran otra cosa por completo diferente. Era frecuente que pasara sábados y domingos en casa, a solas y, al tener poco que hacer, le quedaba demasiado tiempo para pensar.

Ben pasaba la mayor parte de sus fines de semana en exhibiciones de automóviles. Había heredado un auto antiguo cuando su abuelo murió y disfrutaba de presumirlo cada que podía.

Cara pensaba que no existía nada más aburrido que pasarse el día entero en una exhibición de coches donde las personas solo hablaban de motores. Al principio, iba a estos eventos con Ben solo para que pasaran tiempo juntos, pero terminaban peleándose porque Cara quería marcharse en cuanto terminaba la exhibición. En cambio, Ben quería quedarse a platicar con los demás dueños de coches. Todos conducían a algún restaurante local y Cara tenía que pasar el resto de la noche escuchando a otras personas hablar de carburadores. Después de eso, decidió no ir a otros eventos similares.

Dijo: "Es como si no se diera cuenta de que mi ansiedad y depresión empeoran cuando me la paso en casa sola durante el fin de semana. Además, ¡no parece importarle que las aburridas exhibiciones de coches antiguos empeoren mi salud mental todavía más!".

Cara pensaba que Ben debería dejar de ir a los eventos y quedarse en casa con ella los fines de semana para hacerla sentir mejor. Ya lo había tratado de convencer de ello, pero no funcionó.

Le pregunté cómo podía ayudarla la terapia y afirmó: "Pensé que podríamos incluir a Ben en una sesión y que pudieras convencerlo de quedarse en casa los fines de semana. Si

No esperan que la relación satisfaga todas sus necesidades

supiera cómo me está afectando, quizá cambiaría de parecer en cuanto a esos eventos".

No accedí a hablar con Ben. Esta es una petición común que se les hace a los terapeutas. Las personas nos piden que escribamos cartas a sus jefes o que le hablemos a alguno de los miembros de su familia para que cambie su comportamiento. Sin embargo, ese no es mi papel como terapeuta. Si estaba teniendo problemas para comunicar sus necesidades, por supuesto que podíamos abordarlo en una sesión, pero eso no era lo que deseaba. Quería que yo le dijera a su esposo que necesitaba cambiar su conducta.

Así que le hice saber que no iba a hacerlo, pero que, de todos modos, podía ayudarla a encontrar formas de lidiar con su salud mental. Acordó iniciar su terapia porque su meta final era sentirse mejor.

Cara pensaba que Ben debía satisfacer todas sus necesidades emocionales. No obstante, como veremos más adelante en el capítulo, terminó por aprender a adaptar sus expectativas para satisfacer algunas de sus propias necesidades. Pero antes de que regresemos a su historia, tómate un momento para considerar si esperas que tu pareja satisfaga todas tus necesidades emocionales.

CUESTIONARIO

Reflexiona un momento y ve con cuántas de las siguientes afirmaciones te identificas.

○ Dependo de mi pareja para sentirme bien conmigo.

- ○ Me enojo cuando mi pareja no satisface mis necesidades emocionales.
- ○ No le digo a mi pareja cuáles son mis necesidades emocionales.
- ○ Pienso que tiene un significado más profundo que mi pareja no satisfaga mis necesidades (como que en realidad no me ama).
- ○ Culpo a mi pareja por mis sentimientos de soledad.
- ○ Cuando me altero, siento que le corresponde a mi pareja hacerme sentir mejor.
- ○ Espero que mi pareja evite hacer cosas que puedan provocar que yo sienta enojo o tristeza.
- ○ La labor de mi pareja es hacer que me sienta feliz.

Ahora, piensa un momento cómo tu pareja podría responder a las mismas preguntas. Si te parece que muchas de ellas describen a tu pareja, no estás sola. Por fortuna, hay medidas que puedes tomar para encontrar un equilibrio sano entre satisfacer tus propias necesidades y permitir que tu pareja satisfaga algunas de ellas por ti.

PUNTO DE PARTIDA

Cara pensaba que la cura para la soledad, la ansiedad y la depresión que sentía los fines de semana era pedirle a Ben que sacrificara algo que amaba hacer. Si se quedaba en casa, ella se sentiría mejor. No estaba pensando en cómo quedarse

No esperan que la relación satisfaga todas sus necesidades

en casa podría tener un impacto negativo sobre el bienestar mental de Ben.

Cara supuso que una vez que estuviera casada, su pareja la curaría de todos sus problemas. Se convenció de la idea que se plantea en la película *Jerry Maguire, seducción y desafío* en cuanto a que tu pareja debe completarte.

Todo el mundo tiene necesidades emocionales. Estas varían de persona en persona y tus propias necesidades emocionales pueden variar a lo largo de tu vida. Es posible que necesites más empatía en algunos momentos y más autonomía en otros.

Es complicado conocer tus propias necesidades emocionales y más difícil aún conocer las de tu pareja. Las investigaciones que llevó a cabo Willard Harley, autor de *Lo que él necesita, lo que ella necesita: construya un matrimonio a prueba de infidelidades*, revelaron que varias de las necesidades que se listaban como importantes por parte de uno de los miembros de las parejas solían ser las menos importantes para el otro. Si una persona tiene una fuerte necesidad de compañerismo y su pareja tiene una fuerte necesidad de espacio, cada una podría sentirse decepcionada por las acciones de su pareja.

Esperar que nuestra pareja sepa lo que necesitamos y que satisfaga todas esas necesidades es una petición imposible. Tómate un minuto para considerar las siguientes preguntas:

- ¿Sabes qué necesidades emocionales son las que más te importan?
- ¿Esperas que tu pareja satisfaga demasiadas de ellas?
- ¿Sabes cuáles son las necesidades emocionales que más le importan a tu pareja?

○ ¿Crees que tu pareja espera que satisfagas demasiadas de ellas?

Si no estás del todo seguro de cuáles son tus necesidades, no te preocupes. Las analizaremos un poco más adelante.

¿POR QUÉ ESPERAMOS QUE NUESTRA RELACIÓN SATISFAGA TODAS NUESTRAS NECESIDADES?

Al principio, Cara sintió que Ben estaba satisfaciendo sus necesidades, pero en realidad, no supo cuáles eran hasta que él empezó a apasionarse por algo que ella no disfrutaba.

Así que trató de convencer a Ben de que no fuera a algunas de las exhibiciones automotrices, pero sus intentos fueron primordialmente pasivo-agresivos. Decía cosas como: "Uy, qué barbaridad, ese evento está lejísimos y no creo que quieras llevar tu coche por todas esas carreteras rurales para llegar hasta allá".

Si de todas maneras optaba por ir, incluso después de que ella le hubiera señalado todas las razones por las que no debía hacerlo, se sentía traicionada. Se convenció de que solo existían dos razones posibles por las que hacía algo como eso: no le importaba su bienestar o no podía comprender que estar sola la angustiaba.

Al igual que Cara, es posible que supongas que una relación sana lo arregla todo o que es responsabilidad de tu pareja ayudarte a afrontar cualquier sentimiento incómodo que puedas tener. Sin embargo, la verdad es que una relación no evitará que sientas ansiedad, tristeza, decepción y vergüenza. De hecho, habrá muchas ocasiones en que sientas que tu pareja es la causa de todas esas emociones.

No esperan que la relación satisfaga todas sus necesidades

Los libros, películas, programas de televisión y publicaciones en redes sociales te tratarán de convencer de que estar con la persona correcta lo arregla todo. Los romances hollywoodenses te muestran que el amor triunfa sobre todo y que cuando te encuentres en una relación comprometida, los dos se unirán de una manera u otra para satisfacer sus necesidades financieras, los vacíos emocionales, las demandas sociales y las deficiencias de autoestima. Creer que tu pareja debe satisfacer todas tus necesidades podría evitar que hagas el intento de satisfacer cualquiera de tus propias necesidades y es más que probable que culpes a tu pareja por no darte lo suficiente en la vida.

EJERCICIOS DE FORTALECIMIENTO MENTAL

Durante la segunda cita de Cara, discutimos lo que pensaba sobre las responsabilidades de Ben frente a sus propias responsabilidades. Ella creía que las parejas debían pasar todo su tiempo libre juntas. Cuando Ben no quería quedarse en casa, ella se sentía abandonada. Eso ocasionaba que se sintiera ansiosa en cuanto a la relación.

Le pregunté en qué momento de su vida había experimentado una fuerte sensación de abandono. Lo pensó un minuto y empezó a sollozar. Le entregué la caja de pañuelos desechables y me dijo: "Mis padres se divorciaron cuando tenía cuatro años. Se suponía que mi papá tenía que recogerme todos los fines de semana, pero había veces en que no se aparecía. Yo me quedaba sentada junto a la ventana y lo esperaba por horas, hasta que mi mamá decía: 'Pues supongo que otra vez no va a venir'. Después, me pasaba el resto del fin de semana preguntándome si algún día iba a recogerme y me preocupaba que no me quisiera".

Con razón Cara se sentía abandonada por Ben los fines de semana, le recordaba cómo se sentía de pequeña.

Pasamos las siguientes semanas hablando acerca de lo que significaba tener un padre del que no podía depender. El compromiso que su padre sentía hacia ella dependía enormemente de la persona con la que estaba saliendo o de lo que tenía que hacer para el trabajo. Cara me confirmó que, incluso en la actualidad, había cambiado poco en ese sentido.

Todavía tenía una relación con su padre, pero no era buena. Se había vuelto a casar y su esposa actual tenía dos hijos pequeños que vivían en casa. Cara sentía celos de que sus hermanastros pudieran vivir en la misma casa que su padre, lo que alguna vez deseó poder hacer también. Seguía hablando con su padre y lo veía de vez en cuando, pero para este momento, sabía que no podía confiar en cualquier cosa que le dijera. Era posible que se presentara, que le hablara o que de verdad estuviera en casa cuando decía que allí estaría, pero Cara también sabía que existían muchas probabilidades de que encontrara alguna excusa para cancelar su cita en el último segundo. O, peor todavía, era posible que olvidara por completo que tenían planes de hacer algo juntos.

Hablamos acerca del hecho de que Ben no era como su padre. Cara podía depender de él, era confiable y cumplía con su palabra. Si Ben le decía que haría algo, lo hacía, lo que ella apreciaba. Muy en el fondo, sabía que no la estaba abandonando cuando acudía a los eventos para coches, pero dijo que había ocasiones en que la tristeza y la ansiedad que experimentaba la hacían pensar lo contrario.

No esperan que la relación satisfaga todas sus necesidades

Discutimos sus opciones. Sin duda, podía volver a pedirle a Ben que se quedara con ella todos los fines de semana. También podía optar por acompañarlo a los eventos, o bien, podía encontrar otras cosas que hacer durante los momentos en que estuviera sola.

Antes de que pensara en esas opciones, hablamos de las necesidades emocionales de Ben. Cara pensaba que era importante que Ben hiciera las cosas que amaba; quería que fuera feliz. También consideraba que era importante que Ben pudiera mostrar el coche de su abuelo. Había tenido una relación cercana con él y era más que probable que hablar de los recuerdos de su abuelo lo estuvieran ayudando a resolver su duelo. Las exhibiciones también le daban la oportunidad de hablar con los demás miembros de su familia sobre el coche del abuelo, algo que a todos les encantaba hacer. De modo que, tal vez, reunir a su familia también satisfacía algunas de sus necesidades.

Apoyar a Ben en cuanto a su deseo de asistir a esos eventos era una excelente manera en que ella podía satisfacer las necesidades de su esposo. Claro que eso no significaba que no pudiera hablar de sus propias necesidades también.

Después de varias sesiones más, Cara decidió hablar con Ben. Cuando se presentó a su cita después de la plática que tuvieron, me contó que le había dicho a Ben que estar sola en casa la hacía recordar su infancia. Lo ofreció como explicación, no como forma de despertar su culpa para manipularlo a que se quedara con ella. Reconoció que estaba consciente del amor que le tenía a los eventos de automóviles y que sin duda le hacían bien, y también le dijo que quería que trabajaran en un plan que pudiera satisfacer las necesidades emocionales de los dos.

Me contó que Ben se sorprendió al oír lo que le explicó. Él suponía que pensaba que las exhibiciones eran muy aburridas y no volvió a cuestionarse mucho al respecto. Eso llevó a que analizaran sus opciones. Ben le dijo que no planeaba seguir yendo a los eventos para siempre. Por el momento, eran algo que le importaba, pero también reconoció que ya se estaba hartando un poco de ellos.

Cara me explicó que se sintió inspirada para encontrar ciertas actividades que podría hacer a solas cuando Ben no estuviera en la ciudad, como explorar algunos pasatiempos o visitar a sus propios amigos.

Le pregunté cómo se sentía acerca de la conversación que tuvieron y me respondió: "Me sentí aliviada de que Ben estuviera dispuesto a hablar. Me da gusto que se mostrara preocupado y también estoy muy feliz de sentirme empoderada para mejorar mi salud mental haciendo algunas cosas yo sola".

Antes de que terminara la terapia, discutimos que era probable que con el tiempo se toparan con algunas dificultades más en el camino en cuanto a las necesidades emocionales insatisfechas, pero Cara me dijo que ahora comprendía las necesidades emocionales y las expectativas sanas de mejor manera, y que sabía que Ben y ella podían tener conversaciones productivas siempre que surgiera alguna diferencia.

Identifica tus propias necesidades y las de tu pareja

El autor e investigador Willard Harley desarrolló una lista de las diez principales necesidades emocionales. Léela y elige cinco necesidades que sean las que más te importan. Después,

No esperan que la relación satisfaga todas sus necesidades

trata de identificar cuáles crees que sean las cinco necesidades principales de tu pareja.

Más adelante, si tu pareja está dispuesta a hacerlo, pídele que identifique sus cinco necesidades principales y las que cree que sean tus cinco. Comparen sus listas y discutan las diferencias que puedan observar.

1. **Admiración.** La admiración implica elogios o señales de aprecio. Que tu pareja te aliente puede hacerte sentir respetado y valorado.
2. **Afecto.** El afecto puede implicar cualquier cosa, desde una tarjeta que diga "Te amo" hasta tomarse de la mano y dar regalos. Las señales de afecto ayudan a la pareja a vincularse.
3. **Conversaciones íntimas.** Hablar de tus esperanzas, sueños y temores puede hacer que tus conversaciones sean más íntimas. Estas conversaciones requieren de vulnerabilidad y respeto.
4. **Apoyo doméstico.** El apoyo doméstico se refiere a todas las actividades que se requieren para el sostén de un hogar, como cocinar, limpiar, criar a los niños y manejar asuntos cotidianos.
5. **Compromiso con la familia.** Las parejas que tienen hijos pueden experimentar una necesidad de compromiso con la familia; en esencia, priorizar a la familia a fin de ofrecerle un tiempo de calidad y satisfacer las necesidades de los demás miembros de la misma.
6. **Apoyo económico.** Algunas personas tienen una sensación de seguridad al saber que su pareja puede ayudarlas en sentido económico. Incluso en familias en

las que los dos individuos cuentan con un ingreso, uno de los miembros puede sentirse más seguro al saber que su pareja podría ayudarlo si perdieran su empleo o no pudieran trabajar.
7. **Honestidad y franqueza.** Un alto nivel de honestidad y franqueza es lo que ayuda a algunas personas a sentirse seguras. Es posible que sientan una mayor confianza para compartir sus pensamientos y sentimientos más íntimos.
8. **Atractivo físico.** Aunque la apariencia física cambia con el tiempo, mantener la atracción entre ambos es otra prioridad importante para algunos individuos.
9. **Compañía recreativa.** La compañía recreativa implica llevar a cabo actividades de esparcimiento como pareja: ir de compras, ver juegos deportivos, ir al cine o recibir amistades en casa.
10. **Satisfacción sexual.** Se refiere a la necesidad emocional de sexo y en las relaciones monógamas dependerás de tu pareja para satisfacer esta necesidad. No es lo mismo que la necesidad de afecto, ya que puedes seguir abrazando a tus amistades o besar a tus mascotas. La satisfacción sexual tiene que ver con gratificar la necesidad de pasión romántica.

Quizá te sea difícil identificar tus cinco necesidades principales. Todas las cosas que se enlistaron podrían parecerte importantes. O, al hablar con tu pareja, es posible que descubras que no estaba al tanto de tus necesidades (o que tú tampoco las conocías), o que tú no habías reconocido sus necesidades. Ahora que lo saben, pueden empezar a hablar sobre cómo brindarse apoyo el uno al otro.

No esperan que la relación satisfaga todas sus necesidades

Pregúntate: "¿Cuándo fue la primera vez que me sentí así?"

Una vez que Cara conectó los sentimientos intensos que experimentaba cuando Ben se marchaba a los eventos de automóviles con las ocasiones en que se sintió abandonada por su padre durante la infancia, pudo explicarse su situación de mejor manera. Se dio cuenta de que, aunque sus sentimientos eran muy intensos, no era culpa de Ben que se sintiera así de mal.

> La razón por la que tienes una reacción tan intensa ante el comportamiento de tu pareja podría no tener nada que ver con ella.

Siempre que experimentes una emoción intensa, pregúntate cuál fue la primera vez que te sentiste así. La razón por la que tienes una reacción tan intensa ante el comportamiento de tu pareja podría no tener nada que ver con ella.

La forma en que te habla podría hacer que te "sientas disminuido", como cuando tu madre solía tratar de hacerte sentir avergonzado por algo, o la manera en que te ignora podría recordarte cómo solían ignorarte los demás niños de la escuela durante la hora del recreo cuando les contabas alguna historia. O, si tu pareja se enoja y se aleja de una conversación, quizá despierte los mismos sentimientos que experimentabas cuando tu madre salía furiosa de la casa al enojarse con tu papá.

Atar tus reacciones emocionales a algo de tu pasado puede ayudarte a averiguar cómo lidiar con una herida emocional antigua. También puede ayudarte a asumir una mayor responsabilidad por satisfacer tus propias necesidades emocionales insatisfechas.

Pide lo que necesitas

Tus necesidades emocionales cambiarán con el tiempo. A medida que tu familia crezca, los papeles que representas cambiarán, pero también es posible que cuando te topes con circunstancias nuevas, se altere tu lista de prioridades emocionales.

Es posible que desees mayor estabilidad económica una vez que tengas hijos o que quieras más compañía recreativa después de que te jubiles.

También es probable que varíe el aprecio que le tengas a las conductas de tu pareja. Quizá te fascinaba lo espontánea que era tu pareja cuando empezaron su relación, pero ahora que tienen más responsabilidades, tal vez consideres que esas mismas conductas "espontáneas" son impulsivas o imprudentes. Eso podría ser una señal de que tus necesidades cambiaron; quizá ahora necesites más estabilidad. Sin embargo, solo porque tus propias necesidades cambien, no significa que la conducta de tu pareja se alterará de manera automática.

No obligues a tu pareja a adivinar qué necesidades emocionales tienes durante las diferentes temporadas de tu vida. Dile lo que necesitas y asume la responsabilidad de satisfacer algunas de tus propias necesidades. De vez en vez, confirma con tu pareja si sus necesidades se están viendo satisfechas y discutan la forma en que las necesidades de ambos podrían haber cambiado.

¿QUIÉN SE SIENTE MOTIVADO?

Pausa unos momentos y reflexiona acerca de quién puede pensar que existe un problema y quién se siente motivado a crear un cambio. Después, pueden decidir la mejor manera de abordar la situación.

1. Tú dependes de tu pareja para que satisfaga demasiadas de tus necesidades

Dentro de una relación es necesario establecer temas que no son negociables. Sería de esperar que supieras cuáles son esos temas no negociables antes de involucrarte en una relación seria, como que no tolerarás que nadie te insulte o que no puedas soportar que alguien te mienta.

No obstante, hay ocasiones en que confundimos estos temas no negociables con cosas más triviales. Digamos que a tu pareja se le olvida la fecha de aniversario de la primera vez que salieron juntos. Es posible que decidas asignarle un significado a esa conducta y que concluyas que olvidarlo implica que no le interesas. Pensar de esa manera podría causar que experimentes mucho dolor y también podría afectar tu conducta; tal vez te portes con frialdad hacia ella porque hirió tus sentimientos.

Una opción alternativa es recordar que el hecho de que haya olvidado ese aniversario no necesariamente significa que no tenga afecto por ti. Existen muchas explicaciones alternativas; es posible que las fechas no sean de importancia para él, que no sepa qué día es hoy, que jamás haya notado la fecha en la que se conocieron por primera vez o quizá solo se le olvidó.

Cuando tu pareja no satisface todas tus necesidades emocionales, no implica que no le interesas. Significa que también se está dedicando a satisfacer sus propias necesidades; algo esencial para una relación sana. Puedes contribuir a tu relación asumiendo la responsabilidad de satisfacer algunas de tus propias necesidades.

2. Piensas que tu pareja depende demasiado de ti para satisfacer sus necesidades

Si piensas que tu pareja depende demasiado de ti para satisfacer sus necesidades, detente y pregúntate si tú necesitas cambiar tu comportamiento o si tu pareja debería ajustar sus expectativas.

Considera si su incapacidad para satisfacer sus necesidades actuales es temporal o permanente. Si estás centrado en algo desafiante por el momento, como cuidar de un padre anciano, es posible que no tengas la capacidad de satisfacer sus necesidades emocionales. No dudes y acláralo. Di algo como: "En este momento no voy a poder hacer eso".

Además, piensa si las necesidades de ambos representan fuerzas opuestas. Si tú necesitas libertad, pero tu pareja necesita más contacto, discutan las opciones con las que cuentan. Es posible que haya veces en que puedan llegar a un acuerdo sano y otras en las que resultará imposible satisfacer las necesidades de los dos de manera simultánea.

Esfuérzate por apoyar a tu pareja si puedes hacerlo, pero también date permiso de establecer límites sanos para preservar tu paz interior. Probablemente necesiten hablar acerca de los límites que consideres esenciales para lograr satisfacer tus propias necesidades.

3. Tu pareja piensa que dependes demasiado de ella para satisfacer tus necesidades

Si tu pareja te dice que eres muy "demandante", es posible que, sin darte cuenta de ello, intentes aferrarte más a ella aun cuando ella trate de alejarse un poco y, aunque escuchar que eres muy demandante sin duda herirá tus sentimientos, no arremetas en su contra.

Si tu pareja tiene el valor suficiente como para decirte que no puede darte todo lo que le pides, agradécele su franqueza. Puede ser muy difícil admitir ante alguien que te importa que no tienes la capacidad para darle todo lo que necesita.

Sin importar cómo te sientas, no pelees o insistas en que no estás pidiendo mucho o que tu pareja no está haciendo lo suficiente. En lugar de ello, aclara de manera específica qué es lo que piensa que no puede darte. Por ejemplo, ¿es incapaz de satisfacer tu necesidad de tener una conversación íntima en este momento porque se siente muy estresada por el trabajo o por los problemas que podría estar teniendo con su familia extendida? ¿O es posible que esté lidiando con un asunto de salud mental que le dificulta ganar dinero y que, por tanto, está afectando la estabilidad económica de los dos?

Una vez que sepas qué necesidades emocionales no puede satisfacer en este momento, podrás encontrar algunas alternativas propias. Discute los límites que tu pareja desea establecer y qué estrategias están dispuestos a intentar.

4. Los dos coinciden en que dependen demasiado el uno del otro

Si tu pareja y tú adivinan lo que el otro quiere y se sacrifican por la otra persona, es importante enfrentar la situación. De lo contrario, los dos terminarán sintiéndose decepcionados y agotados, y ninguno de los dos se sentirá feliz.

Es posible que uno se prive de ir a citas médicas porque está tratando de satisfacer la necesidad de su pareja de tener seguridad financiera. Mientras tanto, quizá el otro esté pasando por alto su necesidad de satisfacción sexual por intentar cumplir con todas las demás responsabilidades familiares.

Hay mucha sabiduría en el viejo dicho que reza: "No te prendas fuego para calentar a alguien más". Eso es cierto incluso si se trata de tu pareja. Exprésate y comparte tus necesidades, pero también comparte lo que tú estás haciendo para satisfacerlas.

CÓMO ES QUE SATISFACER ALGUNAS DE TUS PROPIAS NECESIDADES LOS AYUDA A FORTALECERSE

Una vez que Cara hizo la conexión entre sus respuestas emocionales actuales y las emociones que vivió durante su infancia, pudo empezar a sanar algunas de sus heridas del pasado. También se dio cuenta de que no era responsabilidad de Ben rescatarla. Le comunicó sus experiencias a Ben y hablaron acerca de cómo garantizar que obtuviera lo que necesitaba, y lo que él podía hacer, aparte de lo que ella pudiera hacer.

No esperan que la relación satisfaga todas sus necesidades

Cara se empoderó para satisfacer algunas de sus propias necesidades al tiempo que habló con Ben respecto de lo que necesitaba de la relación. Descubrió que seguía gustándole tejer, algo que su abuela le enseñó cuando era una niña. Disfrutaba tejer bufandas y regalárselas a otros. Cuando terminaba una, eso le daba una razón para visitar a alguna de sus amistades o miembro de su familia para regalársela. De modo que dejó de sentirse triste y ansiosa los fines de semana. Tenía algo que hacer que le daba un significado y un propósito, y que no involucraba a Ben.

Ninguna pareja coincide perfectamente en cuanto a sus necesidades emocionales. De hecho, son las diferencias en esas necesidades emocionales las que a menudo atraen a las personas.

> Ninguna pareja coincide perfectamente en cuanto a sus necesidades emocionales.

Sentirte un poco incómodo porque tus necesidades no se están viendo satisfechas no es algo malo. Puedes aprender mucho a partir de esa incomodidad; quizá averigües que tienes habilidades, recursos y estrategias que habías olvidado que existían.

Formar parte de un buen equipo implica algo de toma y daca. Sin embargo, esa reciprocidad debe ocurrir de ambos lados. Si tú insistes en que tu pareja satisfaga todas tus necesidades, hay muchas probabilidades de que no esté satisfaciendo las suyas. Cuando los dos puedan identificar qué necesidades están pasando por alto y desarrollen un plan claro para satisfacerlas, se convertirán en individuos más fuertes que también serán más fuertes de manera conjunta.

IDENTIFICACIÓN DE PROBLEMAS Y TRAMPAS COMUNES

Justificar tus malas conductas

Algunas personas tratan de justificar sus malas conductas culpando a sus parejas por no satisfacer sus necesidades. Es posible que digan que fueron infieles porque no se les estaba prestando la atención suficiente. O quizá afirmen que dejaron de prestarle atención a su pareja porque necesitaban mayor libertad. Si tu pareja no puede satisfacer tus necesidades, es tu responsabilidad hablar al respecto y tomar medidas para satisfacer las tuyas, pero sin dañar la relación.

Tratar de satisfacer todas las necesidades de tu pareja

Si te presionas de manera excesiva por satisfacer las necesidades de tu pareja, detente y observa lo que hay debajo de ese deseo. ¿Temes que quizá seas inadecuado si tu pareja tiene que satisfacer algunas de sus propias necesidades? ¿Tienes miedo de que pudiera abandonarte si no satisfaces todas sus necesidades todo el tiempo?

Reflexiona acerca de si esa presión proviene de tu pareja o de tu interior. Si no te puedes dar la libertad de satisfacer tus propias necesidades y permites que tu pareja satisfaga algunas de las suyas, quizá sea recomendable que hables con un terapeuta.

No esperan que la relación satisfaga todas sus necesidades

TEMAS DE CONVERSACIÓN

Tómate algunos momentos y analiza las siguientes preguntas. Si tu pareja está interesada en aprender más sobre la fortaleza mental, utiliza estas preguntas para iniciar una conversación relacionada con las necesidades emocionales de ambos.

- ¿Cuáles serían algunos ejemplos de las necesidades emocionales que son importantes para ti, pero menos importantes para mí?

- ¿Cuáles son algunos ejemplos de necesidades emocionales que creas que son más importantes para mí, pero menos importantes para ti?

- ¿Cuáles serían algunas acciones que hacemos bien cuando se trata de satisfacer nuestras necesidades emocionales mutuas?

- ¿Cuáles son algunas acciones que hacemos para satisfacer nuestras propias necesidades emocionales y que parecen funcionar bien?

ENTREVISTA CON SHANE BIRKEL

Aunque la mayoría de las parejas no acude a terapia diciendo: "Estamos aquí para hablar de nuestras necesidades emocionales", a menudo, esa es la razón por la que van en busca de ayuda. Me comuniqué con Shane Birkel para averiguar cómo es que trata a las parejas que tienen dificultades con temas en torno a sus necesidades emocionales. Shane es terapeuta matrimonial y familiar certificado con un consultorio particular en

New Hampshire. Es anfitrión de un pódcast maravilloso que se llama *The Couples Therapist Couch*. Ya que ha sido orientador de relaciones de pareja por 12 años, tiene algunas perspectivas útiles en cuanto a las necesidades emocionales de las parejas.

¿Cuáles serían algunos de los temas más importantes que las parejas quieren tratar dentro de tu consultorio?
Es común que la gente me diga que su problema principal es que no se pueden comunicar. Pienso que la comunicación es lo que vemos en la superficie, pero la mayoría de las personas intuye que también hay temas que tienen mayor profundidad.

Como terapeuta de pareja, puedo enseñarles habilidades comunicativas a las personas, pero para generar un progreso real, la gente tiene que aprender a trabajar con las partes de sí mismas que no quieren utilizar esas habilidades.

Hay dos asuntos comunes que surgen en el caso de muchas personas. La mayoría cae dentro de una de dos categorías. La primera es cuando la gente siente que su pareja es distante, que está desconectada y que no está presente. Tratan de comunicarse con ella y sienten como si solo alejaran más a su pareja.

La segunda es cuando alguien siente que sin importar lo mucho que haga o lo mucho que se esfuerce, su pareja jamás está satisfecha. Quizá se sienta abrumada por las necesidades emocionales de su pareja.

Si estos dos tipos de personas forman una relación (que a menudo sucede), crean una especie de baile en el que mientras una intenta acercarse más, trata de conectar y arreglar las cosas, la otra se siente más inundada y necesitada de espacio, por lo que se aleja. Mientras más se aleja, más ansiedad sentirá su pareja y más tratará de acercarse. Esto puede crear un círculo problemático.

La gente puede aprender habilidades de comunicación, pero si no trabaja con lo que está motivando las necesidades

No esperan que la relación satisfaga todas sus necesidades

y creencias fundamentales debajo de la superficie, seguirán teniendo problemas. Estos temas suelen conectase con experiencias y asuntos de nuestras infancias.

¿Cuáles son algunas de las ideas incorrectas que la gente suele tener acerca de cómo *debería* ser una relación?
La sociedad y los medios utilizan términos como "alma gemela", "tú me completas" y "amor verdadero", como si allá afuera hubiera alguien para quien estás destinado y que va a hacerte sentir ese amor que siempre quisiste. Esa es una idea errónea que hace que la gente tenga la falsa creencia de que las relaciones deberían ser facilísimas y perfectas todo el tiempo.

Una de las cosas más útiles que la gente tiene que entender es que su relación no se sentirá perfecta ni fácil todo el tiempo y que eso está bien. Las relaciones requieren muchísimo trabajo. Una vez que la gente lo comprende, se siente menos presionada cuando pasa por el estrés normal junto con su pareja.

Las personas desarrollan sus creencias acerca de lo que las parejas "deberían" ser con base en aquello con lo que crecieron. Un ejemplo sería que si una persona creció dentro de una familia en la que nadie hablaba de sus emociones, podría asumir la creencia de que las emociones son un problema que necesita arreglarse. Si después establece una relación con alguien muy expresivo a nivel emocional, podría tener dificultades con ello y definirlo como un problema. Eso podría hacer que su pareja sienta una falta de conexión y aceptación por sus emociones normales y sanas.

Lo más importante que la gente puede hacer es reconocer que todas sus creencias respecto de cómo "debería" ser una relación provienen de lo que aprendieron durante su infancia, ya sea que fuera modelada por la persona que los cuidó o a partir de la sociedad. Si alguien ve las cosas de manera diferente, lo mejor que podemos hacer es actuar a partir de la curiosidad en lugar de hacerlo a partir del juicio o de la crítica.

¿Puedes pensar en algún ejemplo de tu consultorio en el que alguien dependía demasiado de su pareja para que satisficiera todas sus necesidades emocionales? ¿Qué sucedió con ellos?

Uno de los problemas más comunes que observo es que la gente depende demasiado de su pareja para satisfacer sus propias necesidades emocionales. Esto crea una sensación de codependencia dentro de la relación. Cuando somos niños, necesitamos que nuestros padres se encarguen de nuestras necesidades emocionales. Si eso no sucede de manera sana durante nuestra infancia, crecemos con una falta de madurez y seguimos queriendo que alguien nos cuide como nos merecemos.

Si se valora a las personas lo suficiente cuando son niños, serán capaces de desarrollar una sana autoestima que proviene de su interior. La mayoría de las personas experimenta cosas que las hacen cuestionar esto último, lo que también incluye los mensajes provenientes de sus parejas o de la sociedad. A causa de lo anterior, las personas tienen problemas con su autoestima y cuestionan el valor que tienen en el mundo.

En lugar de contar con la creencia inherente de que "soy suficiente e importo", las personas piensan que "basto e importo porque puedo desempeñarme dentro del mundo" (estima basada en el desempeño) o "porque otros lo piensan" (estima basada en los demás). Cuando nuestra pareja nos demuestra su amor, desarrollamos la creencia de que somos merecedores de ello. Puede resultar peligroso que nos volvamos dependientes de esa idea para valorarnos a nosotros mismos. Si nuestra pareja está teniendo un mal día o si no está haciendo las cosas que pensamos que "debería" si de verdad nos amara, la relación puede empezar a sentirse tóxica y codependiente.

Si soy un adulto maduro y sano dentro de mi relación, puedo experimentar compasión por mi pareja aunque no esté obteniendo lo que quiero de ella, incluso si me siento herido. El

No esperan que la relación satisfaga todas sus necesidades

sentido de mi propio valor proviene de mi interior, de manera que no necesito que haga nada para que yo sienta que basto.

¿Cómo ayudas a las personas a encontrar un equilibrio para satisfacer sus propias necesidades emocionales al tiempo que también saben que sus parejas pueden satisfacer algunas de ellas?

Pienso que, en el caso de los seres humanos, existe un espectro dentro del cual se encuentra cada uno de nosotros. En un extremo del espectro está la demanda emocional excesiva y en el otro lado se encuentra la evasión emocional. En el centro se encontraría la salud emocional.

La mayoría cae hacia un extremo u otro. Ninguno de los dos es mejor o peor. Los dos tienen fortalezas y debilidades. Dicho eso, el lado en el que se encuentra alguien determinará qué es lo que necesita tratar de solucionar. Hay diferentes temores y creencias limitantes que se conectan con cada extremo.

Si eres alguien que tiende a ser muy demandante en términos emocionales, es posible que requieras esforzarte en desafiar la creencia de que necesitas que alguien más te ame para sentir que vales. Yo basto e importo independientemente de lo que esté pasando con mi pareja.

Si eres una persona que cae más hacia el extremo de la evasión emocional, podrías albergar el temor de que no vales lo suficiente como para expresar lo que necesitas y que la gente simplemente debería encargarse de sus propias necesidades. El trabajo con esto podría dirigirse hacia la creencia de que está bien pedirle ayuda a tu pareja y expresar lo que tú quieres dentro de tu relación.

11

No descuidan su relación

> Cincuenta por ciento de las personas dice que hay ocasiones en que se sienten desatendidas por sus parejas.
>
> Encuesta *Couples by the Numbers*

Gary habló al consultorio para pedir una cita para terapia de pareja. Me dijo: "Acabo de descubrir que mi pareja, Alex, está sosteniendo una relación inapropiada. A los dos nos gustaría entrar a terapia para ver si podemos rescatar nuestra relación".

Cuando se presentaron a su primera cita, se sentaron en el sofá uno junto al otro. Al preguntarles qué era lo que esperaban obtener de la terapia, Gary dijo: "Pues Alex estaba teniendo un amorío emocional. Queremos saber qué debemos hacer ahora porque queremos que nuestra relación funcione".

Alex añadió: "Yo cometí algunos errores, pero quiero que Gary reconozca que él también lo hizo. Esa es la única manera en la que realmente podremos solucionar nuestros problemas".

Compartieron un poco acerca de su historia; llevaban juntos cerca de cinco años. Informaron que, en términos generales, tenían una buena relación. Sin embargo, durante la pandemia, cuando los dos estuvieron en casa la mayor parte del tiempo, empezaron a pelearse cada vez más y a sacarse de quicio entre sí. Durante esa época, Alex empezó a pasar cada vez más tiempo encerrado en la oficina que tenían en casa.

Después de casi un año de trabajar desde casa, Gary empezó a regresar a la oficina de su empresa. También empezó a volver a hacer viajes de negocios, mientras que Alex siguió trabajando desde casa.

"Alex trabaja muchas horas", dijo Gary, "de modo que nunca me pregunté por qué estaba trabajando desde la oficina de la casa hasta tan tarde por las noches. Lo escuchaba en conferencias de Zoom y jamás se me ocurrió que fueran conversaciones que no tuvieran que ver con su trabajo. Sin embargo, me di cuenta de que él y su compañero Brian estaban teniendo conversaciones inapropiadas".

Alex reconoció que la amistad que tenía con su compañero de trabajo se había convertido en un amorío emocional. Afirmó: "Es solo que me siento cómodo hablando con Brian acerca de todo. Discutimos cosas de las que no puedo hablar con Gary".

Pero Gary no tardó en responder: "Alex, no es como si los dos solo hablaran de política. Le estabas diciendo cosas como 'Huyamos juntos', como si los dos fueran niños de cuarto grado planeando irse de casa para escapar de sus padres demasiado estrictos".

Alex reconoció que decía cosas de ese estilo, pero añadió: "Solo lo hacía porque me sentía solo, Gary. Rara vez estás en casa y, cuando sí lo estás, no quieres hablar".

No descuidan su relación

A pesar de la difícil conversación, fue una buena primera sesión. Los dos comunicaron cómo se sentían y pudieron hacerlo de manera respetuosa; no obstante, la terapia solo funcionaría si los dos se comprometían a hacer el trabajo necesario para arreglar la relación. Me quedó claro que llevaban bastante tiempo desatendiendo su relación. A causa de ello, había muchas cosas que tendrían que tratar de reparar.

Coincidieron con que deseaban tener una relación amorosa, y los dos afirmaron que estaban comprometidos con sacarle el máximo provecho a la terapia. Te explicaré lo que pasó con Gary y Alex más adelante en el capítulo, pero antes de que lo haga, quiero que pienses en tu relación y si crees que hay veces en que tu pareja o tú la descuidan.

CUESTIONARIO

Tómate un momento para analizar las siguientes afirmaciones y ve cuántas de ellas te parece que describen tu relación.

- ○ Tenemos vidas muy ajetreadas y no le damos prioridad a nuestra relación.

- ○ Tenemos intereses diferentes, así que es difícil encontrar puntos de convergencia o cosas en las que podamos trabajar juntos.

- ○ Tenemos valores distintos, de manera que en lugar de tratar de combinar lo que pensamos, es frecuente que cada quien trabaje en planes separados.

- ○ Cuando estamos físicamente juntos, en realidad no tratamos de conectarnos.

13 cosas que las parejas mentalmente fuertes no hacen

- ○ No hacemos cosas que nos ayuden a crecer como pareja.

- ○ No hacemos gran cosa para sustentar nuestra amistad.

- ○ No nos sentimos vinculados uno con el otro.

- ○ No invertimos mucho tiempo en conectarnos de manera genuina.

- ○ Hay veces en que desatendemos nuestras necesidades mutuas.

Mientras más ciertas te parezcan estas afirmaciones, más probable es que estés descuidando tu relación. Por fortuna, hay cosas que puedes hacer para que se dediquen más tiempo y energía entre sí, y para ayudar a que su relación crezca.

PUNTO DE PARTIDA

Durante su segunda sesión, Gary y Alex coincidieron con que los dos estaban descuidando la relación. Cuando Gary estaba fuera de casa, era rara la vez en que le hablaba o enviaba mensajes a Alex, y cuando los dos estaban en casa, ninguno hacía algún esfuerzo particular para conectarse. Alex desatendió la relación al no contarle a Gary cómo se estaba sintiendo. En lugar de ello, recurrió a alguien fuera de la relación para satisfacer sus necesidades de conexión íntima.

Aunque no puedas identificarte del todo con la situación de Gary y Alex, es posible que reconozcas las veces en que desatiendes a tu pareja o en que sientas que tu pareja hace lo mismo contigo.

No descuidan su relación

Incluso, en ocasiones, puede haber buenas razones por las que descuiden la relación. Quizá tu pareja y tú hayan acordado que harían lo que se necesitara para saldar todas sus deudas este mismo año, aunque eso haya significado que los dos tendrían que trabajar tanto que no podrían verse con la misma frecuencia. O tal vez hayas elegido continuar tus estudios y por ello fue necesario que te dedicaras tanto que no te quedó gran tiempo para tu relación. En ese tipo de casos, cuando hayan desarrollado un plan conjunto, es frecuente que resulte desafiante pero factible.

Sin embargo, cuando uno o ambos miembros de la pareja descuidan la relación sin tomar la decisión consciente de priorizar otras cosas, la relación llega a afectarse.

Como lo discutimos en el capítulo anterior, no es sano tratar de satisfacer todas las necesidades emocionales de tu pareja, pero también es esencial que dediques el tiempo y la energía necesarios para satisfacer algunas de ellas con el fin de nutrir la relación.

Tómate un minuto para responder a las siguientes preguntas:

- ¿Tú descuidas la relación?

- ¿Tu pareja desatiende la relación?

- ¿Ambos lo hacen?

Si descuidas tu relación o sientes que tu pareja la desatiende, no eres el único. Por fortuna, sin importar lo mucho que hayan desatendido la relación, hay cosas que pueden hacer para empezar a nutrirla y hacerla crecer de nuevo.

¿POR QUÉ DESATENDEMOS NUESTRA RELACIÓN?

Para Gary y Alex, nutrir la relación se percibía como algo inconveniente. Entre el ajetreado horario de trabajo de Gary y la necesidad de compañía de Alex, habrían necesitado hacer un esfuerzo concertado para conectarse y hacer crecer su relación.

Durante la segunda sesión de terapia, Gary dijo que hasta que no descubrió la relación cercana que Alex tenía con su compañero de trabajo, no se dio cuenta de lo mal que se habían puesto las cosas. Dijo: "Los dos tomamos el camino más fácil. Yo me dediqué al trabajo y Alex encontró a alguien que le prestara mucha atención".

> Los mensajes de texto, las apps y las alertas de tus redes sociales dirigen tu atención hacia tu teléfono... y no hacia tu pareja.

En el mundo actual, nutrir una relación requiere de esfuerzos adicionales. La mayoría de las personas se encuentra en una situación en la que su vida laboral se escabulle en lo que, en términos históricos, se consideraba como el "tiempo de familia". Aparte de eso, tenemos una infinidad de oportunidades de entretenimiento pasivo al alcance de la mano. Conlleva menos esfuerzo ver televisión que tener una conversación profunda. Eso sin mencionar las docenas de cosas que compiten por tu atención si tienes un teléfono inteligente cerca. Los mensajes de texto, las apps y las alertas de redes sociales dirigen tu atención hacia tu teléfono... y no hacia tu pareja.

Para comprender de mejor manera las razones por las que quizá desatiendas tu relación, estudia las siguientes afirmaciones y ve con cuántas de ellas te identificas.

No descuidan su relación

- ○ Pongo a otras personas primero porque pienso que mi pareja lo entenderá.

- ○ Tengo muchos asuntos pendientes que acaparan mi atención.

- ○ Es más fácil que cada quien represente un papel separado a que tratemos de trabajar de manera conjunta.

- ○ Me da miedo combinar demasiadas partes de nuestras vidas en caso de que las cosas no salgan bien.

- ○ Hay veces en que otras personas son prioridades mayores en mi vida.

- ○ Mi trabajo acapara gran parte de mi tiempo y energía, y no me queda suficiente para mi pareja.

- ○ Se me dificulta decirles que no a otras personas u oportunidades, incluso si le restan tiempo a mi relación.

- ○ Tenemos asuntos inconclusos pasados que evitan que quiera invertir mucho esfuerzo en mi relación en este momento.

- ○ Temo comprometerme demasiado con mi pareja.

Mientras más elementos de la lista hayas identificado, más fácil te será posicionar tu energía en otro sitio que en el fortalecimiento de tu relación.

EJERCICIOS DE FORTALECIMIENTO MENTAL

Después de algunas sesiones de terapia, nuestro enfoque se volcó hacia Alex. Reconoció que sus conversaciones nocturnas y sus mensajes de texto eran inapropiados. Al igual que Gary, se refería a esas conversaciones como una "aventura emocional". Dijo que sabía que no tenía nada de malo tener amistades cercanas, pero que él y Gary habían decidido desde hacía mucho que las conversaciones secretas que incomodaran al otro miembro de la pareja estarían prohibidas.

Alex sabía que había dañado la relación al romper la confianza que le tenía Gary. Solía decir que estaba sosteniendo juntas de trabajo hasta la noche pero, en realidad, se estaba encerrando en la oficina de la casa para tener estas conversaciones secretas. Gary se sentía traicionado y, aunque quería volver a confiar en Alex, recuperar esa confianza tardaría tiempo.

Pasamos una sesión completa discutiendo límites. Gary quería estar seguro de que Alex no tuviera ningún contacto con Brian, por lo que Alex acordó que finalizaría cualquier contacto uno a uno con Brian, dado que no era necesario que tuvieran juntas de trabajo a solas, para evitar toda confusión. Gary dijo: "Si estás diciéndole cosas a alguien más que no querrías que yo escuchara, no se trata de una conversación que deberías estar teniendo". Alex le explicó que lo entendía.

Aunque no fue culpa de Gary que Alex hubiera iniciado este tipo de infidelidad emocional, reconoció la parte que le tocaba en el deterioro de su relación. Por ejemplo, era frecuente que Alex le hablara cuando estaba de camino a sus viajes de negocios. Gary contestaba sus llamadas con muy poca frecuencia. Cuando llegaba a hacerlo, a menudo cortaba la conversación. Dijo: "Solía molestarme que interrumpiera mi viaje". No obstante, ahora se daba cuenta de lo hiriente que eso le resultaba a Alex, quien se quedaba en casa sintiéndose solo o lidiando con algún problema.

Parte de su tratamiento implicó que discutieran lo que cada uno podía contribuir a la relación y cómo podían nutrirla con el tiempo; aun si estaban separados con frecuencia o cuando no era conveniente que se comunicaran entre sí.

Decidieron que los domingos serían los días que pasarían juntos y que, sin que nada más importara, estar ese día los dos solos se convertiría en una prioridad. Cada semana, se turnarían para decidir qué querían hacer y tratarían de alentarse el uno al otro a experimentar cosas nuevas para que sus experiencias pudieran hacerlos crecer.

También discutimos las formas en que podían fomentar su intimidad emocional. Acordaron ponerse en contacto a diario, incluso cuando Gary estuviera en un viaje de negocios, al menos por medio de una llamada telefónica por las noches. Además, cuando los dos estuvieran en casa, no trabajarían más allá de las 7:00 p.m.; en lugar de eso, cenarían juntos, verían televisión o simplemente disfrutarían de su compañía mutua.

Implementaron su plan de inmediato. Al cabo de unas semanas, los dos informaron que habían disfrutado mucho más de la compañía del otro. Platicaban más y sus conversaciones se estaban haciendo más profundas. Ambos dijeron que se sentían seguros de que podían recurrir al otro en busca de apoyo en lugar de alejarse.

Reafirma tu compromiso de manera frecuente

Solo porque has hecho un acuerdo verbal o, incluso, un pacto legal para formar una pareja en algún momento dado, eso no significa que sigas comprometido con tu relación en este momento. Una relación sana requiere de un compromiso constante en cuanto a que invertirás tiempo y energía para que siga siendo saludable. Más allá de eso, una relación sana implica una disposición a hacer cosas difíciles, a tener conversaciones delicadas y a negociar desacuerdos; incluso en esos días en que no tienes ganas de hacerlo.

No existe una cantidad predeterminada de tiempo y energía que deberías dedicarle a tu pareja. Las distintas relaciones tienen diferentes necesidades y expectativas. En algunas relaciones se sobreentiende que cada miembro de la pareja pasará la mayor parte de su tiempo haciendo otras cosas: utilizando un espacio para compartir con amigos, dedicándose a sus pasatiempos, trabajando y haciéndose cargo de las responsabilidades del hogar de manera independiente. Esto funciona cuando ambas personas dentro de la relación acuerdan tener ese nivel de compromiso.

> Las distintas relaciones tienen diferentes necesidades y expectativas.

Otras parejas podrían decidir pasar la mayor parte de su tiempo juntas y, cuando no lo están, es posible que estén atendiendo asuntos que casi siempre ayudan a la familia. Eso funciona cuando ambas personas están de acuerdo con ese arreglo.

El compromiso tampoco tiene que ver solo con pasar tiempo juntos; significa estar comprometidos con la felicidad y bienestar de cada quien.

Reafirma tu compromiso con tu pareja de manera frecuente diciendo cosas como:

▶ "Me da gusto que pueda pasar mi vida contigo".

- "Sé que en este momento las cosas se han puesto difíciles, pero estoy comprometido con encontrar alguna manera de salir de esta situación".

- "Si pudiera vivir mi vida de nuevo, seguiría eligiéndote".

Además de verbalizar tu compromiso, muéstralo a través de tus acciones. Uno de mis anteriores pacientes de terapia solía quitarse su anillo de bodas todas las noches antes de irse a dormir. No era porque le incomodara. Era porque quería reafirmar su compromiso con su pareja cada mañana al elegir ponerse el anillo en el dedo. Era su forma de mostrarle a su pareja que elegía comprometerse cada día.

Habla en términos de "nosotros"

El tipo de lenguaje que utilizas podría revelar cómo te sientes en tu relación y si de verdad la percibes como una unidad integral. No obstante, el lenguaje funciona en dos sentidos. Cambiar la manera en que te expresas podría cambiar lo que sientes.

Cuando hablas acerca de las cosas importantes de tu vida, ¿usas pronombres singulares para describirte o usas pronombres plurales que incluyen a tu pareja?

Por ejemplo, ¿es más probable que digas: "Estoy esforzándome por ahorrar dinero para mi jubilación" o "Nos estamos esforzando por ahorrar dinero para cuando nos jubilemos"? Aquí hay otro ejemplo. ¿Dirías: "He estado muy ocupada" o "Hemos estado muy ocupados"?

Las investigaciones demuestran que las parejas que utilizan el "nosotros" al hablar están en mayores probabilidades de experimentar emociones positivas sobre su relación. Se ha descubierto que el uso de más expresiones en términos de "nosotros" predecía un menor deterioro marital con el tiempo y que beneficiaba tanto al miembro de la pareja que las utilizaba como a la pareja que las escuchaba.

Si tiendes a referirte solo a ti, no te castigues y pienses que es una clara señal de algún problema arraigado. Cambia tu forma de hablar e incluye a tu pareja cuando hables acerca de las cosas que los afectan a los dos, como tiempo, dinero y metas a futuro. Hacerlo no solo podría profundizar tu compromiso con la relación, sino que también mejoraría el compromiso que tu pareja tiene con la misma.

Creen y mantengan rituales dentro de su relación

Ya sea que prepares una taza de café para tu pareja todas las mañanas o que vayan a almorzar juntos todos los domingos, los rituales dentro de tu relación podrían ser más importantes de lo que piensas. Quizá solo te parezca que son hábitos o, incluso, tal vez, parte de una misma vieja rutina. Sin embargo, los rituales en los que tu pareja y tú participan pueden ser saludables para la longevidad de su relación.

Hay investigaciones que han encontrado que cuando ambos miembros de la pareja coinciden con que algo es un ritual (y no solo algo que hagan a diario porque resulta conveniente) se fortalece su compromiso. Los rituales no contribuyen al estancamiento o aburrimiento de una relación. Más bien, según hallaron estos investigadores, se conectan con emociones más positivas y con una mayor satisfacción con la relación al paso del tiempo.

Si no tienen un ritual que ambos disfruten, créenlo. Aquí hay algunas ideas sencillas de rituales:

- ▶ Compartan cuál fue la mejor parte de su día cuando cenen juntos.
- ▶ Prepárense para ir a la cama a la misma hora y platiquen.
- ▶ Vayan a cenar al mismo restaurante siempre que uno recoja al otro en el aeropuerto.
- ▶ Jueguen a algo juntos los domingos por la noche.
- ▶ Coman algo particular un día específico de la semana (como martes de tacos).
- ▶ Dejen alguna notita en la maleta del otro cuando uno de ustedes viaje a solas.
- ▶ Envíense un mensaje de texto positivo durante la hora de la comida.

Solo recuerden que, en realidad, no importa cuál sea el ritual. Lo que importa es que sea algo que los dos compartan, disfruten o piensen que es divertido o gracioso. Llevar a cabo estos rituales con el paso de los años significa que comparten algo especial que los mantiene comunicados a lo largo del tiempo, aunque todo a su alrededor cambie.

¿QUIÉN SE SIENTE MOTIVADO?

Tómate algunos minutos para meditar acerca de quién piensa que existe un problema y quién se siente motivado a generar un cambio. Después, pueden decidir la mejor forma de abordar la situación.

1. Tú descuidas la relación

Si tienes dificultades para comprometerte por completo con tu pareja, analiza el porqué. Pregúntate qué sucedería si te comprometieras de lleno. Es posible que encuentres que tienes algunos temores subyacentes. En ocasiones, las personas temen comprometerse porque no quieren salir lastimadas. Incluso si están casadas o llevan mucho tiempo dentro de una relación, se refrenan en términos emocionales porque no quieren que el otro los lastime. Irónicamente, este alejamiento emocional en el que mantienen a su pareja a menudo puede terminar por herirlos.

También es posible que descubras que hay otras cosas que interfieren con que nutras tu relación. Trabajar largas horas, dedicarte a una pasión o pasatiempo, destinarle tiempo a tus amistades o, incluso, cumplir con las obligaciones de ser padre o madre interfieren con la manera en que alimentas tu relación.

En todo caso, da un paso hacia atrás y considera lo que te está costando no hacerlo. ¿Te estás arriesgando a que haya un distanciamiento entre los dos? ¿Te estás perdiendo de algunos de los mejores años de su vida juntos? ¿Te estás generando aún más dolor emocional? Si te cuesta trabajo averiguarlo o no estás seguro de cómo crear un cambio, quizá quieras hablar con un terapeuta.

2. Piensas que tu pareja está desatendiendo la relación

Si sientes que tu pareja no está dando lo que debe a la relación, habla con ella sobre tus expectativas. En ocasiones, una simple diferencia de creencias en cuanto a la cantidad de tiempo que deberían pasar juntos o a la cantidad de esfuerzo que debe invertirse en una conversación seria podría estar ocasionando problemas.

Además de tener conceptos diferentes sobre cuánto tiempo deberían pasar el uno con el otro, quizá tengan ideas divergentes de la forma en que deberían pasarlo. Si a tu pareja le encanta ver deportes en televisión y tú prefieres hacer senderismo en las montañas, podrían terminar yendo por caminos diferentes los fines de semana. O quizá a ti te fascinen las veladas tranquilas en casa, mientras que tu pareja prefiere salir con amigos. Es posible que necesiten echar mano de su creatividad para encontrar cosas que los dos estén dispuestos a intentar.

Quizá a tu pareja le encantaría la idea de tomarse un café contigo si tú te despertaras más temprano, o agradezca que pasen un tiempo juntos por la noche, mismo que tú usas para hablar por teléfono o ver televisión. Sean flexibles en cuanto a las actividades que decidan intentar y también en cuanto a la hora o día de la semana en que lo hagan.

Invita a tu pareja a hacer cosas contigo. Comparte tus sentimientos y di algo como: "Me encantaría que me acompañaras". Una disposición a mostrarte vulnerable puede ayudar a tu pareja a ver que te agrada su compañía.

3. Tu pareja siente que tú desatiendes la relación

Es posible que haya veces en que tu pareja necesite más atención de la que tú le puedes ofrecer; sin embargo, si tu pareja siente que estás descuidando la relación, préstale atención.

Pídele que sea específica, si le es posible. Quizá averigües que no está interesada en que le dediques grandes cantidades de tu tiempo o energía. Más bien, existe la opción de que haya pequeñas cosas que podrían hacer una enorme diferencia en la relación.

Quizá desee que la acompañes a visitar a sus padres un domingo por mes. O que quiera que silencies tu teléfono cuando están cenando o al salir el fin de semana. Si te da respuestas vagas como: "Es que ni siquiera haces el intento", pídele que te señale los momentos en que se sienta así en el instante en que suceda. Eso podría darte una mejor idea de lo que le inquieta.

Toma en cuenta que podrían tener ideas muy distintas de lo que debería hacerse para nutrir la relación. Es posible que tú sientas que al trabajar muchas horas extras, estás demostrando que tu prioridad es cuidar de tu familia. No obstante, tu pareja podría percibirlo como indicios de que estás descuidando tus obligaciones con la relación. Hablar de los sentimientos y puntos de vista de ambos puede ser de gran utilidad para que logren implementar un plan conjunto.

4. Los dos descuidan la relación

Durante la pandemia, muchas parejas pasaron más tiempo juntas que nunca. Sin embargo, solo porque se encontraran en el mismo espacio físico, no quería decir que sintieran que estuvieran nutriendo su relación. De hecho, muchas parejas percibieron que estar en compañía del otro constantemente no significaba que estuvieran tomándose el tiempo para estar juntas de manera intencional.

Pero muy aparte de la pandemia, si tu pareja y tú coinciden en que los dos desatienden la relación, necesitan cambiar de prioridades. Ya sea que el trabajo, la familia extendida, los deberes de crianza infantil u otras obligaciones se encuentren en primer lugar, siempre pueden tratar de hallar maneras para situar la relación en un sitio más importante dentro de su lista de prioridades.

Si se encuentran en una situación temporal que está ocasionando que dirijan su atención hacia otro sitio, como la necesidad de cuidar de un familiar enfermo, reconozcan lo que está sucediendo. Hablar al respecto puede ayudarlos a sortear la situación de mejor forma. Aprovechen el tiempo y energía que sí tienen juntos y céntrense en crear el mejor espacio de calidad posible hasta que puedan ofrecerse más.

IDENTIFICACIÓN DE PROBLEMAS Y TRAMPAS COMUNES

Pensar que tendrán más tiempo para pasarlo juntos después

Es fácil pensar que tendrás tiempo de sobra para pasarlo con tu pareja una vez que la vida se vuelva más tranquila o que hayan alcanzado cierto acontecimiento en sus vidas. Sin embargo, hay ocasiones en que la vida jamás se desacelera (por lo menos, no como los dos quisieran) y lo último que querrán hacer es llegar a su jubilación solo para descubrir que ahora les cuesta trabajo disfrutar de su tiempo juntos. Hagan espacio para su relación durante cada temporada de sus vidas. No hay garantía alguna de que podrán pasar tiempo juntos a futuro.

Suponer que tu pareja entenderá

Es fácil suponer que tu pareja simplemente comprenderá las razones por las que no puedes priorizar la relación en este momento. Después de todo, es la persona que mejor te conoce, así que claro que entenderá por qué tienes que pasar tanto tiempo en el trabajo o por qué tienes que ayudar tanto a otros. Sin embargo, solo porque tu pareja sea afectuosa, no significa que debería estar debajo de otros aspectos en tu lista de prioridades de vida. Así que nunca asumas que tu pareja lo entenderá; conversa con ella sobre lo que está sucediendo y lo que eso le hace sentir.

CÓMO ES QUE CUIDAR DE LA RELACIÓN LOS AYUDA A FORTALECERSE

Cuando Alex y Gary empezaron a cuidar de su relación, revitalizaron su intimidad y su conexión. Al terminar su terapia, los dos dijeron que se sentían más seguros y satisfechos dentro de su relación y, mientras mejor se sentían, más fácil era que se mantuvieran motivados a seguir esforzándose por acercarse cada vez más.

Durante su última sesión, discutimos las señales de alarma de las cuales estar pendientes por si les indicaran que no estaban alimentando su relación. Así que crearon una lista de señales de alarma que les haría saber cuando algo estuviera mal, como que Alex de nuevo empezara a trabajar tarde por las noches o que Gary dejara de comunicarse durante algún viaje de negocios.

Después, desarrollamos un plan para que pudieran abordar esos asuntos de manera inmediata. Si se esforzaban por reconectarse al ver esas señales de alarma, podrían hacerlo sin dañar la relación. Sin embargo, si volvían a ignorar las señales de alarma y permitían que las cosas empeoraran, se les dificultaría todavía más construir una relación de confianza. De todas maneras, los dos finalizaron su terapia sintiéndose más confiados que nunca en la relación porque contaban con las habilidades, herramientas y conocimientos que les permitirían seguir fomentando una conexión sana.

Preservar una relación requiere trabajo. Cuando estás comprometido con nutrirla de forma saludable, puedes tolerar el toma y daca natural que conlleva estar dentro de una relación. Algunos días tú tendrás que hacer más, pero en otros, tu pareja será quien lleve la mayor parte de la carga. Sin embargo, no sentirán la necesidad de llevar una cuenta; más bien, ambos estarán dedicados a crear la mejor relación posible.

TEMAS DE CONVERSACIÓN

Pausa algunos momentos para reflexionar las siguientes preguntas. Si tu pareja está dispuesta a charlar al respecto, plantéale las mismas preguntas para iniciar una conversación relacionada con la manera en que podrían nutrir su relación.

- ¿Qué cosas piensas que hacemos bien juntos para nutrir la relación?

- ¿En qué ocasiones has tenido que hacer un esfuerzo extra para cuidar de nuestra relación?

- ¿Cuáles serían algunos ejemplos de situaciones en que sientes que yo dediqué mucha energía a atender nuestra relación?

- ¿En qué ocasiones fue difícil cuidar de la relación, pero lo hicimos de todas maneras?

- ¿Cómo piensas que logramos hacerlo?

ENTREVISTA CON TY TASHIRO

Las buenas relaciones son mitad arte y mitad ciencia. Para averiguar más sobre el aspecto científico, recurrí a Ty Tashiro. El doctor Tashiro es un científico social que obtuvo su doctorado de la Universidad de Minnesota. Ha sido catedrático tanto de la Universidad de Maryland como de la Universidad de Colorado. Ha escrito diversos libros, incluyendo *Awkward: The Science of Why We're Socially Awkward and Why That's Awesome* (Ineptos: la ciencia de por qué somos socialmente ineptos y las razones por las que eso es fabuloso) y *The Science of Happily Ever After* (La ciencia del felices para siempre). Pensé que sería un investigador excelente para ofrecerme una perspectiva basada en estudios acerca de las formas en que una pareja puede mantener fuerte su relación.

No descuidan su relación

Cuando estabas escribiendo *The Science of Happily Ever After*, ¿hubo algo de verdad sorprendente que descubriste acerca de las relaciones?

Pues pienso que una de las cosas que más se destacó cuando estaba revisando los diferentes hallazgos fue que, en realidad, existen varios predictores sólidos de lo que es la satisfacción relacional a largo plazo, y eso se complementó con parte de la sabiduría cualitativa que escuché de las personas con las que hablé o de las parejas mayores a las que conocí y que tuvieron un felices para siempre, pues llevaban décadas y décadas de satisfacción y estabilidad. Muchas veces, las cosas que me dijeron acerca de sus secretos para alcanzar el éxito eran similares a algunos de los descubrimientos científicos que deduje para el libro.

¿Y cuáles serían algunos de esos secretos para tener una relación larga y feliz?

Algunos de los secretos que oí de personas ancianas que tenían relaciones exitosas se centraban en la idea de que el matrimonio no es lo que piensas cuando eres joven. De modo que, en muchas ocasiones, estos ancianos me decían: "Oye, cuando eres joven solo te centras en lo emocionante. Te concentras en lo bonita o atractiva que puede ser tu pareja", y también me explicaron: "A la larga, eso no es para nada lo que importa". Y 30, 40, 50 años después, te dicen: "Lo que de verdad importa es que elegiste a una pareja que está fuertemente comprometida con esa misión que los dos decidieron llevar a cabo, que eligieras a una pareja que esté dispuesta a trabajar duro y que tenga un sentido de gentileza respecto de las imperfecciones que surgirán inevitablemente dentro de una relación".

En tu libro hablas mucho sobre elegir a la persona correcta desde el inicio. ¿Qué puede hacer alguien que ya está dentro de una relación comprometida, pero que se cuestiona acerca de si eligió a la pareja correcta? ¿Qué sucedería si

estuviera pensando que el pasto sería más verde si hubiera elegido a alguien más?

Creo que todo el mundo es un poco susceptible a pensar que el pasto sería más verde. Algo que podría decirles a esas personas es que si ese pensamiento te pasa por la cabeza, está bien. Les sucede casi a todos. Sin embargo, lo que en realidad importa es la manera en que lidias con ello.

Resulta que hay un modelo económico que se aplica al estudio del compromiso con las relaciones y se llama teoría del intercambio social. En esa teoría, existen tres variables:

1. ¿Qué deseas obtener de una relación o de una pareja?
2. ¿Qué percibes que estás obteniendo de tu relación o de tu pareja?
3. ¿Qué otras opciones atrayentes existen?

Y lo que resulta interesante es que, a lo largo de los años, se ha encontrado que la más potente de esas tres variables es tu percepción de las otras opciones atrayentes.

Las personas que están comprometidas con su relación hacen un buen trabajo en cuanto a la administración de sus percepciones de las demás opciones atrayentes. Sin embargo, las personas que no tienen un compromiso tan estable o que tienen probabilidades de salirse de una relación no hacen una muy buena labor en lo que se refiere a la administración de las opciones atrayentes. Por ello, pienso que, en realidad, lo mejor es que las personas sean de verdad francas consigo mismas en cuanto a sus impulsos y que permitan que sus mentes divaguen un poco o que piensen que el pasto es más verde.

Se llevaron a cabo estudios muy ingeniosos de seguimiento ocular y resulta que cuando mostraban imágenes de personas atractivas que pudieran ser opciones atrayentes en una pantalla de computadora, encontraron que las personas que estaban muy satisfechas con su relación tenían el reflejo de alejar la mirada de las imágenes más atractivas.

No descuidan su relación

Sin embargo, las personas ambivalentes o menos satisfechas hacían lo que cualquiera haría de forma natural, que era quedárseles viendo más tiempo a las imágenes atractivas que a las que les resultaban menos llamativas. Al parecer, es posible que, de hecho, las personas comprometidas se entrenen justamente para evitar las tentaciones desde un inicio.

¿Tienes algunos consejos o estrategias que puedan ayudar a las personas a mantenerse comprometidas a muy largo plazo?
Es frecuente que las parejas exitosas que tienen relaciones duraderas informen de manera cualitativa que se despiertan a diario y que, de hecho, renuevan su compromiso como parte de su rutina de cada mañana. Es una actividad perpetua. No solo frente al altar hacen esta especie de compromiso global sino que, más bien, al menos cada semana o incluso a diario, piensan de manera consciente: "Oye, voy a ser la mejor pareja para mi esposa o esposo el día de hoy".

¿Qué pueden hacer las parejas cuando sienten que se están distanciando?
Ser muy deliberados al decir: "Oye, seamos juguetones y aprendamos juntos en todo momento; hagamos cosas que sean muy incómodas porque eso nos va a unir más con el tiempo e incluirá la novedad de que sigue siendo importante para ambos a medida que la relación avanza". No queremos que las cosas se pongan aburridas o que se vicien, así que tienes que adelantarte a eso de manera activa.

Una pareja fuerte saldrá de ese tipo de experiencia y dirá: "Oh, eso fue fantástico. Salimos por completo de nuestra zona de confort y tuvimos que aprender cosas nuevas en términos de idioma y costumbres, pero descubrimos todas estas cosas maravillosas. De verdad que fue alucinante". Y el trasfondo de todo eso es: "Ahora compartimos todos estos nuevos conocimientos y experiencias entre los dos y, de hecho, eso nos fortalece".

12

No dan al otro por sentado

> Cincuenta y tres por ciento de las personas dice que hay veces en que sus parejas las dan por sentadas.
>
> Encuesta *Couples by the Numbers*

La recepcionista de mi consultorio pidió hablar conmigo entre dos sesiones de terapia. Me dijo que acababa de recibir una llamada urgente de un hombre que quería que lo atendiera de inmediato. Se llamaba Shane, su esposa lo acababa de dejar y estaba desconsolado. Esperaba que la terapia lo ayudara a hacer ciertos cambios para reanudar su relación con su esposa. Mi agenda estaba repleta y era posible que pasaran varias semanas antes de que pudiera recibirlo. La recepcionista apuntó su nombre en la lista de cancelaciones, lo que significaba que le ofrecería cualquier cita que se abriera si alguien más cancelaba. Cuando alguien canceló su cita a la semana siguiente, Shane aprovechó la oportunidad de inmediato. Ese día, se presentó más de una hora antes y al llamarlo en la sala de espera, se levantó y exclamó: "No puedo esperar a hablar con usted".

Tan pronto como cerré la puerta, me dijo: "Hace algunas semanas, mi esposa tomó a los niños y se marchó a casa de sus padres. Me dijo que la subestimaba y ahora me doy cuenta de que tenía toda la razón. Mi esperanza es que usted me pueda ayudar a arreglar la situación".

Shane llevaba 12 años casado con Katherine. Explicó que se llevaban bastante bien, de modo que tenía la impresión de que todo iba de maravilla. Por eso, cuando ella le anunció que se llevaría a los niños para ir a vivir con sus padres, lo tomó por sorpresa.

Al preguntarle a Shane cuáles eran las razones por las que Katherine lo había dejado, me respondió: "No la apreciaba lo suficiente. Todo tenía que centrarse en mí, supongo. Lo que pasa es que pensé que la única razón por la que la gente se separaba era porque se peleaban y, en realidad, nosotros nunca nos peleamos".

Sin embargo, a medida que seguimos hablando, me quedó claro que había señales de que Katherine llevaba tiempo sintiéndose infeliz, pero Shane ignoró dichas señales. Algunos años antes, Katherine le sugirió que fueran a terapia de pareja. Shane se negó. Le dijo que la terapia de pareja solo era para personas que estaban a punto de divorciarse y que pensaba que discutir sus "problemitas" en terapia sería sacar las cosas fuera de toda proporción.

Cuando le pregunté los motivos por los que su esposa quiso asistir a terapia en el pasado, me dijo: "Pues, siempre mencionaba que la trataba como sirvienta o que se sentía como si fuera madre soltera. Yo pensé que estaba exagerando las cosas".

Shane trabajaba largas horas y Katherine tenía un trabajo de medio tiempo. Su hijo mayor iba a la escuela y el más pequeño asistía a preescolar medio día. Katherine se hacía cargo de las obligaciones del hogar, incluyendo la comida, la limpieza y el manejo de las finanzas, además de que Shane reconoció que se hacía cargo del 99% de la crianza de los niños.

Me explicó: "Me siento agotado cuando llego a casa después del trabajo y no sé qué 'reglas' necesito seguir para ayudar a acostar a los niños ni nada. Katherine parecía tener todo eso bajo control. No tengo la energía para averiguar si los niños ya se bañaron, ni para pensar en lo que vamos a comer mañana. Pensé que Katherine se hacía cargo de todo eso".

Shane guardaba la esperanza de que él y Katherine todavía pudieran hacer que su relación funcionara, y me dijo que estaría dispuesto a hacer lo que fuera para que eso sucediera. Sin embargo, la realidad es que no sabíamos en qué debía concentrarse hasta que tuviéramos mayor claridad de parte de Katherine.

Es común que las personas acudan a terapia y digan cosas vagas como: "Mi pareja quiere que venga a terapia para que podamos comunicarnos mejor", pero si no piensan que existe un problema de comunicación, es imposible ayudarlas a saber cómo mejorar. De modo que, aunque Shane tenía una idea general de lo que inquietaba a su esposa, necesitábamos más información.

Así que la primera tarea de terapia de Shane fue preguntarle a Katherine qué cambios querría ver antes de que ella y los niños regresaran a casa. Si, de hecho, regresar a casa era una meta para ella también, Shane trataría de aclarar lo que podía hacer para mejorar su relación.

Estaba ansioso por decirle a su esposa que había empezado a tomar terapia porque pensaba que le agradaría saber que estaba haciendo un esfuerzo. Lo alenté a que de verdad escuchara lo que fuera que ella le dijera sin desestimar sus inquietudes. Después, podríamos considerar la información que le diera a medida que estableciéramos las metas para su terapia.

Te contaré más adelante cómo se desarrolló su historia, pero antes de que escuches qué sucedió con ellos, piensa por un instante si hay momentos en que tú o tu pareja dan su relación por sentada.

CUESTIONARIO

Analiza las siguientes afirmaciones y ve cuántas de ellas te suenan conocidas.

- ○ No le doy las gracias a mi pareja con frecuencia.
- ○ Paso más tiempo quejándome de las cosas que mi pareja no hace que mostrándole que le agradezco las cosas que sí lleva a cabo.
- ○ De inmediato, noto las cosas que no se hicieron "correctamente", pero nunca las cosas que mi pareja hizo bien.
- ○ Es posible que sean demasiado elevadas mis expectativas de lo que mi pareja debe hacer por mí.
- ○ Rara vez demuestro gratitud por mi pareja.
- ○ Es muy poco frecuente que le dé un regalo a mi pareja como muestra de mi agradecimiento.

No dan al otro por sentado

○ Asumo que mi pareja sabe que la valoro aunque nunca se lo diga.

Ahora, revisa las afirmaciones de nuevo y considera cómo es que tu pareja podría responder a ellas. Mientras más de estas afirmaciones te parezcan verdaderas, más probable es que tu pareja o tú se subestimen entre sí.

PUNTO DE PARTIDA

Shane regresó a terapia una semana después de hablar con Katherine. Dijo: "No se siente lo bastante valorada y piensa que doy por sentado todas las cosas que hace. Actúo como si mi empleo fuera el único 'trabajo verdadero' y como si lo que ella hace fuera trivial. Necesito demostrarle que valoro todas las cosas que ella trae a la relación".

Shane me explicó que había reflexionado mucho a lo largo de la semana anterior y que ahora se percataba de algunos de sus errores. Me dijo: "Solía molestarme si los niños hacían demasiado ruido cuando regresaba a casa del trabajo y me irritaba que Katherine me hiciera preguntas acerca de las cuentas que tenían que pagarse cuando llegaba, pero daría lo que fuera para que esos siguieran siendo mis problemas más importantes en la actualidad".

Shane mencionó que la casa estaba en absoluto silencio durante la semana sin Katherine y sus hijos. Además, los fines de semana, los niños se estaban quedando con él y ahora podía darse cuenta de la cantidad de trabajo que implicaba hacerlo todo sin ella. Dijo: "Los niños me dejan extenuado en apenas dos días. Me azora pensar que Katherine se encargaba de todo los siete días de la semana, aparte de trabajar medio tiempo".

Si das por hecho que tu pareja trabaja mucho o que es natural que se encargue de muchas de las responsabilidades del hogar, puedes dañar la relación. Es importante que reconozcas los sacrificios que eso implica, así como lo que hace para ayudarte a ti, a la relación y al hogar.

Tómate un momento para pensar qué tanto valoras a tu pareja y cuánto se lo demuestras. Además, reflexiona sobre la frecuencia con que le dices o le haces ver a tu pareja lo mucho que agradeces su presencia o lo que hace por ti.

Piensa en las respuestas a las siguientes preguntas:

- ¿Valoras las cosas que tu pareja hace por ti?
- ¿Le demuestras tu agradecimiento?
- ¿Tu pareja agradece las cosas que haces por ella?
- ¿Te lo demuestra?

Si das por hecho la presencia de tu pareja o sientes que ella te subestima, es posible que quieras tomar algunas medidas para mostrar más agradecimiento. Puede servir de mucho para robustecer tu relación al tiempo que te ayuda a fortalecerte como persona.

¿POR QUÉ NOS SUBESTIMAMOS?

Shane no solo le prometió a Katherine que las cosas serían diferentes; quería descubrir lo que había hecho mal de entrada y aprender de sus errores para crear un cambio duradero. Pasamos una sesión tratando de averiguar las razones por las que daba por hecho a Katherine. Shane llegó a tres conclusiones:

1. **No reconocía lo mucho que hacía.** Katherine mantenía las cosas en pie con tal perfección que Shane no se percató de lo mucho que estaba trabajando. "Es una madre tan excelente que jamás se me ocurrió que necesitara ese reconocimiento o que pudiera servirle que la ayudara de vez en cuando", dijo Shane. En las muy raras ocasiones en que Katherine sí le pedía ayuda, él la ignoraba o minimizaba sus inquietudes.
2. **Pensaba que ella sabía que la valoraba aunque jamás se lo dijera.** Shane no podía recordar una sola ocasión en que le hubiera dado las gracias a Katherine. Pensaba que de vez en cuando elogiaba la manera en que cocinaba, pero en realidad no podía recordar que le hubiera expresado su verdadera gratitud. Cuando sí se sentía agradecido, suponía que ella lo sabría y que no era necesario que se lo dijera.
3. **Era egocéntrico.** Shane admitió que estaba tan centrado en sí mismo que jamás pensaba en las necesidades de Katherine. Creía que su papel era traer la mayor parte de los ingresos y que el de su esposa era hacer todo lo demás. Durante buena parte de su relación, pensó que era un trato justo porque en realidad nunca tomó distancia para examinar todo lo que ella estaba haciendo, ni para preguntarle qué era lo que quería de la relación.

En realidad, nunca se tomó el tiempo para reflexionar sobre la situación y esta era la primera vez en que de verdad pudo ver que había pasado por alto un sinfín de oportunidades para mostrarle su agradecimiento a Katherine. Con este mejor entendimiento, Shane se sintió equipado para abordar la situación a futuro.

Existen muchas razones por las que podemos dar por hecho las cosas buenas que hace nuestra pareja. A veces es porque nos acostumbramos a las cosas buenas que hace. Cuando dejamos de darnos cuenta de todas las cosas con las que contribuye, es típico que esperemos que simplemente siga haciéndolas.

En otras ocasiones, no notamos las cosas buenas que hace porque está distorsionada la lente a través de la que vemos el mundo. Si crees algo acerca de tu pareja, como que es floja o egoísta, encontrarás la evidencia que refuerce tus creencias. Y siempre que veas pruebas posibles que contradigan lo que crees, las pasarás por alto. Esa es la manera en que funciona nuestro cerebro para muchas cosas, no solo dentro de nuestras relaciones.

Por ejemplo, si estás frustrado o irritado con tu pareja, es probable que enfatices sus equivocaciones o deficiencias, lo que puede hacer que te centres en lo negativo y que no valores lo positivo.

En 1980, las investigadoras Elizabeth Robinson y Gail Price publicaron un estudio ampliamente citado en el *Journal of Consulting and Clinical Psychology* en el que analizaban el tema. Su estudio encontró que las personas con matrimonios infelices subestimaban la cantidad de cosas positivas que hacían sus parejas.

Para llevar a cabo esta investigación, Robinson y Price incorporaron observadores objetivos en los hogares de las parejas. Estos observadores registraron los comportamientos positivos que pudieron ver. A las parejas también se les pidió que anotaran cualquier conducta positiva que observaran en sus parejas. Después, se compararon las listas.

Encontraron que las personas con relaciones infelices subestimaban las tasas de comportamientos positivos en un 50%. Eso significaba que no notaban la mitad de las cosas buenas que hacía su pareja. Sus cerebros pasaban por alto todas esas cosas positivas.

Quizá subestimes a tu pareja porque, literalmente, no estás viendo todas las cosas buenas que hace a diario.

EJERCICIOS DE FORTALECIMIENTO MENTAL

Después de un par de meses de terapia individual, Shane invitó a Katherine a asistir a una de las sesiones. Katherine accedió y, durante la cita, dijo que estaba viendo cambios importantes en Shane y que estaba feliz con su progreso. "No necesito que me agradezca que pongo mis platos sucios en el fregadero como si fuera una niña", dijo. "Pero sí quiero asegurarme de que siga notando el intenso trabajo que dedico a hacer que la casa funcione sin problemas".

Shane acercó su brazo y la tomó de la mano. Él le dijo: "Trabajas muchísimo y de verdad te lo agradezco, pero no te lo digo lo suficiente".

Especificamos algunos rituales de agradecimiento que podían compartir. Acordaron que establecerían el hábito de compartir lo que valoraban el uno del otro antes de irse a la cama todas las noches. En el pasado, los dos veían sus teléfonos mientras estaban acostados hasta que se quedaban dormidos o, a veces, Katherine se iba a dormir primero y

Shane se acostaba más tarde. Ahora, se conectarían entre sí antes de irse a la cama para compartir lo que agradecían de cada uno y de la vida.

Katherine seguía viviendo con sus padres, pero ella y Shane siempre se hablaban antes de ir a dormir y, por ahora, expresaban su gratitud mutua por medio de esa llamada.

Otra de las cosas que discutimos fue la forma en que Katherine podría comunicarse para pedir ayuda y la manera en que Shane podía responder a sus peticiones de manera saludable. A diferencia de una mártir, que se niega a recibir ayuda, Katherine la aceptaba, pero no podía lograr que Shane accediera a dársela. Siempre que pedía apoyo con los niños o con tareas de la casa, él hacía alguna broma y respondía cosas como: "¡Te apuesto a que podrías hacerlo tú sola!". Dijo que su negativa a brindarle ayuda la lastimaba mucho, de modo que simplemente hacía las cosas ella misma, y eso él jamás lo notaba.

Shane reconoció que, en efecto, solía minimizar las afectaciones de Katherine y que ahora sin duda podía comprender lo hiriente que le resultaba. Estuvo de acuerdo con ayudar cuando le pidiera su apoyo, pero también dijo que ya no querría esperar hasta que lo hiciera. Parte de su nuevo plan implicaba participar más en las responsabilidades del hogar para que así pudiera darse cuenta de lo que necesitaba hacerse.

A la semana siguiente, Shane regresó a consulta y dijo que la nueva estrategia estaba funcionando bien. Durante sus llamadas nocturnas, discutían asuntos "de negocios", como su situación financiera y el manejo de las cosas que tenían que ver con los niños. Sin embargo, afirmó que sus conversaciones se sentían diferentes a como eran en el pasado. Ahora, admiraba a Katherine de manera genuina por todas las cosas que hacía. Solo deseaba no haber necesitado que se marchara de la casa para reconocer lo importante que su esposa era para él.

Katherine acompañó a Shane en algunas sesiones adicionales y, durante una de ellas, dijo: "Me apena admitir que parte de mí decidió marcharse porque sabía que obligaría a Shane a hacerse cargo de las cosas de la casa si dejaba todo en sus manos. Pero estaba muy desesperada por hacerle ver cómo eran las cosas para mí. No es que quiera castigarlo. Solo quiero estar segura de que estemos trabajando juntos y que agradezcamos los esfuerzos de cada quien, no que ignoremos el arduo trabajo que cada uno hace".

Katherine se sintió mal de alterar la vida de los niños para probarle su punto a Shane. Ella y los niños regresaron a la casa poco después de esa conversación en el consultorio.

Observa, evalúa y reevalúa

Observa a tu pareja mientras se dedica a sus actividades habituales, como limpiar la cocina o encargarse de la correspondencia. Después, presta atención a los pensamientos que surgen dentro de tu cabeza.

Es posible que hagas juicios negativos como: "Es que pasa todo ese tiempo limpiando el mismo punto del mueble de la cocina porque le tiene fobia a los gérmenes" o "Piensa que tiene que analizar cada línea de la cuenta de la tarjeta de crédito como si esperara encontrar algún problema".

Si notas muchas cosas negativas, no te castigues. Podría ser señal de que tu relación está pasando por un momento difícil. O, incluso, podría significar que estás teniendo un mal día y que esa es la razón por la que estás viendo todo desde una perspectiva negativa.

Los problemas de salud mental también pueden afectar la manera en que ves a tu pareja. Si estás lidiando con depresión, ansiedad o algún otro conflicto, es posible que tu cerebro se centre en lo negativo de manera automática.

Considera esas valoraciones negativas como una oportunidad. Puedes volver a evaluar cada pensamiento sentencioso o crítico que tengas respecto de tu pareja para generar observaciones alternativas. Después de todo, siempre hay más de una manera de ver la misma situación. Aquí hay algunas formas en que podrías responder a tus evaluaciones críticas con una reevaluación compasiva:

- ✗ **Evaluación:** Es que es lentísima cuando paga las cuentas.
- ✓ **Reevaluación:** Es muy cuidadosa cuando paga las cuentas porque quiere evitar cualquier error posible.

- ✗ **Evaluación:** Nunca recuerda pasar a la tienda para comprar las cosas que le pido.
- ✓ **Reevaluación:** Tuvo un día difícil y sé que eso dificulta que a veces se acuerde de ciertas cosas.

- ✗ **Evaluación:** Habla de lo mismo a diario.
- ✓ **Reevaluación:** Se apasiona con las cosas que discute y necesita que yo sea un buen escucha.

No te flageles por tener pensamientos negativos (¡no quieres empezar a juzgarte por hacer juicios!); sin embargo reevalúa los pensamientos que motivan los sentimientos negativos dentro de tu relación. Cuando cambias tu manera de pensar, puedes transformar la forma en cómo te sientes y actúas. Podrías generar más pensamientos amorosos hacia tu pareja y también podrías ser más compasivo, en lugar de mostrarle cuánto te irrita.

> Cuando cambias tu manera de pensar, puedes transformar la manera en que te sientes y actúas.

Expresa tu agradecimiento

Una cosa es que sientas agradecimiento, pero otra es mostrarlo. Expresarle a tu pareja que aprecias las cosas que hace puede ser decisivo para que se sienta amada.

Las cosas que agradezcas no siempre tienen que ver contigo de manera directa. Aquí hay algunos ejemplos de las cosas que podrías decirle a tu pareja:

- ▶ No sabes cuánto aprecio que te esfuerces tanto por cuidar de tu salud a diario.
- ▶ Gracias por trabajar tan duro para que haya dinero suficiente para pagar las cuentas.
- ▶ Me fascinó que te detuvieras a ayudar a esa persona el día de hoy. De verdad me encanta que tengas tan buen corazón.
- ▶ Gracias por contestar las preguntas de mi amigo sobre lo que debería tener en cuenta cuando compre su primera casa.

▶ Admiro el tiempo que inviertes en aprender habilidades nuevas. Me inspiras.

Puedes expresarle a tu pareja que la aprecias sin tener que decir "gracias". Podrías escribirle una breve carta o enviarle un mensaje de texto. También podrías darle algún regalo. No tiene que ser algo enorme sino, más bien, podrías sorprenderla con su tipo favorito de café o prepararle algún bocadillo especial para mostrarle que la aprecias.

Elogia a tu pareja frente a otros

A veces, por una u otra razón, produce incomodidad estar sentados agradeciéndose uno al otro por diferentes cosas. Podría parecerte hueco agradecerle a tu pareja por lo mismo día con día. O, si tu pareja tiene baja autoestima, es posible que le cueste trabajo aceptar un cumplido porque no coincide con la manera en que se ve a sí misma. Si discute contigo cuando le expresas algo agradable, es señal de que podría no sentirse bien consigo misma.

En lugar de decirle cosas agradables de manera directa, elógiala frente a alguien más cuando tu pareja esté lo bastante cerca como para escucharte. Mientras estén cenando con algún amigo, comparte algo realmente agradable que haya hecho. Decir algo como: "Fue una absoluta sorpresa que saliera temprano de trabajar, pero como sabía que el evento me importaba muchísimo, lo hizo posible", puede ayudar a que tu pareja se sienta apreciada. O dile a tu madre que tu pareja está esforzándose muchísimo en la clase que está tomando y que te sientes orgulloso del trabajo que hace.

La intención no es despertar la envidia de tus amistades o hacer que tu familia piense que tu relación es perfecta; sin embargo, decir cosas agradables acerca de tu pareja a otras personas es un excelente hábito que hay que fomentar (a veces, es más fácil quejarnos de algo que elogiar a nuestra pareja frente a otros). Y, si puedes hacerlo de una manera en que tu pareja sepa que hablaste bien de ella con otras personas, esto reafirmaría que la aprecias bastante como para contárselo a alguien más.

¿QUIÉN SE SIENTE MOTIVADO?

Tómate un momento para reflexionar sobre quién piensa que existe algún problema y quién se siente motivado para generar un cambio. Después, los dos pueden decidir la mejor manera para abordar la situación.

1. Tú das a tu pareja por sentada

Identifica si el problema es que no te sientes agradecido, que no expresas tu gratitud, o ambas cosas.

Si no te sientes agradecido, una manera excelente para despertar esos sentimientos a diario es imaginar a tu pareja haciendo cosas agradables por ti. Quizá recuerdes alguna ocasión en que eligió un regalo especial para ti. Piensa en el hecho de que pasó tiempo buscando el regalo (más que en el regalo en sí) y que se esforzó por tratar de elegir el mejor obsequio posible.

O imagina que está haciendo algo por ti que no deseaba hacer, como limpiar la cochera para que pudieras estacionarte o acompañarte a una fiesta de tu empresa.

Habitúate a expresar lo que aprecias de ella a diario. Podrías decírselo a la hora de la cena. O quizá le envíes un mensaje de texto durante la hora de la comida de tu trabajo o le compartas lo que estás pensando antes de que se vayan a dormir, pero conviértelo en un hábito cotidiano.

Cuando practiques y compartas tu gratitud de manera regular, tu cerebro empezará a buscar cosas buenas a lo largo del día. Es probable que notes las cosas positivas de tu pareja sin siquiera hacer el intento, lo que puede modificar por completo la dinámica de tu relación.

2. Tu pareja te subestima

Si sientes que tu pareja no te aprecia lo suficiente, mostrarle lo mucho que tú la aprecias a ella puede ser un buen comienzo. Es posible que te corresponda. Por desgracia, también puede suceder lo contrario. Si tu pareja siente que tú la das por sentada, es probable que retire su aprecio por ti. No quieres meterte en un estira y afloja de quién merece más agradecimiento. Así que muéstrate generoso con tu pareja aunque sientas que no te valora lo suficiente.

Aunque quizá pienses que no deberías tener que pedirle que se sienta agradecida, es importante que le digas a tu pareja lo que necesitas. Expresa tus necesidades como petición, no como queja. Así que, en lugar de decir: "¡Nunca agradeces todo lo que hago!", intenta mencionar algo como: "¿Podrías hacerme saber que me aprecias de vez en cuando? De verdad me ayudaría a sentirme bien saber que lo notas".

Si necesitas ayuda con algo, pídela. Asegúrate de no sentirte resentido porque estás sacrificando demasiado y no obtienes la suficiente ayuda.

3. Tu pareja siente que tú la das por sentada

Si tu pareja tiene la impresión de que la subestimas, pídele que te dé ejemplos específicos para que puedas entenderla mejor. ¿Siente que esperas demasiado? ¿No muestras aprecio por lo que hace? ¿Se te olvida darle las gracias por cosas pequeñas?

Pregúntale qué es lo que necesita de ti y esfuérzate por tratar de dárselo. Podrías preguntarle si desea tomarse un minuto de cada día solo para que ambos se digan lo que agradecen del otro. Puede ser un excelente ritual nocturno para compartir, pero asegúrate de preguntarle a tu pareja si eso satisfaría sus necesidades. Quizá tenga otras ideas o peticiones específicas y es importante que seas flexible.

También deberías considerar si piensas que le estás mostrando tu aprecio a tu pareja, pero existe la posibilidad de que ella no sienta que lo estés haciendo. Tal vez le estés regalando pequeños obsequios o sorpresas y pienses que esas son claras muestras de que agradeces lo que hace por ti, pero tu pareja está esperando escuchar las palabras que así lo indiquen.

Aquí es donde podría entrar el planteamiento de *Los cinco lenguajes del amor*. Este libro, escrito por Gary Chapman, ha vendido más de 20 millones de ejemplares. A pesar de que no existen muchas investigaciones que respalden sus afirmaciones en cuanto a la existencia de los lenguajes del amor, algunos terapeutas de todas maneras utilizan esta idea en el tratamiento y muchas parejas afirman que ha ayudado a su relación. Chapman afirma que existen cinco formas en que las personas expresan o reciben el amor: mediante palabras de afirmación, actos de servicio, regalos, tiempo de calidad y contacto físico.

Podrías analizar tu propio lenguaje del amor y compararlo con el de tu pareja para ver si quizá no coinciden en la forma en que expresan y perciben el amor. Tú podrías estar expresándole tu gratitud sin que tu pareja esté recibiendo el mensaje.

4. Los dos se subestiman

Un breve ejercicio escrito podría servir mucho para ayudarlos a reconocer cómo experimentar o expresar una mayor cantidad de aprecio. Escribe todas las cosas que valoras de tu pareja. Después, escribe todas las cosas que piensas que tu pareja aprecia de ti. Pídele a tu pareja que haga lo mismo y comparen sus anotaciones.

¿Identificaron correctamente lo que cada uno valora del otro? Sería de esperar que cada quien tenga una larga lista de las cosas que agradecen del otro, y es posible que sus listas no coincidan a la perfección; no tiene nada de malo. El ejercicio podría ayudarte a reconocer si lo que sucede es que no hablan lo suficiente acerca de las cosas que valoran en el otro. Tal vez tu pareja jamás supo que valorabas su ética de trabajo y quizá tú no tuvieras idea de que tu pareja apreciara tu sentido del humor. Si aprenden mucho de la lista de cada quién, podría indicar que uno o los dos dan la relación por sentada (algo que todos hacemos de vez en cuando).

Juntos, traten de pensar en formas de resolver el problema para asegurarse de que cada uno esté expresando su gratitud hacia el otro. Ya sea que decidan crear un ritual diario o que salgan a cenar cada semana para compartir todas las cosas que valoran de cada quien, si trabajan de manera conjunta para crear una estrategia podrán estar seguros de que ambos se sientan valorados. Incluso un abrazo prolongado y decir: "Gracias por ser mi pareja" puede servir de mucho para recordarte por qué la amas y para recordarle que es amada.

CÓMO ES QUE VALORAR A TU PAREJA LOS AYUDA A FORTALECERSE

Shane le pidió a Katherine que lo acompañara a su última sesión de terapia y ambos afirmaron que las cosas estaban funcionando mejor. Shane dijo: "Parece que los niños también estan mejor. Es como si ahora que los dos estuviéramos menos estresados, se portan mejor y nos escuchan". Tanto Shane como Katherine se sentían confiados en que, de aquí en adelante, podrían reconocer las señales de alerta si estuvieran dando la relación por sentada y que podrían hablar acerca de sus sentimientos para abordar la situación antes de que las cosas se salieran de control de nuevo.

Cuando estábamos a punto de terminar la sesión, Shane dijo que quería criar a sus hijos para que aprendieran a mostrar su aprecio por otras personas. Si él no valoraba a Katherine por las cosas que hacía por su familia, era probable que los niños tampoco apreciaran todo lo que hacía por ellos; y, por tanto, podrían crecer sin valorar a las demás personas dentro de sus vidas. Se dio cuenta de que mostrar su agradecimiento no solo era mejor para su relación, sino también para toda la familia, y que decir "gracias" era una manera poderosa de crear un cambio positivo.

Todos deseamos saber que los demás notan nuestros esfuerzos y cierta cantidad de reconocimiento nos ayuda a saber cuándo se valoran esos esfuerzos. Los beneficios de la gratitud van mucho más allá de los sentimientos cálidos y agradables.

Un beneficio inesperado de la gratitud puede implicar una mejor vida sexual. Investigadores de la Universidad de Carolina del Norte en Greensborough descubrieron que las personas que se sentían valoradas respondían más a las necesidades sexuales de sus parejas. Mejores relaciones sexuales no es el único beneficio, también deriva en una relación romántica más cercana.

De acuerdo con John y Julie Gottman, expertos en relaciones que han estudiado a más de 40 000 parejas, decir "gracias" podría ser una de las cosas más importantes que cada persona hace por su relación. Sus investigaciones hallaron que los individuos que expresaban y experimentaban gratitud tenían relaciones más felices y sanas que las personas que no decían "gracias" con mucha frecuencia.

> Apreciar a tu pareja tiene el poder de mantener sana a una buena relación.

Apreciar a tu pareja tiene el poder de mantener sana una buena relación. Pero también tiene el poder de revertir el curso de una relación poco saludable. Cuando empieces a pensar de manera más positiva respecto de tu pareja y tu relación, te sentirás mejor y eso te motivará a dedicarle un mayor esfuerzo a tu vínculo.

IDENTIFICACIÓN DE PROBLEMAS Y TRAMPAS COMUNES

Agradecimientos sarcásticos

Si no puedes decir "gracias" sin hacerlo de manera sarcástica, lo mejor es no decirlo en absoluto. Un irónico: "Uuuy, mil gracias por recoger tus calcetines" o "Qué fabuloso que te hayas dignado a ir a trabajar el día de hoy" dañará la relación todavía más.

Si no puedes decir nada sin parecer condescendiente, trabaja en ti primero. Eso significa realmente pensar en las razones por las que puedes agradecer que tengas a tu pareja y lo que significa para ti, lo cual podrá ayudarte a hacer un cambio interno primero, para que después tengas la capacidad de elogiar a tu pareja de manera sincera.

Combinar cumplidos con críticas

Resiste la tentación de señalar las deficiencias de tu pareja cuando la estés elogiando. Un cumplido ambiguo no va a motivar a tu pareja a hacer las cosas mejor la siguiente vez, pero sí dañará la relación más que no decir nada.

Si dices: "Gracias por sí ir a la tienda el día de hoy cuando hace días te pedí que lo hicieras", no estás mostrando un agradecimiento real. Solo di: "Gracias por ir a la tienda. No sabes cuánto lo aprecio".

Hacer cosas solo para obtener el reconocimiento

Si pasaste cinco horas cocinando algo especial que tu pareja se comió en menos de 10 minutos sin valorar el esfuerzo que hiciste, podrías pensar que es maleducado. ¿Pero qué pasa si no pidió que cocinaras nada especial? Tal vez ni siquiera le agrade lo que cocinaste o no tiene idea del trabajo que se llevó. Es importante que conversen sobre lo que estás haciendo, de lo que tú deseas y de lo que desea tu pareja. Si pasas demasiado tiempo adivinando lo que podría querer tu pareja solo para dedicar cantidades inusitadas de energía tratando de complacerla, lo más seguro es que termines sintiéndote subestimado.

TEMAS DE CONVERSACIÓN

Tómate unos momentos para estudiar las siguientes preguntas. Si tu pareja está interesada en hablar contigo acerca de la fortaleza mental, utilízalas para iniciar una conversación sobre las formas de mostrar su aprecio de manera mutua.

- ¿Cuáles serían algunos ejemplos de situaciones en que sentiste que te valoraba?

- ¿Cuáles son algunas de las mejores maneras en qué te muestro mi agradecimiento?

- ¿Cuáles serían algunas de las ocasiones en que me has mostrado un aprecio especial?

- ¿Cuál sería un ejemplo de una ocasión en que nos valoramos uno al otro aunque no fuera fácil hacerlo?

- ¿Cómo piensas que logramos mostrar nuestro aprecio mutuo durante ese momento?

ENTREVISTA CON ANDREW G. MARSHALL

Cuando las parejas ya no se aprecian de manera mutua, hay veces en que sienten que se desenamoraron. Esa fue la razón por la que quise hablar con el terapeuta matrimonial Andrew G. Marshall. Lleva más de 35 años ayudando a parejas a crear mejores relaciones. Es autor de varios libros, incluyendo el éxito de ventas internacional *I Love You, but I'm Not IN Love with You* (Te amo, pero no estoy ENAMORADO de ti), además de ser anfitrión del pódcast *The Meaningful Life*. Quise oír lo que pensaba acerca de las razones por las que las personas a veces se desenamoran.

Me topo con muchísimas parejas que están tan ocupadas que invertir tiempo a su relación a menudo queda bastante relegado en su lista de prioridades. ¿Cómo es que las parejas pueden priorizar su relación cuando están tan ocupadas con otras cosas?

Pensamos que tenemos que llevar a nuestra pareja a viajar por el Expreso de Oriente o a navegar por el Nilo, pero pasar tiempo en pareja no solo se trata de cosas que cuestan muchísimo dinero, o que requieren un montón de tiempo. Un mini capricho es comprar un *croissant* de chocolate cuando sales por la mañana y llevárselo al otro como regalo. Hay pequeños gestos que dicen: "Estoy pensando en ti".

Puedes enviar un meme gracioso que alguien te mandó. Es solo una llamada para decir: "Estaba pensando en ti". Así que estos pequeñísimos placeres muestran que la otra persona te importa, además de que siempre hay tiempo para salir a una mini cita. Una mini cita requiere de 5 o 10 minutos. Si tienes esos 5 o 10 minutos que te sobran, ¿qué haces?

Si tienes 10 minutos extras, puedes revisar en tu teléfono qué están diciendo en X.

Pero en lugar de eso, podrías pensar: "Pues, en realidad, podría pasar estos 10 minutos con mi pareja. El hecho es que me le puedo acercar, darle un abrazo cariñoso y hacer algo que sé que le gusta, como darle un beso en la nuca o algo por el estilo". Es pensar en 10 minutos y, después, dedicarle esos 10 minutos y preguntarte: "¿Cómo puedo integrar esto de manera genuina dentro de mi relación?".

¿Y qué piensas acerca de programar las cosas? He oído a algunas personas decir: "Si no lo programas, no va a suceder", pero hay otras que dicen: "No quiero tener que programar todo lo que pasa en mi vida. Necesitamos mayor espontaneidad". O, incluso, cuando se trata de sexo, ¿programas un horario en el que vayas a hacer el amor?
Si solo tienen sexo cuando los dos tienen ganas de hacerlo de manera espontánea y al mismo tiempo, tendrás relaciones tres veces por año: el Día de San Valentín, cuando estén de vacaciones y no haya nada más que hacer, y alguna vez en que los dos hayan bebido mucho.

No puedes arreglártelas solo con sexo espontáneo. Tienes que apartar el tiempo, pero eso no quiere decir que necesiten tener relaciones durante ese momento. Pueden solo ser sensuales. De manera que los jueves por la noche va a ser la noche que pasamos juntos. No vamos a prender Netflix. Nos vamos a bañar juntos y nos vamos a lavar el cabello uno a otro y veremos qué más surge. Incluso, podríamos limitarnos a intercambiar masajes, no tiene que ser sexo... Si me lo preguntas, lavarse el cabello uno al otro o hacer un intercambio de masajes, eso *es* sexo.

Lo que yo siempre digo es que si tu esposa o tu marido estuvieran haciendo esa actividad con alguien más y tú te sintieras celoso por ello, cuenta como sexo. Así que si tu pareja está yendo a casa de alguien más para lavarse el pelo juntos, yo pensaría que te pondrías súper celoso.

¿Tienes algunas estrategias divertidas con las cuales las parejas puedan mostrar su aprecio entre sí?

Esta es una variación de Reina por un Día. Entonces, puede ser reina o rey por un día. Una amistad me contó que, cuando estaban de vacaciones, lo hacían por turnos. "Un día era mío y hacíamos lo que yo quisiera". Se conocían muy bien, así que no hacían nada que el otro detestara, como parapentismo o algo por el estilo.

Entonces, el día entero lo dedicaban a sus deseos más profundos y era de lo más relajante para la otra persona no tener que pensarlo. También lograban ver lo que la otra persona en verdad quería y la llegaban a conocer un poquito mejor sabiendo que, al día siguiente, les iba a tocar ser reina o rey por un día.

Yo también digo: "Mirémonos más a los ojos". Eso también es algo excelente que hacer. La mayoría de las personas no mira al otro cuando le hablan. En el consultorio, es más que frecuente que diga: "¿Podrías voltear a ver a tu pareja, por favor? ¿Qué ves?". Es un enorme momento de conexión, pero nos lo estamos perdiendo porque nos hablamos desde habitaciones diferentes.

¿Qué pueden hacer las parejas si sienten que se desenamoraron?
La gente se desenamora porque apaga sus emociones. Así que, para vivir juntos, decimos: "Pues, es alguien muy molesto, pero ni lo voy a pensar. Aunque, cómo me enoja eso".

Porque, en realidad, ¿qué caso tiene pelearse por el lavaplatos? Así que apagamos nuestras emociones para coexistir. Pensamos que es algo cariñoso hacerlo, pero no podemos elegir cuáles de nuestros sentimientos terminamos apagando, de manera que pensamos que solo vamos a apagar nuestros sentimientos de enojo o de molestia y que vamos a conservar todos los sentimientos agradables, pero no funciona así. Y esa es la forma en que la mayoría de la gente se desenamora. No es porque se odien, porque, en realidad, el odio y el amor son gemelos en el sentido de que los dos son sentimientos intensos.

Por ello, no se trata de que hagan más cosas agradables juntos; de hecho, se trata de tener una buena pelea que saque todos los sentimientos a la superficie. Como suelo decir, las primeras no serán agradables, pero una vez que empiecen a liberar algunos de esos sentimientos, todos los demás también pueden resurgir.

¿Por qué es tan importante que las personas que están en una relación saludable también se centren en cuidarse a sí mismas?
Bueno, porque cuando estamos agotados, no tenemos muchos buenos recursos. Tendemos a caer en patrones antiguos, y el más antiguo de todos es culpar a los demás. Entonces te dices: "Soy infeliz por todas estas cosas terribles que me haces y porque no me escuchas y porque no haces equis", y es muy fácil pensar en mil y una maneras en que tu pareja podría cambiar. ¿De cuántas formas podrías cambiar tú si estuvieras en tu propia lista? Probablemente solo una o dos. "Podría simplemente darme por vencido" o "Podría largarme", pero, en realidad, hay miles de cosas que podrías hacer de forma diferente.

Y lo que pasa es que si te cuidas a ti mismo y estás en un buen sitio, empiezas a notar qué es lo que te tiene tan molesto. "Puede no parecer muy racional, pero de verdad me altera tal cosa", y entonces empiezas a hablar de esa cosa y la planteas durante el momento correcto y con la cantidad adecuada de energía. De hecho, no empiezas a sacar las setecientas cosas más que tienes acumuladas en tu interior. Así, el autocuidado tiene que ver con conocerte a ti mismo y, si te conoces a ti mismo, pienso que te puedes comunicar mucho mejor. Estás menos agotado y puedes escuchar a tu pareja. Entonces, pienso que el cuidado propio es de lo más importante para las relaciones.

13

No dejan de crecer y de cambiar

> Veinticinco por ciento de las personas teme no gustarle
> tanto a su pareja si hacen cambios importantes en sí mismas.
>
> ENCUESTA *Couples by the Numbers*

Es común que las personas programen citas de terapia para sus parejas. Hay ocasiones en que alguna barrera práctica impide que la persona hable por sí misma (porque no puede hacer llamadas privadas desde su trabajo con facilidad). Pero la razón más común por la que esto sucede es porque la persona que habla quiere que su pareja cambie.

De manera que no me sorprendió en absoluto que Brenda se comunicara a mi consultorio para programar una cita para su marido, James. Quería que James encontrara ayuda. Él no estaba preocupado por sí mismo, pero sí estaba dispuesto a ir a terapia. Brenda asistió a la primera cita con James y trató de hablar la mayor parte del tiempo. Se sentaron juntos en el sofá y cuando les pregunté la razón que traía a James a terapia ese día, Brenda dijo: "Al parecer, James está pasando por una crisis de la mediana edad y quiero que consiga ayuda antes de que se convierta en 'ese tipo' que empieza a manejar un carro deportivo rojo y se consigue una noviecita tan joven que podría ser su hija".

James sonrió y dijo: "La verdad es que solo decidí hacer un cambio en mi trayectoria profesional. No creo que eso indique que estoy pasando por una 'crisis'".

James llevaba más de 20 años trabajando como contador y, aunque le agradaba su trabajo, estaba contemplando un cambio de dirección. Hacía poco, su padre había muerto después de años de problemas crecientes de salud. A medida que su salud se fue deteriorando, también lo hizo su capacidad para cuidar de sí mismo. Sin embargo, su padre no quería vivir en una casa de asistencia. James y sus hermanos ayudaron lo más que pudieron, pero fue necesario que contrataran a cuidadores profesionales que compensaran lo que ellos no podían hacer, lo que resultó muy difícil. La familia tenía la fortuna de contar con el dinero suficiente para contratar al personal que los ayudara, pero no podían encontrar personas dignas de confianza que satisficieran sus necesidades.

Después de la muerte de su padre, James quiso abrir un negocio de cuidados.

"Quiero que sea fácil para las familias encontrar a alguien en quien puedan confiar para cuidar de sus seres queridos cuando no puedan estar presentes", afirmó James.

Brenda estaba muy dudosa en cuanto a esta nueva empresa. "En este momento, ya estamos muy viejos como para tomar un riesgo de ese tamaño", discutió. "Estaremos casi listos para jubilarnos no muy a futuro; no estamos en condiciones para iniciar un negocio desde cero. La muerte del padre de James parece haber afectado su capacidad para tomar decisiones de manera muy profunda".

James coincidió con que la pérdida de su padre sí lo había afectado de manera significativa, pero no lo veía como algo negativo. "Aprendí muchísimo y quiero aprovecharlo para ayudar a otras personas".

No obstante, Brenda afirmaba de manera terminante que "ser impulsivo" no coincidía con la personalidad de James y que estaba convencida de que necesitaba ayuda antes de que empezara a tomar otras decisiones intempestivas. Dado que Brenda era la que pensaba que existía un problema, mientras que James negaba que lo hubiera, les sugerí que ambos asistieran a la siguiente cita.

Escucharás más de Brenda y de James un poco más adelante en el capítulo. Sin embargo, antes de que lo hagamos, tómate algunos minutos para pensar en la manera en que has cambiado con el paso de los años o en la forma en que tu pareja ha crecido.

CUESTIONARIO

Reflexiona las siguientes afirmaciones y determina cuántas de ellas te suenan familiares.

- ○ Es frecuente que me sienta estancado.
- ○ La verdad es que no he crecido mucho como persona en años recientes.
- ○ Nuestra relación no ha crecido.

- ○ En realidad, mi pareja no cambia y no crece.
- ○ A veces, me siento aburrido con mi vida.
- ○ Me aburre mi relación.
- ○ Pienso que si cambiara demasiadas cosas de mí mismo, mi relación no sobreviviría.
- ○ No me gusta que mi pareja cambie su manera de pensar o sus hábitos.

Ahora, piensa en la manera en que tu pareja podría responder a estas mismas preguntas. Si algunas de ellas te parecen conocidas, no te preocupes. Puedes tomar medidas que garanticen que tu relación permita que tu pareja y tú crezcan y cambien.

PUNTO DE PARTIDA

Estar casada con un contador que tenía una trayectoria profesional consistente hacía sentir segura a Brenda. La idea de que James iniciara un negocio nuevo le provocaba mucha ansiedad.

James se sentía confiado en que el nuevo negocio sería todo un éxito y lo que más le emocionaba era que podría ayudar a otras personas. Dijo que, en realidad, nunca se había visto a sí mismo sentado por allí leyendo periódicos o viendo televisión durante su retiro, pero tampoco pensó que encontraría un sentido de propósito tan intenso que lo inspirara a seguir trabajando.

Pensaba que la sugerencia de Brenda en cuanto a que estaba teniendo una crisis de la mediana edad era más que ridícula,

No dejan de crecer y de cambiar

pero al ser una persona afable, accedió a asistir a terapia con la esperanza de que ayudara a tranquilizar los temores de su esposa. Siempre que ella le expresaba sus preocupaciones relacionadas con el negocio, él le sonreía y le aseguraba que se sentía confiado en el éxito de su idea.

De todas maneras, Brenda no se sentía tranquila, así que seguía insistiendo en los mismos puntos una y otra vez. No podían avanzar en la conversación porque ella se limitaba a acusarlo de estar teniendo una crisis de la mediana edad. Estaban estancados en un patrón de comunicación muy poco sano.

Al igual que Brenda y James, es posible que tú te hayas visto estancado en algún patrón dañino en alguna u otra ocasión, y quizá te preocupó que hacer algo diferente pudiera incluso empeorar las cosas.

Las rutinas pueden ser muy buenas para las relaciones. Una rutina puede ayudarte a gestionar tus hábitos, al tiempo que te permite buscar oportunidades y disfrutar de cierta espontaneidad. Por otro lado, quedar estancado puede volverse tan aburrido que te drene del gusto por vivir.

Una buena rutina ofrece el espacio para cambiar y crecer. Es sano crecer y cambiar con el tiempo. Tu pareja también debería estar creciendo y cambiando; y lo mismo debería suceder en el caso de tu relación.

Tómate un minuto para considerar las siguientes preguntas:

- ¿Puedes identificar con facilidad diversas maneras en que hayas crecido como persona en los últimos años?

- ¿Puedes identificar diferentes maneras en que tu pareja haya crecido en los últimos años?

○ ¿Puedes identificar la forma en que tu relación ha crecido a lo largo de los últimos años?

Si respondiste que no a estas preguntas, es posible que estés teniendo problemas para crecer y cambiar a un ritmo saludable. Tu pareja y tú no tienen que adoptar los mismos hábitos ni creer en las mismas cosas. Ni siquiera es necesario que comprendas o coincidas con las cosas que esté haciendo tu pareja. Sin embargo, esto no significa que no puedas apoyar sus esfuerzos por cambiar y crecer.

Por supuesto, es posible que haya algunos aspectos no negociables en los que no estés dispuesto a ceder. Por ejemplo, si tu pareja hace cosas que están en contra de tus creencias religiosas o de tu moral, quizá decidas que no te interesa acompañarla.

Sin embargo, sería de esperar que las opiniones de ambos cambien, que aprendan nuevas cosas, que hagan las cosas de forma diferente y que se conviertan en mejores personas a medida que el tiempo pase y que aprendan el uno del otro.

¿POR QUÉ EVITAMOS CRECER Y CAMBIAR?

En general, Brenda se sentía satisfecha con la relación que tenía con James, pero se sentía insegura acerca de su nueva idea de negocio. Temía que los grandes cambios pudieran arruinar su futuro financiero, así como su relación.

En un inicio, solo expresó su preocupación en cuanto a su futuro económico, pero durante la segunda sesión expresó algunas inseguridades más. Dijo: "Me da miedo que nos empecemos a pelear por el dinero y que nuestra relación se desmorone porque James tenga que dedicarle mucho tiempo al negocio".

Temía que el cambio fuera una especie de primera fisura y que pusiera en peligro todo aquello por lo que habían trabajado tanto. Esa era la razón por la que se sentía confundida y amenazada por el deseo de James de dedicarse a algo nuevo. Aunque entendía que él pensara que era algo que lo haría sentir un poco más feliz, predijo que la haría sentir mucho más miserable a ella.

"Digamos que él llegue a ser 10% más feliz, pero que eso coloque a nuestra relación en un 85% de riesgo de terminar en un divorcio. ¡No me parece muy buena idea, por cierto!", explicó.

Pero James no lo veía así en absoluto. Como contador, estaba acostumbrado a cuantificar los problemas, de manera que le pedí que me ofreciera sus cálculos de riesgo. "Es probable que este negocio me proporcione un 50% más de satisfacción en mi vida", dijo. "Y al ser mejor persona, seré mejor pareja y tendremos una mejor relación. Yo predigo que podría mejorar nuestra relación en un 75 por ciento".

Continuó: "Sé que mi esposa piensa que esta es una señal de una crisis de la mediana edad, pero no lo considero así en absoluto. De hecho, pienso que si no trato de luchar por algo que me importa tantísimo, realmente sí estaré en riesgo de tener una crisis de ese tipo más adelante".

James pensaba que tomar un riesgo podía mejorar sus vidas, pero Brenda quería que las cosas siguieran igual porque temía que un cambio pudiera empeorarlas.

En cualquier relación, es probable que uno de los miembros se encuentre más abierto a algunos cambios que a otros. Sin embargo, en el caso de algunas personas, existe el temor de que cambiar algo pueda hacer que su pareja la ame menos.

Tómate un momento para pensar si alguno de estos temores podría impedir que generes algún cambio:

- ▶ ¿Mi pareja me dejará atrás?
- ▶ ¿Nuestra relación empeorará?
- ▶ Si yo cambio, ¿mi pareja seguirá amándome?
- ▶ ¿Estoy alterando las cosas que mi pareja ama de mí?
- ▶ Si mi pareja cambia, ¿intentará cambiarme a mí también?

No siempre es el temor lo que hace que las personas dejen de crecer y de cambiar, o que desaliente a sus parejas a hacerlo. Hay ocasiones en que la vida se complica y en que tenemos que bajar la cabeza y enfrentar lo que sea que esté ante nosotros sin centrarnos en una perspectiva más general. Pero si seguimos mirando hacia abajo por mucho tiempo, podemos estancarnos.

También puede haber motivos egoístas para no querer que nuestra pareja lleve a cabo cambios positivos. En alguna ocasión, trabajé con una mujer que fumaba... al igual que su pareja. Se sintió molesta cuando su pareja dejó de fumar. Dijo: "Ahora, cada vez que me prenda un cigarro y que él no lo haga, tendré que recordar que fumar es malo para mí; no quiero sentirme culpable por fumar". No de-

> También puede haber motivos egoístas para no querer que nuestra pareja lleve a cabo cambios positivos.

No dejan de crecer y de cambiar

seaba que los hábitos más saludables de su pareja le recordaran su propio hábito dañino.

La envidia puede ser otra razón por la que las personas no quieran que sus parejas crezcan y cambien. Si uno de los miembros de la pareja obtiene mayor atención, gana más dinero o trabaja para alcanzar alguna meta importante, el otro podría sentirse excluido.

En otras circunstancias poco sanas, las personas podrían temer que sus parejas las abandonen si mejoran. Un hombre con el que trabajé afirmó que había aspectos positivos relacionados con el problema de alcohol de su esposa, mismos que extrañaría si ella mejorara. Por ejemplo, después de una noche de beber en exceso, ella solía sentirse enferma al día siguiente. Él cuidaba de ella, lo que lo hacía sentir necesitado y amado. Había crecido en una familia en la que era frecuente que tuviera que ayudar a su madre, que tenía problemas de abuso de sustancias, de modo que fungir como cuidador le resultaba muy conocido. Si su esposa mejoraba, pensaba que dejaría de necesitarlo.

Hay veces en que las personas no cambian a propósito; es solo que varían sus circunstancias. Un cambio en su salud, horario de trabajo o situación en la familia extendida podría no ser voluntario.

Algunos de esos cambios podrían ser temporales, como cuidar de un padre o madre después de una cirugía. Otros pueden ser permanentes, como los cambios en la dieta que se derivan de problemas de salud significativos. En estos casos, las parejas sanas se adaptan, mientras que las parejas poco sanas estarán en mayores probabilidades de distanciarse o de llegar a un punto de quiebre.

13 cosas que las parejas mentalmente fuertes no hacen

EJERCICIOS DE FORTALECIMIENTO MENTAL

En la tercera sesión de Brenda y James, discutimos sus patrones poco sanos. Brenda se había empecinado en que James estaba teniendo una crisis de la mediana edad y James estaba avanzando con su plan a velocidades apabullantes, lo que solo servía para reforzar las preocupaciones de Brenda en cuanto a que no estaba pensando las cosas con claridad.

Tuvimos una discusión productiva acerca de los temores de Brenda: que su situación financiera empeoraría, que su sueño de retirarse en poco tiempo no se cumpliría y que su relación se deterioraría. En esa sesión, le pedí a James que escuchara a Brenda sin minimizar sus temores. Con un poco de ayuda, James logró validar sus preocupaciones por primera vez. No estuvo de acuerdo con que estuviera teniendo una crisis de la mediana edad, ni con las inquietudes de Brenda, pero le demostró que le importaba lo que estaba sintiendo.

En la siguiente sesión, cambiaron de papeles. Brenda escuchó a James mientras le habló de lo importante que le resultaba hacer un cambio en su trayectoria profesional, de cómo quería tener un impacto en la comunidad y de lo mucho que le ayudaría transformar la experiencia dolorosa de perder a su padre en algo significativo. Brenda lo escuchó y reflexionó sobre lo que le dijo sin insertar sus preocupaciones o puntos en contra.

Después de que ambos tuvieran el espacio tanto para hablar como para escuchar, nos centramos en la reacción emocional de Brenda ante el cambio de trayectoria de James. Se sentía ansiosa y esos sentimientos de ansiedad la llevaban a tener pensamientos como: "¿Y qué pasa si el negocio no funciona? ¿Y si James empieza a reinventar todas las áreas de su vida, incluyendo sus relaciones, y ya no quiere estar conmigo?".

Esos temores no eran infundados en sí, pero también existían miles de desenlaces potenciales adicionales. Quizá el negocio sería un enorme éxito y eso haría que James estuviera más feliz que nunca y que su relación mejorara. Sin embargo, antes de considerar todas estas posibilidades alternativas, necesitaba que James validara lo que ella estaba sintiendo.

También examinamos el significado que cada uno le asignaba al comportamiento del otro. Brenda pensaba que su incomodidad debería detener el plan de James de manera absoluta. Si seguía adelante a pesar de la manera en que se estaba sintiendo, consideraría que no le importaba mucho a su marido.

Por otra parte, James suponía que la oposición de Brenda significaba que no creía en él. Si se preocupaba de que el nuevo negocio los llevara a la ruina financiera, sin duda era porque pensaba que era incompetente.

A medida que siguieron hablando de sus sentimientos, pensamientos y suposiciones, se percataron de que estaban trabajando uno en contra del otro y no de manera conjunta.

Tras varias sesiones, se esforzaron por encontrar formas de enfrentar el problema juntos y decidieron que, en lugar de que fuera "el negocio de James", se convirtiera en el negocio de los dos. Eso no significaría que Brenda tuviera que encargarse de gran parte de las actividades cotidianas del negocio, pero sí que apoyaría a James aunque se sintiera un poco nerviosa por la nueva empresa.

También identificaron estrategias para prevenir problemas, como asegurarse de que el nuevo negocio no acaparara todo el tiempo de James, así como formas para aliviar las preocupaciones de Brenda de que no pudieran darse el lujo de jubilarse.

Además, trabajaron para analizar las suposiciones que cada uno tenía del otro. Solo porque James hiciera cambios no significaría que estaba siendo desleal y las aprehensiones de Brenda en cuanto a dichos cambios no implicaban que pensara que James fuera incompetente. Solamente tenían puntos de vista diferentes. Una vez que discutimos dichos puntos de vista, así como las suposiciones que cada uno estaba haciendo sobre el comportamiento del otro, lograron desafiar sus propias maneras de pensar. Cada quien se abrió más a la perspectiva del otro, lo que hizo toda la diferencia en cuanto a su habilidad para seguir adelante.

Reconoce tus reacciones emocionales, pensamientos automáticos y suposiciones

Cuando tu pareja plantee algún cambio, presta atención a tus reacciones emocionales, a lo que pienses al respecto y a las suposiciones que quizá estés haciendo.

Aquí hay algunos ejemplos.

1. Tu pareja te anuncia que quiere regresar a la universidad.
   Reacción emocional: frustración
   Pensamientos: va a desperdiciar muchísimo dinero y nunca se va a titular.
   Suposiciones: va a tomar algunas clases y después va a dejar de asistir a ellas. No le importa desperdiciar el dinero que podríamos invertir en cosas mucho más importantes.

2. Tu pareja te dice que va a dejar de comer carne.
Reacción emocional: molestia
Pensamientos: me va a dar un sermón cada vez que yo coma carne.
Suposiciones: es de lo más egoísta. Ahora, nuestra vida social tendrá que girar en torno a restaurantes veganos y, además, interferirá con las cosas divertidas que nos gusta hacer.

3. Tu pareja te dice que quiere volver a ir a la iglesia.
Reacción emocional: ansiedad
Pensamientos: se va a convertir en un fanático religioso.
Suposiciones: va a querer que yo también vaya a la iglesia y no va a querer hacer nada divertido porque va a pasar todo su tiempo ofreciéndose como voluntario para las labores de la iglesia.

Cuando tu pareja desee implementar algún cambio, detente un momento y piensa cómo te estás sintiendo. Trata de darle un nombre a tus emociones. Después, identifica qué es lo que piensas en relación con ese cambio. Por último, pregúntate qué significa lo que estás pensando a fin de descubrir cuáles son tus suposiciones. Una vez que lo hagas, te resultará más fácil dar un paso atrás y recordar que existen muchas más posibilidades a lo que estás prediciendo que sucederá.

Rara vez le decimos a nuestra pareja lo que son nuestras suposiciones. En ocasiones, ni siquiera reconocemos que las estemos haciendo. Solo llegamos a conclu-

> Rara vez le decimos a nuestra pareja lo que son nuestras suposiciones.

siones sin examinar la verdad. Si te detienes y verdaderamente notas lo que está sucediendo, puedes elegir responder de manera provechosa, en lugar de limitarte a hacer una serie de suposiciones a las cuales solo reaccionas.

Plantéate metas propias

A lo largo de los años, he escuchado a muchos clientes decir cosas como: "Quiero empezar a ir al gimnasio, pero mi pareja no quiere acompañarme, y por eso no lo hago". Sin embargo, solo porque tu pareja no quiera hacer algo contigo, no significa que deberías permitir que eso te frene.

Plantéate metas propias. Si quieres invitar a que tu pareja también forme parte de ellas, adelante. En ocasiones, se les hace más fácil a las parejas implementar cambios cuando se motivan uno al otro o cuando exigen que cada quien se responsabilice de sus acciones.

No obstante, también puede suceder lo contrario. Es posible que tu pareja te persuada de tomar un tiempo de descanso cuando estás esforzándote por alcanzar alguna meta o que te convenza de que no es necesario que hagas un esfuerzo tan intenso por alcanzarla.

Comprométete con cuidar de ti mismo. No es egoísta querer trabajar por tu bienestar aunque tu pareja no desee hacerlo.

> Convertirte en una mejor versión de ti mismo puede ayudarte a ser mejor persona dentro de tu relación.

Ya sea que quieras aprender otro idioma, entrenar

para una maratón de 10 kilómetros o empezar a dar clases de pintura dentro de tu comunidad, hacer cosas nuevas y desafiarte a ti mismo te ayuda a crecer.

Enfrenta el efecto dominó

Hay muchos cambios potenciales que tu pareja o tú podrían querer llevar a cabo:

- ▶ Adoptar una nueva rutina de ejercicio.
- ▶ Cambiar su horario de sueño.
- ▶ Hacer cambios en su dieta.
- ▶ Iniciar un nuevo pasatiempo.
- ▶ Cambiar de creencias espirituales.
- ▶ Cambiar de amistades.
- ▶ Iniciar una nueva trayectoria profesional.
- ▶ Aprender habilidades nuevas.

A primera vista, podrías suponer que estos cambios tal vez no tengan efecto alguno en tu relación, pero es frecuente que se dé un efecto dominó.

Alguien que decide empezar a ejercitarse por la mañana podría necesitar irse a dormir más temprano. Hacerlo significaría que ya no tuviera una hora adicional para ver televisión con su pareja, pero ese tiempo que solían pasar viendo programas juntos quizá fuera el mejor tiempo de calidad que tenían juntos a lo largo del día. Así que, añadir una rutina de ejercicio matutino podría tener un impacto indirecto sobre la relación.

O bien, alguien que decida cuidar más de su salud al comer una dieta más saludable podría decidir cocinar casi a diario. Para una pareja a la que le haya fascinado pedir comida a domicilio o salir a comer, este pequeño cambio implicaría un impacto importante en su relación. ¿Qué sucedería si tu pareja no quiere comer lo mismo que tú? Compartir una comida se volvería más complicado y eso tal vez afectaría la cantidad de tiempo de calidad que pasarán juntos. Si están acostumbrados a salir a comer con sus amigos, también podría afectar su vida social. Sin embargo, también podría tener un efecto benéfico en su presupuesto, y una persona que come de manera más saludable llegaría a sentirse mejor y tener más energía, lo que significa que también se sentiría más feliz.

Si vas a realizar un cambio, podría resultar tentador decirle a tu pareja: "¡Pero esto no te va a afectar!". La verdad es que sí habría posibilidad de tener un tremendo impacto en ella también, así que reconoce la existencia del efecto dominó... sea positivo o negativo. Es probable que necesites resolver algunos problemas para abordar los temas que se deriven de ello.

¿QUIÉN SE SIENTE MOTIVADO?

Tómate un minuto para pensar acerca de quién cree que existe un problema y quién se siente motivado a implementar un cambio. Después, pueden decidir cómo resolver su situación de la mejor manera posible.

1. Tú tienes problemas con el cambio

Ya sea que tengas problemas con tu propio crecimiento, que te cueste trabajo ver cambiar a tu pareja o que se te dificulte adaptarte a medida que se transforma el mundo a tu alrededor, los cambios no siempre resultan cómodos.

Algo que podría ayudarte a tranquilizar esa incomodidad es centrarte en los resultados positivos en lugar de tomar una actitud catastrófica en cuando a los posibles desenlaces negativos. Escribe una lista de razones por las que un cambio en particular resultaría benéfico. Ya sea que estés pensando en conseguir un trabajo nuevo, que tu cónyuge quiera mudarse o que los dos estén planeando jubilarse, una lista de todos los resultados positivos ayudará a equilibrar los pensamientos que corran por tu mente en cuanto a los negativos.

Si estás teniendo problemas, busca el apoyo de tu pareja. Discute los temores o preocupaciones que tienes y, si de verdad se te dificultan los cambios, considera acudir con un profesional de la salud mental. El temor al cambio puede volverse generalizado, en especial cuando la gente tiene problemas de salud mental como algún trastorno de ansiedad.

2. Piensas que tu pareja tiene problemas con el cambio

He trabajado con muchas parejas en las que uno de los miembros quiere que todo siga igual. Quizá esa persona quiera seguir viviendo en el lugar en el que creció, quiera seguir pasando el rato con las mismas personas de siempre y también siga queriendo hacer las mismas cosas de siempre.

No tiene nada de malo que muchas cosas permanezcan iguales, pero puede convertirse en un problema cuando esa persona no hace cambio alguno… en detrimento de su relación.

Si tu pareja parece batallar con hacer las cosas de manera diferente ahora que tienen una relación o si está teniendo dificultades con algún cambio en particular, habla sobre lo que te inquieta. Di que tienes miedo de lo que podría suceder si las cosas no cambian. Di algo como: "Me preocupa que si no empezamos a hacer las cosas de manera diferente, terminemos atascados en una rutina poco sana" o "Me da miedo que si no nos mudamos ahora, nos arrepintamos de no aprovechar la oportunidad más adelante".

No trates de obligar a tu pareja a hacer cambios en su interior. Como lo discutimos en el capítulo 6, hostigar a tu pareja con algún hábito que a ti te desagrada o dar "discursos motivacionales" frecuentes no va a cambiar su comportamiento.

3. Tu pareja piensa que a ti se te dificultan los cambios

Quizá estés casada con una persona a la que le agrada mudarse cada seis meses. O tal vez tengas una pareja que nunca quiere hacer lo mismo dos veces. Puede ser difícil lidiar con demasiados cambios.

Sin embargo, si a tu pareja le preocupa que seas resistente a los cambios, préstale atención. Escúchala, valida sus sentimientos y muéstrate abierto a cualquier intranquilidad que tengas.

Es posible que comprendan que tienen diferentes niveles de tolerancia al cambio. Eso no significa que uno de ustedes tenga la razón y que el otro esté equivocado. Sin embargo, reconocerlo puede crear la oportunidad para discutir sus preferencias.

Hay ocasiones en que los miembros de la pareja disfrutan de distintos niveles de riesgo en una o dos áreas. Quizá a tu pareja le agrade arriesgarse en términos financieros mientras que tú prefieres la estabilidad económica. O tal vez a tu pareja le fascine el cambio social; le gusta pasar tiempo con personas nuevas, mientras que tú prefieres seguir teniendo el mismo grupo central de amigos. Reconocer las necesidades de ambos y discutir las opciones que tienen puede ayudarlos a encontrar soluciones creativas.

4. Los dos tienen problemas con el cambio

Si tanto tú como tu pareja tienen dificultades con el cambio, desafíense uno al otro a hacer cosas nuevas juntos. En lugar de comer en el mismo restaurante de siempre los sábados por la noche, hagan algo distinto. Asistan a alguna obra de teatro o a un evento deportivo, viajen a una población cercana o salgan en busca de alguna aventura.

Conserven algunos de sus rituales favoritos, como quizá comer juntos todos los días o salir a caminar solos los domingos por la noche. Sin embargo, hagan el intento por añadirles algo de chispa a sus vidas con actividades nuevas o ideas frescas.

No es necesario hacer cambios trascendentales para lograr que la vida siga siendo emocionante. En lugar de eso, podrían apartar un día al mes en el que hagan algo que jamás hicieron antes. Solo intentar cosas nuevas de manera conjunta los puede ayudar a aprender más el uno del otro y ver que pueden tolerar una mayor incomodidad de la que pensaban.

CÓMO ES QUE CRECER Y CAMBIAR LOS AYUDA A FORTALECERSE

Cerca de un año después de que vi a James y a Brenda por última vez en mi consultorio, un periódico local publicó un artículo acerca de su negocio. Este incluía una foto de ambos, muy sonrientes, y describía el impacto positivo que habían tenido en aquellas familias que necesitaban ayuda con servicios de cuidado. Citaron a una persona que había utilizado sus servicios y que dijo que saber que tendría a alguien disponible que pudiera cuidar de sus padres ancianos le había permitido conservar su trabajo y estaba muy agradecido con ellos por iniciar su negocio.

Sonreí cuando leí que James convirtió su sueño en realidad y me quedó claro que Brenda se mantuvo a su lado. Su negocio estaba satisfaciendo una necesidad dentro de su comunidad, como James esperaba, y Brenda también se veía de lo más feliz en la fotografía.

Siempre es posible aprender de otras personas, otras experiencias, sitios distintos y sucesos mundiales. Hacerlo puede darles una nueva perspectiva y cierta flexibilidad psicológica; algo que los ayudará a adaptarse mejor a los cambios y a resolver problemas de mejor manera.

Crecer y cambiar podría ser la clave para lograr que tu relación siga siendo estimulante, y esa emoción podría ser justo lo que los mantenga juntos a larguísimo plazo.

Las personas tienden a pensar que las relaciones terminan porque existen demasiados conflictos. Sin embargo, en realidad, el aburrimiento es peor que el conflicto en el caso de las relaciones. Investigadores han encontrado que el aburrimiento es un importante factor de predicción para la insatisfacción matrimonial.

Cambiar las cosas podría ser el secreto para mantener vivo el romance. Hacer cambios en ti mismo tal vez añada un toque de misterio que vuelva a intrigar a tu pareja. Hacer las cosas de manera diferente como pareja puede hacer que las cosas sean emocionantes, lo que los estimulará a permanecer juntos.

IDENTIFICACIÓN DE PROBLEMAS Y TRAMPAS COMUNES

Apoyo a las malas ideas

Como debería resultar obvio, no tienes que apoyar todas las ideas de tu pareja. Si se acercara a ti y te dijera: "¡Voy a renunciar a mi trabajo mañana mismo porque encontré un súper curso que dice que me enseñarán a ganar un millón de dólares vendiendo artículos en línea!", lo más probable es que tendrías bastantes cosas que decirle.

Puedes señalar las desventajas potenciales de los planes de tu pareja; después de todo, esa es una de las enormes ventajas de tener un compañero de equipo: otra persona que te ofrezca retroalimentación acerca de lo que estás haciendo.

Si tu pareja adoptara una nueva religión de la nada y temieras que se tratara de un culto, ¿qué deberías hacer? ¿O qué pasaría si tu pareja te anunciara que va a dejar de tomar unos medicamentos que tú estás segura que necesita? No apoyes las malas ideas solo porque son diferentes.

Confundir silencio con apoyo

En ocasiones, algunas personas deciden no "quejarse" porque quieren parecer solidarias con las elecciones de su pareja pero, en secreto, no están de acuerdo con ellas. Enfrentar tus emociones y resolver problemas de manera conjunta no es quejarse, y "no quejarse" no equivale a brindar apoyo.

Si tu pareja está creando cambios, habla con ella sobre la manera en que tales cambios te impactan a ti y a la relación. A veces, solo algunos pequeños ajustes pueden servir de mucho para ayudarlos a prosperar a ambos. Quizá lo más solidario que podrías hacer es hablar con tu pareja acerca de cómo quieres apoyar su transformación, al tiempo que quieres apoyar la relación.

TEMAS DE CONVERSACIÓN

Tómate algunos momentos para analizar las siguientes preguntas. Si tu pareja está de acuerdo, utilicen las preguntas para iniciar una conversación respecto del cambio.

▶ ¿De qué maneras he crecido como persona desde que estamos juntos?

▶ ¿Cómo has crecido tú desde que estamos juntos?

- ¿Cuáles serían algunas de las maneras en las que hemos crecido juntos como pareja?

- ¿Qué cambios hemos pasado juntos (ya sea porque tuvimos que hacerlo o porque eso elegimos hacer)?

- ¿Qué piensas que nos ayudó a adaptarnos a esos cambios?

- ¿Cuáles serían algunas de las cosas que tú aprecias que hemos hecho para combatir el aburrimiento en nuestra relación?

ENTREVISTA CON MARIEL BUQUÉ

Es común que repitamos los patrones familiares con los que crecimos, lo que hace difícil que crezcamos y cambiemos. En ocasiones, incluso cuando sabemos que esos patrones son disfuncionales, puede ser difícil liberarnos de ellos. Esa es la razón por la que recurrí a la doctora Mariel Buqué, psicóloga por la Universidad de Columbia y sanadora de meditación con baños de sonido. Su trabajo clínico se centra en sanar heridas asociadas con traumas generacionales, por lo que quise hablar con ella acerca de la manera en que las personas pueden cambiar a fin de dejar de repetir sus patrones familiares disfuncionales.

¿Por qué hay veces en que resulta tan difícil reconocer la disfuncionalidad en la que crecimos?
Es difícil reconocer cualquier patrón disfuncional en el que caemos cuando este se consideraba la norma mientras crecíamos. Si la dinámica de las relaciones con las que te moldearon en tu infancia incluía rasgos tóxicos o características dañinas, tu mente joven las internalizó como una dinámica relacional convencional,

no como algo disfuncional. Y esto es especialmente cierto en el caso de los patrones de relación que son multigeneracionales y que han perdurado en la ascendencia de la persona durante mucho tiempo.

Cuando los niños observan esta dinámica de relación dentro de sus familias de origen, no la cuestionan. Más bien, lo que hacen es imitarla y, a la larga, se convierten en adultos que, sin saberlo, mantienen vivos esos ciclos relacionales dañinos.

Un problema muy común que tienen muchas personas en torno a estos patrones disfuncionales es la falta de conocimiento. No son capaces de comprender que su comportamiento se cataloga como disfuncional, de manera que siguen entrando en la misma dinámica relacional una y otra vez. Llevan a cabo lo que llamamos "compulsión a la repetición", que es una recreación de las circunstancias dolorosas del pasado, aunque el comportamiento repetido esté causando problemas en el presente. La gente repite lo que le es familiar. Lo hace cuando carece del entendimiento de que las cosas podrían ser distintas y que cuenta con formas alternativas de abordar una relación.

Cuando las personas inician una relación romántica, ¿es frecuente que se den cuenta de que la manera en que crecieron era más disfuncional de lo que jamás supieron?
Sin duda. Es frecuente que las relaciones adultas nos ofrezcan un espejo para analizar nuestra infancia. Eso nos ayuda a comprender los estilos de apego que desarrollamos a causa de ese apego primario con la persona que nos cuidaba. Nos obligan a darnos cuenta de si tenemos heridas infantiles no resueltas que necesitan atenderse. Son un reflejo del pasado. Lo que no se resolvió en ese entonces resurge en el presente y tiene un impacto sobre cada relación que entablamos.

Estamos preprogramados para conectarnos. Deseamos la cercanía y buscamos la seguridad emocional. De modo que cuando empiezas a tener relaciones adultas y te cuesta trabajo conectarte con diferentes parejas o te percatas de que te cuesta trabajo conservar una sensación de seguridad, empiezas a sentirte angustiado y, a la larga, te preguntas por qué no puedes salir de ese ciclo de disfuncionalidad. Las relaciones románticas suelen ser las que sacan a la luz los patrones que han estado allí desde un principio.

¿Has encontrado que algunas personas protegen a sus familias de origen y tienen problemas para reconocer el trauma intergeneracional?
La gente es increíblemente protectora de sus familias, en especial si tienen una conexión cercana con los miembros de la misma o si tienen valores culturales que dictan que deben proteger el honor o reputación de la familia. Cuando ese es el caso, desenmascarar las respuestas de trauma llega a ser particularmente difícil, porque es posible que se perciba como una traición a los valores de la familia de origen. A las personas se les dificulta comprender que son capaces de detectar el trauma, sanarlo y seguir siendo leales y honorables con las personas que les importan. Ambas experiencias pueden coexistir dentro de una misma familia.

Sanar los traumas intergeneracionales es un trabajo honorable. Significa que estás dedicado a crear una mejor salud para tu familia y que estás liberándola de las generaciones de dolor con las que ha tenido que cargar. Así es como de verdad protegemos a nuestras familias: al buscar sanarlas. Cuando la gente empieza a reconocer ese hecho, se siente motivada a sanar en lugar de permitir que el trauma se mantenga oculto en las sombras.

Saber que tu familia era disfuncional es una cosa, pero decidir hacer las cosas de manera diferente es otra. ¿Cómo es que la gente puede empezar a crear cambios aunque eso le provoque incomodidad?

Las personas pueden empezar estabilizando su sistema nervioso. Nuestros sistemas nerviosos suelen estar en una especie de modalidad crónica de supervivencia cuando provenimos de patrones intergeneracionales de disfunción familiar. De modo que abordar el cambio tiene que empezar en el sitio donde mayor intranquilidad experimentas, que es el sistema nervioso. Llevar a cabo un proceso cotidiano de relajación y descanso es un lugar excelente donde empezar para cualquier persona que esté comprometida con una travesía de rompimiento de ciclos. Cuando las personas tienen sistemas nerviosos más tranquilos, pueden llevar a cabo un trabajo emocional más profundo. Mientras más trabajan a profundidad, más pueden sanar las heridas más internas. Mientras más sanan esas heridas internas, más generaciones se ven impactadas de manera positiva por ese trabajo de sanación. De modo que la sanación intergeneracional tiene que empezar en el sistema nervioso.

Hay ocasiones en que veo a personas que se sienten amenazadas por el crecimiento o transformación de sus parejas. ¿Alguna vez has trabajado con alguien cuya pareja no quería que cambiara aunque esa transformación fuera para su mayor beneficio? ¿Podrías compartirnos algo acerca de esas personas?

Claro. Esto es algo que veo con mucha frecuencia en mi trabajo. De manera típica, las personas que llevan a cabo el proceso para sanar de un trauma tienen que pasar por un cambio completo de identidad. Esto sucede porque muchas de las características de personalidad que han tenido por décadas en realidad eran respuestas enmascaradas del trauma. Por ello, deshacerse del trauma significa que se deshagan de una parte de quienes son. Si esa parte, la parte traumatizada, era una fuente de vinculación entre ellos y sus parejas, también tendrán que arriesgarse a perder la conexión que alguna vez tuvieron.

Una pareja con la que trabajé se gritaba con mucha frecuencia. Los sistemas nerviosos de los dos estaban estancados en una perpetua modalidad de lucha uno contra el otro. Eran profundamente infelices, pero cuando se les ofrecieron las herramientas para reducir estas peleas, una de las personas se resistió. Y, al centro de su resistencia estaba el temor de que perdería a la pareja que tanto amaba. Temía que sin sus peleas, su pareja ya no fuera la misma persona enérgica con la que tanto amaba conectarse. Sin embargo, no podía haber nada más alejado de la realidad.

Su relación siguió teniendo una gran cantidad de energía y pasión, en especial cuando empezaron a reducirse los ataques verbales diarios. Y el hecho de que estos no sucedieran con la misma frecuencia terminó por ayudarlos a alcanzar una conexión todavía más profunda entre sí. Esta es la razón por la que, en el caso de las relaciones de pareja, es común que invite a la pareja a participar en la travesía de sanación para establecer vínculos que no estén conectados con el trauma. Es importante que comprendan que su unión no se basa en el trauma, que puede sobrevivir a la travesía de sanación y que tomaron una decisión que beneficia a la relación.

Cuando un individuo se encuentra en una relación a largo plazo y empieza a crecer y a transformarse, ¿cómo puede garantizar que no se distancie de su pareja?
La meta, siempre, es que una persona crezca junto con su pareja, no separada de la misma. Y si esa es una meta compartida, las sesiones programadas de comunicación pueden ayudar a la pareja a identificar la forma en que tendrán oportunidad de seguir explorando lo que sienten respecto de la evolución de cada quien. Las conversaciones sanas acerca de cómo ha evolucionado cada uno de ellos como individuos y de cómo han evolucionado de manera conjunta pueden ayudarlos a darle una atención plena a los cambios que la sanación está produciendo en ellos. Esto no es algo que hagamos de manera intuitiva en las relaciones a largo plazo, pero con un proceso de sanación conjunta, puede que sea justo lo que mantenga a la pareja en sintonía plena, presente y conectada.

Conclusión

Algunos investigadores afirman que pueden predecir que una pareja va a divorciarse por medio de la valoración de la manera en que se hablan uno al otro en una sola conversación. Sin embargo, predecir si una pareja se va a divorciar me parece similar al quiromántico que trató de predecir el número de veces que mi amiga y yo nos casaríamos, aunque la persona que esté haciendo la predicción sea un profesional. Como terapeuta, no tengo la menor idea de si alguna pareja se va a divorciar con base en la forma en que se habla durante su primera cita... y jamás trato de predecir su futuro.

Si hay algo que aprendí como terapeuta es que todo el mundo tiene la capacidad de cambiar en sentido positivo. He visto que parejas que llevaban años peleándose terminan por aprender a comunicarse, y también he trabajado con un sinfín de individuos que empezaron a cambiar sus relaciones al cambiar ellos mismos.

Tampoco me parece que "divorciarse" sea una buena meta. Quedarse en una relación miserable no es uno de los sellos distintivos de la fortaleza mental. Una mejor meta es esforzarse para crear la mejor relación posible a fin de tener una relación feliz y saludable. Así también, existen ocasiones en que las personas deciden que tomar caminos separados es, a final de cuentas, la opción más sana.

Para crear una relación sana, y conservarla, una de las mejores cosas que puedes hacer es evitar los 13 hábitos contraproducentes que podrían mantenerte atascado en tu situación actual. No obstante, conocer cuáles son esos 13 hábitos dañinos para las relaciones no es más que la mitad de la batalla. Evitarlos en la práctica es otra historia por completo diferente.

Si el conocimiento por sí solo pudiera cambiar el comportamiento, nadie fumaría, bebería, comería comida chatarra o se quedaría despierto hasta muy tarde. De modo que aunque sepas que esos 13 hábitos son malos para tu relación, lo más probable es que sigas teniendo dificultades con algunos de ellos en ciertas ocasiones.

Ten en mente que solo porque no hagas ninguna de las 13 cosas que las parejas mentalmente fuertes no hacen en este preciso momento no significa que no batallarás con ellas más adelante. Desde enfermedades hasta problemas económicos, la vida no siempre será fácil. Cuando la vida te lanza bolas curvas, como sucede de manera inevitable, es fácil caer en esos hábitos dañinos.

Y esos eventos pueden destrozar tu relación o acercarte más a tu pareja, dependiendo de la manera que respondas a ellos.

Solo recuerda, no empieces a señalar las faltas de tu pareja (a menos que te pidan que les brindes tu apoyo para darse cuenta del momento en que estén haciendo las 13 cosas). Decir: "¡Esa es la séptima cosa que las parejas mentalmente fuertes no hacen, Juan!" en medio de algún desacuerdo no tiene ninguna utilidad. Mantente centrado en tu propia conducta y, antes que nada, crea cambios positivos dentro de ti; eso hará que se transforme la dinámica de tu relación.

Conclusión

SIGAN ESFORZÁNDOSE POR AUMENTAR SU FORTALEZA

Algunas investigaciones indican que las parejas que se encuentran en matrimonios arreglados terminan siendo más felices con el paso del tiempo, mientras que las personas que están en matrimonios libres por amor informan de una disminución en su satisfacción en el transcurso de los años. Algunos expertos han cuestionado estas investigaciones porque afirman que resulta complicado comparar a ambos grupos dadas las probabilidades de que procedan de antecedentes culturales diferentes y que tengan opiniones distintas en cuanto al significado de la felicidad y de la satisfacción marital. Aunque la idea parece sorprendente a primera vista, cuando se analiza de manera más detallada, los hallazgos producen mucho sentido.

Los investigadores que piensan que estos hallazgos son correctos afirman que las parejas de los matrimonios arreglados necesitan esforzarse para encontrar estrategias que fortalezcan su relación desde el principio. No inician su relación con todos esos sentimientos románticos con que lo hacen las personas en matrimonios libres por amor. De manera que trabajar de forma conjunta no se siente tan divertido o emocionante como en el caso de una pareja con sentimientos románticos intensos.

También sabemos que los sentimientos románticos dentro de los matrimonios libres por amor van cambiando con el tiempo. Cuando eso sucede, algunas parejas dejan de trabajar en la relación. A medida que pasa el tiempo, su conexión y felicidad con el otro disminuyen.

En esencia, los individuos que se encuentran en un matrimonio libre por amor podrían sentirse motivados a hacer un esfuerzo por su relación solo cuando se sientan profundamente enamorados. Las parejas en matrimonios arreglados quizá acepten que necesitan trabajar en la relación aun si no experimentan todos esos sentimientos románticos.

De modo que la buena noticia es que hacer un esfuerzo adicional en tu relación puede rendir frutos. Se deriva de un trabajo continuo por mantenerte conectado con tu pareja. Cuando no sientan toneladas de amor romántico el uno por el otro, podrían verse tentados a distanciarse, pero ese es el momento justo en que deberían trabajar de manera más intensa que nunca para mantener vivos el amor y la pasión.

Como ya lo discutimos, hay razones por las que tu pareja y tú se unieron desde un principio, y recordar por qué se eligieron podría motivarlos a seguir haciendo un esfuerzo y para evitar los hábitos dañinos que pueden destruirlos.

SÉ TU PROPIO *COACH* DE FORTALEZA MENTAL

No te puedo prometer que cambiarte a ti mismo cambiará tu relación, pero sí puedo asegurarte que existen excelentes probabilidades de que cuando te conviertas en la mejor versión posible de ti, cambiarás la dinámica de tu relación de alguna u otra manera. Aumentar tu fortaleza mental también podría inspirar a tu pareja a crear cambios positivos.

Cuestiónate a ti mismo con frecuencia para ver cómo estás. Repasa las 13 cosas que las parejas mentalmente sanas no hacen y haz una evaluación de cuántas de ellas se te dificultan. Empieza con lo pequeño y enfócate en una o dos cosas que quieras modificar. Con el tiempo, generarás el impulso que puede convertirse en una avalancha de cambios todavía mayores y, cuando cometas errores (que sin duda cometerás), conviértelos en una oportunidad de aprendizaje para que puedas tener un mejor desempeño el día de mañana.

No dudes en pedir ayuda si la necesitas. Esta puede tomar diferentes formas. Podrías decidir ir a terapia individual (obtener ayuda para ti puede servir para mejorar tu relación), o, si tu pareja está de acuerdo, podrían acudir a terapia de pareja. Incluso, pueden encontrar terapia de pareja en línea si se les dificulta hacerlo en persona.

Sin embargo, no siempre es necesario que hables con un profesional de la salud mental. Puedes encontrar a algún religioso, grupo de apoyo o amigo confiable con quien charlar.

También existen muchas opciones para cuestiones específicas dentro de cada relación. Si tu pareja tiene algún problema de abuso de sustancias, considera el enfoque Refuerzo Comunitario y Capacitación Familiar (o CRAFT por sus siglas en inglés). Es un programa de capacitación para personas que tienen un ser querido con este tipo de conflicto. Si tu pareja tiene alguna enfermedad física crónica, puedes unirte a un grupo de apoyo para que hables con otras parejas que entienden tus experiencias. Existen muchos otros campamentos de disciplina, retiros y reuniones para un sinfín de temas relacionados que con toda seguridad podrás encontrar en línea.

Pedir ayuda requiere fortaleza mental, pero puedes robustecer aún más tu musculatura mental de manera importante cuando cuentas con todo un equipo de personas que están comprometidas con ayudarte a tomar buenas decisiones en lo que a tu relación se refiere.

QUÉ ESPERAR A MEDIDA QUE TE HAGAS MÁS FUERTE

A medida que te hagas más fuerte, contarás con mejores habilidades para manejar tus emociones, responder a pensamientos poco provechosos y comportarte de forma productiva. Estos cambios pueden fortalecer tu relación, ya que te comunicarás de manera más eficaz, manejarás conflictos de forma exitosa y estarás mejor equipada para hacer las cosas difíciles que pueden ayudarte a construir una relación más saludable.

También podrás reconocer el momento en el que necesites corregir el rumbo con mayor velocidad. Si estás tomando un camino peligroso a través de tu conducta, o si tu relación está tomando un curso que te desagrada, pausa y cambia de dirección. Eso puede evitar que los problemas pequeños se conviertan en problemas enormes, y también brindarte la confianza necesaria en tu propia capacidad para reparar y mejorar tu relación.

No subestimes lo poderosos que pueden ser los cambios pequeños. Una ligera modificación en tu mentalidad, un viraje en la forma en cómo respondes a tu pareja o un ajuste a tu comportamiento podrían hacer una enorme diferencia en tu relación.

Los dos tienen la increíble oportunidad de llevar su relación a otro nivel para que puedan experimentar la vida de la forma más excelente y plena que existe, al tiempo que alcanzan su máximo potencial. Cuando de verdad se conviertan en un equipo que trabaja de manera conjunta, sus tristezas se reducirán a la mitad y su dicha aumentará al doble.

Agradecimientos

A lo largo de los últimos nueve años, ha sido un verdadero honor convertir lo que inició como un solo artículo en toda una serie de seis libros. Estoy agradecida con HarperCollins por ver el valor de mi mensaje acerca de la fortaleza mental. En especial, le doy las gracias a Lisa Sharkey, quien decidió apostar por una terapeuta del área rural de Maine que jamás tuvo la intención de convertirse en autora. Lisa ha apoyado mi trabajo en cada paso del camino.

También agradezco a mi editora, Maddie Pillari, por su asistencia editorial, y al equipo completo de HarperCollins por todo el trabajo que invirtieron para convertir mis ideas en libros.

Agradezco a mi agente, Stacey Glick, quien se comunicó conmigo por primera vez en 2013 después de leer mi artículo viral. En ese entonces, jamás imaginé que el artículo se convirtiera en un libro, y mucho menos en toda una serie.

Gracias a Julie Leventhal de mi oficina de conferencias, Wasserman Speakers. Es quien gestiona mi ajetreada agenda de presentaciones y me ayuda a llevar el mensaje sobre la fortaleza mental a una enorme diversidad de públicos.

Gracias a todos los amigos y familiares que me brindan su apoyo cuando me encuentro en "modalidad de escritora".

13 cosas que las parejas mentalmente fuertes no hacen

Le debo un agradecimiento especial a Emily, quien verificó los detalles de la historia del quiromántico al asegurarse de que el diario que llevaba en la secundaria concordara con lo que yo recordaba de los hechos. A pesar de todo lo demás que ha cambiado en los últimos 30 años, mi amistad con ella no ha variado.

Muchas gracias a Nick Valentin, mi productor, que me ayuda a difundir mi mensaje de fortaleza mental al público de mi pódcast *Mentally Stronger*. Además, hace que nuestros episodios suenen fantásticos a pesar de que los grabemos sobre un barco que en ocasiones puede ser de lo más ruidoso.

Mi labor no sería lo que es sin Steve. No solo lee todos mis borradores iniciales, sino que también es un compañero de equipo increíble que me ayuda a vivir una vida que va más allá de mis imaginaciones más extravagantes.

Mi máximo agradecimiento va para mis lectores, quienes hacen que todo esto sea posible. Debido a que leyeron, compraron, compartieron y les contaron a otras personas sobre mi trabajo, puedo seguir escribiendo libros y hablando acerca de la fortaleza mental a personas en todo el planeta.

Notas

Capítulo 1

38 Un estudio del 2019: Rauer, A. *et al.* (2019). "What Are the Marital Problems of Happy Couples? A Multimethod, Two-Sample lnvestigation". *Family Process*, 59(3). DOI: 10.1111/famp.12483.

49 La ley del hielo: Kawamoto, T. *et al.* (2012). "Is dorsal anterior cingulate cortex activation in response to social exclusion due to expectancy vioiation? An fMRI study". *Frontiers in Evolutionary Neuroscience*, 4(ll). https://doi.org/10.3389/fnevo.2012.00011.

Capítulo 2

62 investigadores estiman: Slepian, M. L. *et al.* (2017). "The experience of secrecy". *Journal of Personality and Social Psychology*, 113(1), 1-33. https://doi.org110.1037/pspa0000085.

66 los secretos pueden dañar las relaciones: Davis, C. G. y Tabri, N. (2023). "The secrets that you keep: Secrets and relationship quality". *Personal Relationships*, 30(2), 620-635. https://doi.org/10.1111/pere.12472.

66 Un estudio del 2023: Davis, C. G. y Tabri, N. (2023). "The secrets that you keep: Secrets and relationship quality". *Personal Relationships*, 30(2), 620-635.

71 mienten a sus terapeutas: Blanchard, M. y Farber, B. (2016). "Lying in psychotherapy: Why and what clients don't tell their therapist about therapy and their relationship". *Counselling Psychology Quarterly*, 29(1), 90-112. DOI: 10.1080/09515070.2015.1085365.

77-78 Una investigación descubrió: Brick, D. J. *et al.* (2022). "Secret consumer behaviors in close relationships". *Journal of Consumer Psychology*, 33(2). https://myscp.onlinelibrary.wiley.com/doi/10.1002/jcpy.1315.

Capítulo 3

98 "efecto Romeo y Julieta": Sinclair, H. C. *et al.* (2014). "Revisiting the Romeo and Juliet effect (Driscoll, Davis y Lipetz, 1972): Reexamining the links between social network opinions and romantic relationship outcomes". *Social Psychology*, 45(3), 170-178. https://doi.org/10.1027/1864-9335/a000181.

98 establecer límites: Felmlee, D. H. (2001). "No Couple Is an Island: A Social Network Perspective on Dyadic Stability" Social Forces, 79(4), 1259-1287. https://doi.org/10.1353/sof.2001.0039.

Capítulo 4

121 Existe evidencia que sugiere: Seery, M. D. *et al.* (2013). "An Upside to Adversity?: Moderate Cumulative Lifetime Adversity Is Associated With Resilient Responses in the Face of Controlled Stressors". *Psychological Science*, 24(7), 1181-1189. https://doi.org/10.1177/0956797612469210.

Capítulo 5

146 Investigadores de: Velotti, P. *et al.* (2016). "Emotional suppression in early marriage: Actor, partner, and similarity effects on marital quality". *Journal of Social and Personal Relationships*, 33(3), 277-302. https://doi.org/10.1177/0265407515574466.

Capítulo 6

192 Con el tiempo: Bacon, I. *et al.* (2020). "The Lived Experience of Codependency: an Interpretative Phenomenological Analysis." *International Journal of Mental Health and Addiction*, 18, 754-771. https://doi.org/10.1007/s11469-018-9983-8.

Notas

Capítulo 7

204 El investigador de relaciones, John Gottman: Gottman, J. (2000). *The Seven Principles for Making Marriage Work*. Orion.

207 Un estudio del 2014: South Richardson, D. (2014). "Everyday Aggression Takes Many Forms". *Current Directions in Psychological Science*, 23(3), 220-224. https://doi.org/10.1177/0963721414530143.

221 Hay estudios que demuestran: McNelis, M. y Segrin, C. (2019). "Insecure Attachment Predicts History of Divorce, Marriage, and Current Relationship Status". *Journal of Divorce & Remarriage*, 60(5), 404-417. DOI: 10.1080/10502556.2018.1558856.

Capítulo 8

234 Lleva cierto tiempo: Ngo, L. *et al.* (2015). "Two Distinct Moral Mechanisms for Ascribing and Denying Intentionality". *Scientific Reports,* 5(17390). https://doi.org/10.1038/srep17390.

242 los desastres naturales pueden acercar más a las parejas: Williamson, H. C. *et al.* (2021). "Experiencing a Natural Disaster Temporarily Boosts Relationship Satisfaction in Newlywed Couples". *Psychological Science*, 32(11), 1709-1719. https://doi.org/10.1177/09567976211015677.

Capítulo 9

261 nuestros cerebros responden de manera similar: Lou, Z. *et al.* (2016). "Romantic Love vs. Drug Addiction May Inspire a New Treatment for Addiction". *Frontiers in Psychology*, 7(1436). https://doi.org/10.3389/fpsyg.2016.01436.

266 Hay investigaciones que muestran: Langeslag, Sandra J. E. y Kruti, S. (2022). "Increasing Love Feelings, Marital Satisfaction, and Motivated Attention to the Spouse". *Journal of Psychophysiology*, 36(4), 199-214. DOI: 10.1027/0269-8803/a000294.

268 "canciones definitorias de la pareja": Harris, C. B. *et al.* (2020). "'They're playing our song': Couple-defining songs in

intimate relationships". *Journal of Social and Personal Relationships*, 37(1), 163-179. https://doi.org/10.1177/0265407519859440.

274 Simon Sinek destaca esto último: Sinek, S. (2011). *Start with Why*. Penguin Books.

274-275 la nostalgia por las relaciones: Mallory, A. B. *et al.* (2018). "Remembering the Good Times: The Influence of Relationship Nostalgia on Relationship Satisfaction Across Time". *Journal of Marital and Family Therapy*, 44(4), 561-574. https://doi.org/10.1111/jrnft.12311.

275 tu relación de manera pública: Emery, L. F. *et al.* (2014). "Can You Tell That I'm in a Relationship? Attachment and Relationship Visibility on Facebook". *Personality and Social Psychology Bulletin*, 40(11), 1466-1479. https://doi.org/10.1177/0146167214549942.

Capítulo 10

285 Las investigaciones que llevó a cabo Willard Harley: Harley, Willard F. (2001). *His Needs, Her Needs: Building an Affair-Proof Marriage*, edición del decimoquinto aniversario. Revell Publishing.

290 El autor e investigador Willard Harley: *Idem*.

Capítulo 11

318 las parejas que utilizan el "nosotros": Ouellet-Courtois, C. *et al.* (2023). "A longitudinal study of 'we-talk', as a predictor of marital satisfaction". *Personal Relationships*, 30(1), 314-331. https://doi.org/10.1111/pere.12463.

318 algo es un ritual: Garcia-Rada, X. *et al.* (2019). "Rituals and Nuptials: The Emotional and Relational Consequences of Relationship Rituals". *Journal of the Association for Consumer Research*, 4(2), 185-197. http://dx.doi.org/10.1086/702761.

Capítulo 12

338 publicaron un estudio ampliamente citado: Robinson, E. y Price, G. (1980). "Pleasurable Behavior in Marital Interaction:

An Observational Study". *Journal of Consulting and Clinical Psychology*, 48(1), 117-118.
350 las personas que se sentían valoradas: Brady, A. *et al.* (2021). "Gratitude Increases the Motivation to Fulfill a Partner's Sexual Needs". *Social Psychological and Personality Science*, 12(2), 273-281. https://doi.org/10.1177/1948550619898971.
350 los individuos que expresaban y experimentaban gratitud: Gottman, J. (2000). *The Seven Principles for Making Marriage Work*. Orion.

Capítulo 13
377 el aburrimiento es un importante factor de predicción: Tsapelas, I. *et al.* (2009). "Marital boredom now predicts less satisfaction 9 years later". *Psychological Science*, 20(5), 543-545. https://doi.org/10.1111/j.1467-9280.2009.02332.x.

Conclusión
385 Algunos investigadores afirman: Buehlman, K. T. *et al.* (1992). "How a couple views their past predicts their future: Predicting divorce from an oral history interview". *Journal of Family Psychology*, 5(3-4), 295-218. https://doi.org/10.1037/0893-3200.5.3-4.295.
387 las parejas que se encuentran en matrimonios arreglados: Epstein, R. *et al.* (2013). "How love emerges in arranged marriages: two cross-cultural studies". *Journal of Comparative Family Studies*, 44(3), 341-360. http://www.jstor.org/stable/23644606.

Esta obra se terminó de imprimir
en el mes de junio de 2025,
en los talleres de Diversidad Gráfica S.A. de C.V.
Ciudad de México